T&P BOOKS

I0156025

ARABISCH

WORTSCHATZ

FÜR DAS SELBSTSTUDIUM

DEUTSCH ARABISCH

Die nützlichsten Wörter
Zur Erweiterung Ihres Wortschatzes und
Verbesserung der Sprachfertigkeit

9000 Wörter

Wortschatz Deutsch-Ägyptisch-Arabisch für das Selbststudium - 9000 Wörter

Von Andrey Taranov

T&P Books Vokabelbücher sind dafür vorgesehen, beim Lernen einer Fremdsprache zu helfen, Wörter zu memorieren und zu wiederholen. Das Wörterbuch ist nach Themen aufgeteilt und deckt alle wichtigen Bereiche des täglichen Lebens, Berufs, Wissenschaft, Kultur etc. ab.

Durch das Benutzen der themenbezogenen T&P Books ergeben sich folgende Vorteile für den Lernprozess:

- Sachgemäß geordnete Informationen bestimmen den späteren Erfolg auf den darauffolgenden Stufen der Memorisierung
- Die Verfügbarkeit von Wörtern, die sich aus der gleichen Wurzel ableiten lassen, erlaubt die Memorisierung von Worteinheiten (mehr als bei einzeln stehenden Wörtern)
- Kleine Worteinheiten unterstützen den Aufbauprozess von assoziativen Verbindungen für die Festigung des Wortschatzes
- Die Kenntnis der Sprache kann aufgrund der Anzahl der gelernten Wörter eingeschätzt werden

T&P Books Publishing
www.tpbooks.com

ISBN: 978-1-78716-756-8

Dieses Buch ist auch im E-Book Format erhältlich.
Besuchen Sie uns auch auf www.tpbooks.com oder auf einer der bedeutenden Buchhandlungen online.

WORTSCHATZ DEUTSCH-ÄGYPTISCH-ARABISCH
für das Selbststudium

Die Vokabelbücher von T&P Books sind dafür vorgesehen, Ihnen beim Lernen einer Fremdsprache zu helfen, Wörter zu memorieren und zu wiederholen. Der Wortschatz enthält über 9000 häufig gebrauchte, thematisch geordnete Wörter.

- Der Wortschatz enthält die am häufigsten benutzten Wörter
- Eignet sich als Ergänzung zu jedem Sprachkurs
- Erfüllt die Bedürfnisse von Anfängern und fortgeschrittenen Lernenden von Fremdsprachen
- Praktisch für den täglichen Gebrauch, zur Wiederholung und um sich selbst zu testen
- Ermöglicht es, Ihren Wortschatz einzuschätzen

Besondere Merkmale des Wortschatzes:

- Wörter sind entsprechend ihrer Bedeutung und nicht alphabetisch organisiert
- Wörter werden in drei Spalten präsentiert, um das Wiederholen und den Selbstüberprüfungsprozess zu erleichtern
- Wortgruppen werden in kleinere Einheiten aufgespalten, um den Lernprozess zu fördern
- Der Wortschatz bietet eine praktische und einfache Lautschrift jedes Wortes der Fremdsprache

Der Wortschatz hat 256 Themen, einschließlich:

Grundbegriffe, Zahlen, Farben, Monate, Jahreszeiten, Maßeinheiten, Kleidung und Accessoires, Essen und Ernährung, Restaurant, Familienangehörige, Verwandte, Charaktereigenschaften, Empfindungen, Gefühle, Krankheiten, Großstadt, Kleinstadt, Sehenswürdigkeiten, Einkaufen, Geld, Haus, Zuhause, Büro, Import & Export, Marketing, Arbeitssuche, Sport, Ausbildung, Computer, Internet, Werkzeug, Natur, Länder, Nationalitäten und vieles mehr...

INHALT

LEITFADEN FÜR DIE AUSSPRACHE

T&P phonetisches Alphabet	Ägyptisch-Arabisch Beispiel	Deutsch Beispiel
[a]	[ṭaffa] طفّى	schwarz
[ā]	[eχtār] إختار	Zahlwort
[e]	[setta] ستّة	Pferde
[i]	[minā'] ميناء	ihr, finden
[ī]	[ebrīl] إبريل	Wieviel
[o]	[oɣosṭos] أغسطس	orange
[ō]	[ḥalazōn] حلزون	groß
[u]	[kalkutta] كلكتا	kurz
[ū]	[gamūs] جاموس	über
[b]	[bedāya] بداية	Brille
[d]	[sa'āda] سعادة	Detektiv
[ḍ]	[waḍ'] وضع	pharyngalisiert [d]
[ʒ]	[arʒantīn] الأرجنتين	Regisseur
[ẓ]	[ẓahar] ظهر	pharyngalisiert [z]
[f]	[χafīf] خفيف	fünf
[g]	[bahga] بهجة	gelb
[h]	[ettegāh] إتّجاه	brauchbar
[ḥ]	[ḥabb] حبّ	pharyngalisiert [h]
[y]	[dahaby] ذهبي	Jacke
[k]	[korsy] كرسي	Kalender
[l]	[lammaḥ] لمّح	Juli
[m]	[marṣad] مرصد	Mitte
[n]	[ganūb] جنوب	Vorhang
[p]	[kaputʃino] كابتشينو	Polizei
[q]	[wasaq] وثق	Kobra
[r]	[roḥe] روح	richtig
[s]	[soχreya] سخرية	sein
[ṣ]	[me'ṣam] معصم	pharyngalisiert [s]
[ʃ]	['aʃā'] عشاء	Chance
[t]	[tanūb] تنوب	still
[ṭ]	[χarīṭa] خريطة	pharyngalisiert [t]
[θ]	[mamūθ] ماموث	stimmloser th-Laut
[v]	[vietnām] فيتنام	November
[w]	[wadda'] ودّع	schwanger
[χ]	[baχīl] بخيل	billig
[ɣ]	[etɣadda] إتغدّى	Vogel (Berlinerisch)
[z]	[me'za] معزة	sein

T&P phonetisches Alphabet	Ägyptisch-Arabisch Beispiel	Deutsch Beispiel
['] (ayn)	**[sab'a] سبعة**	stimmhafte pharyngale Frikativ
['] (hamza)	**[sa'al] سأل**	Glottisschlag

ABKÜRZUNGEN
die im Vokabular verwendet werden

Ägyptisch-Arabisch. Abkürzungen

du	-	Plural-Nomen-(doppelt)
f	-	Femininum
m	-	Maskulinum
pl	-	Plural

Deutsch. Abkürzungen

Adj	-	Adjektiv
Adv	-	Adverb
Amtsspr.	-	Amtssprache
f	-	Femininum
f, n	-	Femininum, Neutrum
Fem.	-	Femininum
m	-	Maskulinum
m, f	-	Maskulinum, Femininum
m, n	-	Maskulinum, Neutrum
Mask.	-	Maskulinum
n	-	Neutrum
pl	-	Plural
Sg.	-	Singular
ugs.	-	umgangssprachlich
unzähl.	-	unzählbar
usw.	-	und so weiter
v mod	-	Modalverb
vi	-	intransitives Verb
vi, vt	-	intransitives, transitives Verb
vt	-	transitives Verb
zähl.	-	zählbar
z.B.	-	zum Beispiel

GRUNDBEGRIFFE

Grundbegriffe. Teil 1

1. Pronomen

ich	ana	أنا
du (Mask.)	enta	أنت
du (Fem.)	enty	أنت
er	howwa	هوّ
sie	hiya	هيّ
wir	eḥna	إحنا
ihr	antom	أنتم
sie	hamm	همّ

2. Grüße. Begrüßungen. Verabschiedungen

Hallo! (Amtsspr.)	assalamu ʻalaykum!	السلام عليكم!
Guten Morgen!	ṣabāḥ el χeyr!	صباح الخير!
Guten Tag!	neharak saʻīd!	نهارك سعيد!
Guten Abend!	masā' el χeyr!	مساء الخير!
grüßen (vi, vt)	sallem	سلّم
Hallo! (ugs.)	ahlan!	أهلاً!
Gruß (m)	salām (m)	سلام
begrüßen (vt)	sallem ʻala	سلّم على
Wie geht's?	ezzayek?	ازيّك؟
Was gibt es Neues?	aχbārak eyh?	أخبارك ايه؟
Auf Wiedersehen!	maʻ el salāma!	مع السلامة!
Bis bald!	aʃūfak orayeb!	أشوفك قريب!
Lebe wohl! Leben Sie wohl!	maʻ el salāma!	مع السلامة!
sich verabschieden	waddaʻ	ودّع
Tschüs!	bay bay!	باي باي!
Danke!	ʃokran!	شكراً!
Dankeschön!	ʃokran geddan!	شكراً جداً!
Bitte (Antwort)	el ʻafw	العفو
Keine Ursache.	la ʃokr ʻala wāgeb	لا شكر على واجب
Nichts zu danken.	el ʻafw	العفو
Entschuldige!	ʻan eznak!	عن إذنك!
Entschuldigung!	baʻd ezn ḥadretak!	بعد إذن حضرتك!
entschuldigen (vt)	ʻazar	عذر
sich entschuldigen	eʻtazar	أعتذر

Verzeihung!	ana 'āsef	أنا آسف
Es tut mir leid!	ana 'āsef!	أنا آسف!
verzeihen (vt)	'afa	عفا
bitte (Die Rechnung, ~!)	men faḍlak	من فضلك
Nicht vergessen!	ma tensāʃ!	ما تنساش!
Natürlich!	ṭab'an!	طبعاً!
Natürlich nicht!	la' ṭab'an!	لأ طبعاً!
Gut! Okay!	ettafa'na!	إتّفقنا!
Es ist genug!	kefāya!	كفاية!

3. Jemanden ansprechen

Herr	ya ostāz	يا أستاذ
Frau	ya madām	يا مدام
Frau (Fräulein)	ya 'ānesa	يا آنسة
Junger Mann	ya ostāz	يا أستاذ
Junge	yabny	يا ابني
Mädchen	ya benty	يا بنتي

4. Grundzahlen. Teil 1

null	ṣefr	صفر
eins	wāḥed	واحد
eine	waḥda	واحدة
zwei	etneyn	إتنين
drei	talāta	ثلاثة
vier	arba'a	أربعة
fünf	χamsa	خمسة
sechs	setta	ستّة
sieben	sab'a	سبعة
acht	tamanya	ثمانية
neun	tes'a	تسعة
zehn	'aʃara	عشرة
elf	ḥedāʃar	حداشر
zwölf	etnāʃar	إتناشر
dreizehn	talattāʃar	تلاتّاشر
vierzehn	arba'tāʃer	أربعتاشر
fünfzehn	χamastāʃer	خمستاشر
sechzehn	settāʃar	ستّاشر
siebzehn	saba'tāʃar	سبعتاشر
achtzehn	tamantāʃar	تمنتاشر
neunzehn	tes'atāʃar	تسعتاشر
zwanzig	'eʃrīn	عشرين
einundzwanzig	wāḥed we 'eʃrīn	واحد وعشرين
zweiundzwanzig	etneyn we 'eʃrīn	إتنين وعشرين
dreiundzwanzig	talāta we 'eʃrīn	ثلاثة وعشرين
dreißig	talatīn	ثلاثين

einunddreißig	wāḥed we talatīn	واحد وتلاتين
zweiunddreißig	etneyn we talatīn	إتنين وتلاتين
dreiunddreißig	talāta we talatīn	ثلاثة وثلاثين
vierzig	arbeʿīn	أربعين
einundvierzig	wāḥed we arbeʿīn	واحد وأربعين
zweiundvierzig	etneyn we arbeʿīn	إتنين وأربعين
dreiundvierzig	talāta we arbeʿīn	ثلاثة وأربعين
fünfzig	χamsīn	خمسين
einundfünfzig	wāḥed we χamsīn	واحد وخمسين
zweiundfünfzig	etneyn we χamsīn	إتنين وخمسين
dreiundfünfzig	talāta we χamsīn	ثلاثة وخمسين
sechzig	settīn	ستّين
einundsechzig	wāḥed we settīn	واحد وستّين
zweiundsechzig	etneyn we settīn	إتنين وستّين
dreiundsechzig	talāta we settīn	ثلاثة وستّين
siebzig	sabʿīn	سبعين
einundsiebzig	wāḥed we sabʿīn	واحد وسبعين
zweiundsiebzig	etneyn we sabʿīn	إتنين وسبعين
dreiundsiebzig	talāta we sabʿīn	ثلاثة وسبعين
achtzig	tamanīn	ثمانين
einundachtzig	wāḥed we tamanīn	واحد وتمانين
zweiundachtzig	etneyn we tamanīn	إتنين وتمانين
dreiundachtzig	talāta we tamanīn	ثلاثة وثمانين
neunzig	tesʿīn	تسعين
einundneunzig	wāḥed we tesʿīn	واحد وتسعين
zweiundneunzig	etneyn we tesʿīn	إتنين وتسعين
dreiundneunzig	talāta we tesʿīn	ثلاثة وتسعين

5. Grundzahlen. Teil 2

einhundert	miya	ميّة
zweihundert	meteyn	ميتين
dreihundert	toltomiya	تلتميّة
vierhundert	robʿomiya	ربعميّة
fünfhundert	χomsomiya	خمسميّة
sechshundert	sotomiya	ستميّة
siebenhundert	sobʿomiya	سبعميّة
achthundert	tomnomeʾa	ثمنمئة
neunhundert	tosʿomiya	تسعميّة
eintausend	alf	ألف
zweitausend	alfeyn	ألفين
dreitausend	talat ʾālāf	ثلاث آلاف
zehntausend	ʿaʃaret ʾālāf	عشرة آلاف
hunderttausend	mīt alf	ميت ألف
Million (f)	millyon (m)	مليون
Milliarde (f)	millyār (m)	مليار

6. Ordnungszahlen

der erste	awwel	أوّل
der zweite	tāny	ثاني
der dritte	tālet	ثالث
der vierte	rābe'	رابع
der fünfte	χāmes	خامس
der sechste	sādes	سادس
der siebte	sābe'	سابع
der achte	tāmen	ثامن
der neunte	tāse'	تاسع
der zehnte	'āʃer	عاشر

7. Zahlen. Brüche

Bruch (m)	kasr (m)	كسر
Hälfte (f)	noṣṣ	نصّ
Drittel (n)	telt	ثلث
Viertel (n)	rob'	ربع
Achtel (m, n)	tomn	تمن
Zehntel (n)	'oʃr	عشر
zwei Drittel	teleyn	تلتين
drei Viertel	talātet arbā'	ثلاثة أرباع

8. Zahlen. Grundrechenarten

Subtraktion (f)	ṭarḥ (m)	طرح
subtrahieren (vt)	ṭaraḥ	طرح
Division (f)	'esma (f)	قسمة
dividieren (vt)	'asam	قسم
Addition (f)	gam' (m)	جمع
addieren (vt)	gama'	جمع
hinzufügen (vt)	gama'	جمع
Multiplikation (f)	ḍarb (m)	ضرب
multiplizieren (vt)	ḍarab	ضرب

9. Zahlen. Verschiedenes

Ziffer (f)	raqam (m)	رقم
Zahl (f)	'adad (m)	عدد
Zahlwort (n)	'adady (m)	عددي
Minus (n)	nā'eṣ (m)	ناقص
Plus (n)	zā'ed (m)	زائد
Formel (f)	mo'adla (f)	معادلة
Berechnung (f)	ḥesāb (m)	حساب
zählen (vt)	'add	عدّ

berechnen (vt)	ḥasab	حسب
vergleichen (vt)	qāran	قارن
Wie viel, -e?	kām?	كام؟
Summe (f)	magmūʿ (m)	مجموع
Ergebnis (n)	natīga (f)	نتيجة
Rest (m)	bāʾy (m)	باقي
einige (~ Tage)	kām	كام
wenig (Adv)	ʃewaya	شوية
Übrige (n)	el bāʾy (m)	الباقي
anderthalb	wāḥed w noṣṣ (m)	واحد ونصّ
Dutzend (n)	desta (f)	دستة
entzwei (Adv)	le noṣṣeyn	لنصّين
zu gleichen Teilen	bel tasāwy	بالتساوى
Hälfte (f)	noṣṣ (m)	نصّ
Mal (n)	marra (f)	مرّة

10. Die wichtigsten Verben. Teil 1

abbiegen (nach links ~)	ḥād	حاد
abschicken (vt)	arsal	أرسل
ändern (vt)	ɣayar	غيّر
andeuten (vt)	edda lamḥa	إدّى لمحة
Angst haben	χāf	خاف
ankommen (vi)	weṣel	وصل
antworten (vi)	gāwab	جاوب
arbeiten (vi)	eʃtaɣal	إشتغل
auf ... zählen	eʿtamad ʿala ...	إعتمد على...
aufbewahren (vt)	ḥafaẓ	حفظ
aufschreiben (vt)	katab	كتب
ausgehen (vi)	χarag	خرج
aussprechen (vt)	naṭaʾ	نطق
bedauern (vt)	nedem	ندم
bedeuten (vt)	ʾaṣad	قصد
beenden (vt)	χallaṣ	خلّص
befehlen (Milit.)	amar	أمر
befreien (Stadt usw.)	ḥarrar	حرّر
beginnen (vt)	badaʾ	بدأ
bemerken (vt)	lāḥaẓ	لاحظ
beobachten (vt)	rāqab	راقب
berühren (vt)	lamas	لمس
besitzen (vt)	malak	ملك
besprechen (vt)	nāʾeʃ	ناقش
bestehen auf	aṣarr	أصرّ
bestellen (im Restaurant)	ṭalab	طلب
bestrafen (vt)	ʿāqab	عاقب
beten (vi)	ṣalla	صلّى

bitten (vt)	ṭalab	طلب
brechen (vt)	kasar	كسر
denken (vi, vt)	fakkar	فكّر
drohen (vi)	hadded	هدّد
Durst haben	ʿāyez aʃrab	عايز أشرب
einladen (vt)	ʿazam	عزم
einstellen (vt)	baṭṭal	بطّل
einwenden (vt)	eʿtaraḍ	إعترض
empfehlen (vt)	naṣaḥ	نصح
erklären (vt)	ʃaraḥ	شرح
erlauben (vt)	samaḥ	سمح
ermorden (vt)	ʾatal	قتل
erwähnen (vt)	zakar	ذكر
existieren (vi)	kān mawgūd	كان موّجود

11. Die wichtigsten Verben. Teil 2

fallen (vi)	weʾeʿ	وقع
fallen lassen	waʾʾaʿ	وقّع
fangen (vt)	mesek	مسك
finden (vt)	laʾa	لقى
fliegen (vi)	ṭār	طار
folgen (Folge mir!)	tatabbaʿ	تتبّع
fortsetzen (vt)	wāṣel	واصل
fragen (vt)	saʾal	سأل
frühstücken (vi)	feṭer	فطر
geben (vt)	edda	إدّى
gefallen (vi)	ʿagab	عجب
gehen (zu Fuß gehen)	meʃy	مشي
gehören (vi)	χaṣṣ	خصّ
graben (vt)	ḥafar	حفر
haben (vt)	malak	ملك
helfen (vi)	sāʿed	ساعد
herabsteigen (vi)	nezel	نزل
hereinkommen (vi)	daχal	دخل
hoffen (vi)	tamanna	تمنّى
hören (vt)	semeʿ	سمع
hungrig sein	ʿāyez ʾākol	عايز آكل
informieren (vt)	ʾāl ly	قال لي
jagen (vi)	eṣṭād	اصطاد
kennen (vt)	ʿeref	عرف
klagen (vi)	ʃaka	شكا
können (v mod)	ʾeder	قدر
kontrollieren (vt)	et-ḥakkem	إتحكّم
kosten (vt)	kallef	كلّف
kränken (vt)	ahān	أهان
lächeln (vi)	ebtasam	إبتسم

lachen (vi)	ḍeḥek	ضحك
laufen (vi)	gery	جري
leiten (Betrieb usw.)	adār	أدار
lernen (vt)	daras	درس
lesen (vi, vt)	'ara	قرأ
lieben (vt)	ḥabb	حبّ
machen (vt)	'amal	عمل
mieten (Haus usw.)	est'gar	إستأجر
nehmen (vt)	aχad	أخذ
noch einmal sagen	karrar	كرّر
nötig sein	maṭlūb	مطلوب
öffnen (vt)	fataḥ	فتح

12. Die wichtigsten Verben. Teil 3

planen (vt)	χaṭṭeṭ	خطّط
prahlen (vi)	tabāha	تباهى
raten (vt)	naṣaḥ	نصح
rechnen (vt)	'add	عدّ
reservieren (vt)	ḥagaz	حجز
retten (vt)	anqaz	أنقذ
richtig raten (vt)	χammen	خمّن
rufen (um Hilfe ~)	estaɣās	إستغاث
sagen (vt)	'āl	قال
schaffen (Etwas Neues zu ~)	'amal	عمل
schelten (vt)	wabbeχ	وبّخ
schießen (vi)	ḍarab bel nār	ضرب بالنار
schmücken (vt)	zayen	زيّن
schreiben (vi, vt)	katab	كتب
schreien (vi)	ṣarraχ	صرّخ
schweigen (vi)	seket	سكت
schwimmen (vi)	'ām	عام
schwimmen gehen	sebeḥ	سبح
sehen (vi, vt)	ʃāf	شاف
sein (vi)	kān	كان
sich beeilen	esta'gel	إستعجل
sich entschuldigen	e'tazar	إعتذر
sich interessieren	ehtamm be	إهتمّ بـ
sich irren	ɣeleṭ	غلط
sich setzen	'a'ad	قعد
sich weigern	rafaḍ	رفض
spielen (vi, vt)	le'eb	لعب
sprechen (vi)	kallem	كلّم
staunen (vi)	etfāge'	إتفاجئ
stehlen (vt)	sara'	سرق
stoppen (vt)	wa''af	وقّف
suchen (vt)	dawwar 'ala	دوّر على

13. Die wichtigsten Verben. Teil 4

täuschen (vt)	χada'	خدع
teilnehmen (vi)	ʃārek	شارك
übersetzen (Buch usw.)	targem	ترجم
unterschätzen (vt)	estaχaff	إستخفّ
unterschreiben (vt)	waqqa'	وقّع
vereinigen (vt)	waḥḥed	وحّد
vergessen (vt)	nesy	نسي
vergleichen (vt)	qāran	قارن
verkaufen (vt)	bā'	باع
verlangen (vt)	ṭāleb	طالب
versäumen (vt)	ɣāb	غاب
versprechen (vt)	wa'ad	وعد
verstecken (vt)	χabba	خبّأ
verstehen (vt)	fehem	فهم
versuchen (vt)	ḥāwel	حاول
verteidigen (vt)	dāfa'	دافع
vertrauen (vi)	wasaq	وثق
verwechseln (vt)	etlaχbaṭ	إتلخبط
verzeihen (vt)	'afa	عفا
voraussehen (vt)	tanabba'	تنبّأ
vorschlagen (vt)	'araḍ	عرض
vorziehen (vt)	faḍḍal	فضّل
wählen (vt)	eχtār	إختار
warnen (vt)	ḥazzar	حذّر
warten (vi)	estanna	إستنّى
weinen (vi)	baka	بكى
wissen (vt)	'eref	عرف
Witz machen	hazzar	هزّر
wollen (vt)	'āyez	عايز
zahlen (vt)	dafa'	دفع
zeigen (jemandem etwas)	warra	ورّى
zu Abend essen	et'asʃa	إتعشّى
zu Mittag essen	etɣadda	إتغدّى
zubereiten (vt)	ḥaḍḍar	حضّر
zustimmen (vi)	ettafa'	إتّفق
zweifeln (vi)	ʃakk fe	شكّ في

14. Farben

Farbe (f)	lone (m)	لون
Schattierung (f)	daraget el lōn (m)	درجة اللون
Farbton (m)	ṣabɣet lōn (f)	صبغة اللون
Regenbogen (m)	qose qozaḥ (m)	قوس قزح
weiß	abyaḍ	أبيض
schwarz	aswad	أسود

grau	romādy	رمادي
grün	aẋḍar	أخضر
gelb	aṣfar	أصفر
rot	aḥmar	أحمر
blau	azra'	أزرق
hellblau	azra' fāteḥ	أزرق فاتح
rosa	wardy	وردي
orange	bortoqāly	برتقاليّ
violett	banaffsegy	بنفّسجي
braun	bonny	بنّي
golden	dahaby	ذهبي
silbrig	feḍḍy	فضّي
beige	bɛ:ʒ	بيج
cremefarben	'āgy	عاجيّ
türkis	fayrūzy	فيروزي
kirschrot	aḥmar karazy	أحمر كرزي
lila	laylaky	ليّلكي
himbeerrot	qormozy	قرمزي
hell	fāteḥ	فاتح
dunkel	ɣāme'	غامق
grell	zāhy	زاهي
Farb- (z.B. -stifte)	melawwen	ملوّن
Farb- (z.B. -film)	melawwen	ملوّن
schwarz-weiß	abyaḍ we aswad	أبيض وأسوّد
einfarbig	sāda	سادة
bunt	mota'added el alwān	متعدّد الألوان

15. Fragen

Wer?	mīn?	مين؟
Was?	eyh?	ايه؟
Wo?	feyn?	فين؟
Wohin?	feyn?	فين؟
Woher?	meneyn?	منين؟
Wann?	emta	امتى؟
Wozu?	'aʃān eyh?	عشان ايه؟
Warum?	leyh?	ليه؟
Wofür?	l eyh?	لـ ليه؟
Wie?	ezāy?	إزاي؟
Welcher?	eyh?	ايه؟
Wem?	le mīn?	لمين؟
Über wen?	'an mīn?	عن مين؟
Wovon? (~ sprichst du?)	'an eyh?	عن ايه؟
Mit wem?	ma' mīn?	مع مين؟
Wie viel? Wie viele?	kām?	كام؟
Wessen?	betā'et mīn?	بتاعت مين؟

16. Präpositionen

mit (Frau ~ Katzen)	maʿ	مع
ohne (~ Dich)	men ɣeyr	من غير
nach (~ London)	ela	إلى
über (~ Geschäfte sprechen)	ʿan	عن
vor (z.B. ~ acht Uhr)	ʾabl	قبل
vor (z.B. ~ dem Haus)	ʾoddām	قدّام
unter (~ dem Schirm)	taḥt	تحت
über (~ dem Meeresspiegel)	foʾe	فوق
auf (~ dem Tisch)	ʿala	على
aus (z.B. ~ München)	men	من
aus (z.B. ~ Porzellan)	men	من
in (~ zwei Tagen)	baʿd	بعد
über (~ zaun)	men ʿala	من على

17. Funktionswörter. Adverbien. Teil 1

Wo?	feyn?	فين؟
hier	hena	هنا
dort	henāk	هناك
irgendwo	fe makānen ma	في مكان ما
nirgends	meʃ fi ayī makān	مش في أيّ مكان
an (bei)	ganb	جنب
am Fenster	ganb el ʃebbāk	جنب الشبّاك
Wohin?	feyn?	فين؟
hierher	hena	هنا
dahin	henāk	هناك
von hier	men hena	من هنا
von da	men henāk	من هناك
nah (Adv)	ʾarīb	قريب
weit, fern (Adv)	beʿīd	بعيد
in der Nähe von ...	ʿand	عند
in der Nähe	ʾarīb	قريب
unweit (~ unseres Hotels)	meʃ beʿīd	مش بعيد
link (Adj)	el ʃemāl	الشمال
links (Adv)	ʿalal ʃemāl	على الشمال
nach links	lel ʃemāl	للشمال
recht (Adj)	el yemīn	اليمين
rechts (Adv)	ʿalal yemīn	على اليمين
nach rechts	lel yemīn	لليمين
vorne (Adv)	ʾoddām	قدّام
Vorder-	amāmy	أمامي

vorwärts	ela el amām	إلى الأمام
hinten (Adv)	wara'	وراء
von hinten	men wara	من ورا
rückwärts (Adv)	le wara	لورا
Mitte (f)	wasaṭ (m)	وسط
in der Mitte	fel wasat	في الوسط
seitlich (Adv)	'ala ganb	على جنب
überall (Adv)	fe kol makān	في كل مكان
ringsherum (Adv)	ḥawaleyn	حوالين
von innen (Adv)	men gowwah	من جوّه
irgendwohin (Adv)	le 'ayī makān	لأي مكان
geradeaus (Adv)	'ala ṭūl	على طول
zurück (Adv)	rogū'	رجوع
irgendwoher (Adv)	men ayī makān	من أيّ مكان
von irgendwo (Adv)	men makānen mā	من مكان ما
erstens	awwalan	أوّلاً
zweitens	sāneyan	ثانياً
drittens	sālesan	ثالثاً
plötzlich (Adv)	fag'a	فجأة
zuerst (Adv)	fel bedāya	في البداية
zum ersten Mal	le 'awwel marra	لأوّل مرّة
lange vor…	'abl … be modda ṭawīla	قبل... بمدة طويلة
von Anfang an	men gedīd	من جديد
für immer	lel abad	للأبد
nie (Adv)	abadan	أبداً
wieder (Adv)	tāny	تاني
jetzt (Adv)	delwa'ty	دلوقتي
oft (Adv)	ketīr	كثير
damals (Adv)	wa'taha	وقتها
dringend (Adv)	'ala ṭūl	على طول
gewöhnlich (Adv)	'ādatan	عادةً
übrigens, …	'ala fekra …	على فكرة...
möglicherweise (Adv)	momken	ممكن
wahrscheinlich (Adv)	momken	ممكن
vielleicht (Adv)	momken	ممكن
außerdem …	bel eḍāfa ela …	بالإضافة إلى...
deshalb …	'aʃān keda	عشان كده
trotz …	bel raɣm men …	بالرغم من...
dank …	be faḍl …	بفضل...
was (~ ist denn?)	elly	إللي
das (~ ist alles)	ennu	إنّه
etwas	ḥāga (f)	حاجة
irgendwas	ayī ḥāga (f)	أيّ حاجة
nichts	wala ḥāga	ولا حاجة
wer (~ ist ~?)	elly	إللي
jemand	ḥadd	حد

irgendwer	ḥadd	حدّ
niemand	wala ḥadd	ولا حدّ
nirgends	meʃ le wala makān	مش لـ ولا مكان
niemandes (~ Eigentum)	wala ḥadd	ولا حدّ
jemandes	le ḥadd	لحدّ
so (derart)	geddan	جداً
auch	kamān	كمان
ebenfalls	kamān	كمان

18. Funktionswörter. Adverbien. Teil 2

Warum?	leyh?	ليه؟
aus irgendeinem Grund	le sabeben ma	لسبب ما
weil ...	ʿaʃān ...	عشان ...
zu irgendeinem Zweck	le hadafen mā	لهدف ما
und	w	و
oder	walla	ولّا
aber	bass	بسّ
für (präp)	ʿaʃān	عشان
zu (~ viele)	ketīr geddan	كتير جدّاً
nur (~ einmal)	bass	بسّ
genau (Adv)	bel ḍabṭ	بالضبط
etwa	naḥw	نحو
ungefähr (Adv)	naḥw	نحو
ungefähr (Adj)	taqrību	تقريبي
fast	taʾrīban	تقريباً
Übrige (n)	el bāʾy (m)	الباقي
jeder (~ Mann)	koll	كلّ
beliebig (Adj)	ayī	أيّ
viel	ketīr	كتير
viele Menschen	nās ketīr	ناس كتير
alle (wir ~)	koll el nās	كلّ الناس
im Austausch gegen ...	fi moqābel ...	في مقابل ...
dafür (Adv)	fe moqābel	في مقابل
mit der Hand (Hand-)	bel yad	باليد
schwerlich (Adv)	bel kād	بالكاد
wahrscheinlich (Adv)	momken	ممكن
absichtlich (Adv)	bel ʾaṣd	بالقصد
zufällig (Adv)	bel ṣodfa	بالصدفة
sehr (Adv)	ʾawy	قويّ
zum Beispiel	masalan	مثلاً
zwischen	beyn	بين
unter (Wir sind ~ Mördern)	wesṭ	وسط
so viele (~ Ideen)	ketīr	كتير
besonders (Adv)	χāṣṣa	خاصّة

Grundbegriffe. Teil 2

19. Wochentage

Montag (m)	el etneyn (m)	الإتنين
Dienstag (m)	el talāt (m)	التلات
Mittwoch (m)	el arbe'ā' (m)	الأربعاء
Donnerstag (m)	el χamīs (m)	الخميس
Freitag (m)	el gom'a (m)	الجمعة
Samstag (m)	el sabt (m)	السبت
Sonntag (m)	el aḥad (m)	الأحد
heute	el naharda	النهارده
morgen	bokra	بكرة
übermorgen	ba'd bokra (m)	بعد بكرة
gestern	embāreḥ	امبارح
vorgestern	awwel embāreḥ	أوّل امبارح
Tag (m)	yome (m)	يوم
Arbeitstag (m)	yome 'amal (m)	يوم عمل
Feiertag (m)	agāza rasmiya (f)	أجازة رسميّة
freier Tag (m)	yome el agāza (m)	يوم أجازة
Wochenende (n)	nehāyet el osbū' (f)	نهاية الأسبوع
den ganzen Tag	ṭūl el yome	طول اليوم
am nächsten Tag	fel yome elly ba'dīh	في اليوم اللي بعديه
zwei Tage vorher	men yomeyn	من يومين
am Vortag	fel yome elly 'ablo	في اليوم اللي قبله
täglich (Adj)	yawmy	يومي
täglich (Adv)	yawmiyan	يومياً
Woche (f)	osbū' (m)	أسبوع
letzte Woche	el esbū' elly fāt	الأسبوع اللي فات
nächste Woche	el esbū' elly gayī	الأسبوع اللي جاي
wöchentlich (Adj)	osbū'y	أسبوعي
wöchentlich (Adv)	osbū'iyan	أسبوعياً
zweimal pro Woche	marreteyn fel osbū'	مرّتين في الأسبوع
jeden Dienstag	koll solasā'	كلّ ثلاثاء

20. Stunden. Tag und Nacht

Morgen (m)	ṣobḥ (m)	صبح
morgens	fel ṣobḥ	في الصبح
Mittag (m)	ẓohr (m)	ظهر
nachmittags	ba'd el ḍohr	بعد الظهر
Abend (m)	leyl (m)	ليل
abends	bel leyl	بالليل

Nacht (f)	leyl (m)	ليل
nachts	bel leyl	بالليل
Mitternacht (f)	noṣṣ el leyl (m)	نصّ الليل
Sekunde (f)	sanya (f)	ثانية
Minute (f)	deʾʾa (f)	دقيقة
Stunde (f)	sāʿa (f)	ساعة
eine halbe Stunde	noṣṣ sāʿa (m)	نصّ ساعة
Viertelstunde (f)	robʿ sāʿa (f)	ربع ساعة
fünfzehn Minuten	χamastāʃer deʾʾa	خمستاشر دقيقة
Tag und Nacht	arbaʿa we ʿeʃrīn sāʿa	أربعة وعشرين ساعة
Sonnenaufgang (m)	ʃorūʾ el ʃams (m)	شروق الشمس
Morgendämmerung (f)	fagr (m)	فجر
früher Morgen (m)	ṣobḥ badry (m)	صبح بدري
Sonnenuntergang (m)	ɣorūb el ʃams (m)	غروب الشمس
früh am Morgen	el ṣobḥ badry	الصبح بدري
heute Morgen	el naharda el ṣobḥ	النهاردة الصبح
morgen früh	bokra el ṣobḥ	بكرة الصبح
heute Mittag	el naharda baʿd el ḍohr	النهاردة بعد الظهر
nachmittags	baʿd el ḍohr	بعد الظهر
morgen Nachmittag	bokra baʿd el ḍohr	بكرة بعد الظهر
heute Abend	el naharda bel leyl	النهاردة بالليل
morgen Abend	bokra bel leyl	بكرة بالليل
Punkt drei Uhr	es sāʿa talāta bel ḍabṭ	الساعة تلاتة بالضبط
gegen vier Uhr	es sāʿa arbaʿa taʾrīban	الساعة أربعة تقريبا
um zwölf Uhr	ḥatt es sāʿa etnāʃar	حتى الساعة إتناشر
in zwanzig Minuten	fe χelāl ʿeʃrīn deʿeeʿa	في خلال عشرين دقيقة
in einer Stunde	fe χelāl sāʿa	في خلال ساعة
rechtzeitig (Adv)	fe mawʿedo	في موعده
Viertel vor ...	ella robʿ	إلّا ربع
innerhalb einer Stunde	χelāl sāʿa	خلال ساعة
alle fünfzehn Minuten	koll robʿ sāʿa	كلّ ربع ساعة
Tag und Nacht	leyl nahār	ليل نهار

21. Monate. Jahreszeiten

Januar (m)	yanāyer (m)	يناير
Februar (m)	febrāyer (m)	فبراير
März (m)	māres (m)	مارس
April (m)	ebrīl (m)	إبريل
Mai (m)	māyo (m)	مايو
Juni (m)	yonyo (m)	يونيو
Juli (m)	yolyo (m)	يوليو
August (m)	oɣosṭos (m)	أغسطس
September (m)	sebtamber (m)	سبتمبر
Oktober (m)	oktober (m)	أكتوبر
November (m)	november (m)	نوفمبر

Dezember (m)	desember (m)	ديسمبر
Frühling (m)	rabeeʿ (m)	ربيع
im Frühling	fel rabeeʿ	في الربيع
Frühlings-	rabeeʿy	ربيعي
Sommer (m)	ṣeyf (m)	صيف
im Sommer	fel ṣeyf	في الصيف
Sommer-	ṣeyfy	صيفي
Herbst (m)	χarīf (m)	خريف
im Herbst	fel χarīf	في الخريف
Herbst-	χarīfy	خريفي
Winter (m)	ʃetāʾ (m)	شتاء
im Winter	fel ʃetāʾ	في الشتاء
Winter-	ʃetwy	شتوّي
Monat (m)	ʃahr (m)	شهر
in diesem Monat	fel ʃahr da	في الشهر ده
nächsten Monat	el ʃahr el gayī	الشهر الجايّ
letzten Monat	el ʃahr elly fāt	الشهر اللي فات
vor einem Monat	men ʃahr	من شهر
über eine Monat	baʿd ʃahr	بعد شهر
in zwei Monaten	baʿd ʃahreyn	بعد شهرين
den ganzen Monat	ṭawāl el ʃahr	طوال الشهر
monatlich (Adj)	ʃahry	شهري
monatlich (Adv)	ʃahry	شهري
jeden Monat	koll ʃahr	كلّ شهر
zweimal pro Monat	marreteyn fel ʃahr	مرّتين في الشهر
Jahr (n)	sana (f)	سنة
dieses Jahr	el sana di	السنة دي
nächstes Jahr	el sana el gaya	السنة الجايّة
voriges Jahr	el sana elly fātet	السنة اللي فاتت
vor einem Jahr	men sana	من سنة
in einem Jahr	baʿd sana	بعد سنة
in zwei Jahren	baʿd sanateyn	بعد سنتين
das ganze Jahr	ṭūl el sana	طول السنة
jedes Jahr	koll sana	كلّ سنة
jährlich (Adj)	sanawy	سنوّي
jährlich (Adv)	koll sana	كلّ سنة
viermal pro Jahr	arbaʿ marrāt fel sana	أربع مرات في السنة
Datum (heutige ~)	tarīχ (m)	تاريخ
Datum (Geburts-)	tarīχ (m)	تاريخ
Kalender (m)	natīga (f)	نتيجة
ein halbes Jahr	noṣṣ sana	نصّ سنة
Halbjahr (n)	settet aʃ-hor (f)	ستّة أشهر
Saison (f)	faṣl (m)	فصل
Jahrhundert (n)	qarn (m)	قرن

22. Zeit. Verschiedenes

Zeit (f)	wa'ʾt (m)	وقت
Augenblick (m)	laḥza (f)	لحظة
Moment (m)	laḥza (f)	لحظة
augenblicklich (Adj)	laḥza	لحظة
Zeitspanne (f)	fatra (f)	فترة
Leben (n)	ḥayah (f)	حياة
Ewigkeit (f)	abadiya (f)	أبديّة
Epoche (f)	ʿahd (m)	عهد
Ära (f)	ʿaṣr (m)	عصر
Zyklus (m)	dawra (f)	دوّرة
Periode (f)	fatra (f)	فترة
Frist (äußerste ~)	fatra (f)	فترة
Zukunft (f)	el mostaqbal (m)	المستقبل
zukünftig (Adj)	elly gayī	اللي جاي
nächstes Mal	el marra el gaya	المرّة الجايّة
Vergangenheit (f)	el māḍy (m)	الماضي
vorig (Adj)	elly fāt	اللي فات
letztes Mal	el marra elly fātet	المرّة اللي فاتت
später (Adv)	baʿdeyn	بعدين
danach	baʿd	بعد
zur Zeit	el ayām di	الأيام دي
jetzt	delwaʾty	دلوّقتي
sofort	ḥālan	حالاً
bald	ʾarīb	قريب
im Voraus	moʾaddaman	مقدّماً
lange her	men zamān	من زمان
vor kurzem	men ʾorayeb	من قريّب
Schicksal (n)	maṣīr (m)	مصير
Erinnerungen (pl)	zekra (f)	ذكرى
Archiv (n)	arʃīf (m)	أرشيف
während ...	esnāʾ...	إثناء...
lange (Adv)	modda ṭawīla	مدّة طويلة
nicht lange (Adv)	le fatra ʾaṣīra	لفترة قصيرة
früh (~ am Morgen)	badry	بدري
spät (Adv)	metʾakχer	متأخّر
für immer	lel abad	للأبد
beginnen (vt)	badaʾ	بدأ
verschieben (vt)	aggel	أجّل
gleichzeitig	fe nafs el waqt	في نفس الوقت
ständig (Adv)	be ʃakl dāʾem	بشكل دائم
konstant (Adj)	mostamerr	مستمرّ
zeitweilig (Adj)	moʾakkatan	مؤقّتاً
manchmal	saʿāt	ساعات
selten (Adv)	nāderan	نادراً
oft	ketīr	كثير

23. Gegenteile

reich (Adj)	ɣany	غني
arm (Adj)	faʾīr	فقير
krank (Adj)	marīḍ	مريض
gesund (Adj)	salīm	سليم
groß (Adj)	kebīr	كبير
klein (Adj)	ṣaɣīr	صغير
schnell (Adv)	bosorʿa	بسرعة
langsam (Adv)	bo boṭʾ	ببطء
schnell (Adj)	sareeʿ	سريع
langsam (Adj)	baṭīʾ	بطيء
froh (Adj)	farḥān	فرحان
traurig (Adj)	ḥazīn	حزين
zusammen	maʿ baʿḍ	مع بعض
getrennt (Adv)	le waḥdo	لوحده
laut (~ lesen)	beṣote ʿāly	بصوت عالي
still (~ lesen)	beṣamt	بصمت
hoch (Adj)	ʿāly	عالي
niedrig (Adj)	wāṭy	واطي
tief (Adj)	ʿamīq	عميق
flach (Adj)	ḍaḥl	ضحل
ja	aywa	أيوه
nein	laʾ	لأ
fern (Adj)	beʿīd	بعيد
nah (Adj)	ʾarīb	قريب
weit (Adv)	beʿīd	بعيد
nebenan (Adv)	ʾarīb	قريب
lang (Adj)	ṭawīl	طويل
kurz (Adj)	ʾaṣīr	قصير
gut (gütig)	ṭayeb	طيّب
böse (der ~ Geist)	ʃerrīr	شرير
verheiratet (Ehemann)	metgawwez	متجوّز
ledig (Adj)	aʿzab	أعزب
verbieten (vt)	manaʿ	منع
erlauben (vt)	samaḥ	سمح
Ende (n)	nehāya (f)	نهاية
Anfang (m)	bedāya (f)	بداية

link (Adj)	el ʃemāl	الشمال
recht (Adj)	el yemīn	اليمين
der erste	awwel	أوّل
der letzte	ʾāχer	آخر
Verbrechen (n)	garīma (f)	جريمة
Bestrafung (f)	ʿeqāb (m)	عقاب
befehlen (vt)	amar	أمر
gehorchen (vi)	ṭāʿ	طاع
gerade (Adj)	mostaqīm	مستقيم
krumm (Adj)	monḥany	منحني
Paradies (n)	el ganna (f)	الجنّة
Hölle (f)	el gaḥīm (f)	الجحيم
geboren sein	etwalad	إتولّد
sterben (vi)	māt	مات
stark (Adj)	ʾawy	قوّي
schwach (Adj)	ḍaʿīf	ضعيف
alt	ʿagūz	عجوز
jung (Adj)	ʃāb	شاب
alt (Adj)	ʾadīm	قديم
neu (Adj)	gedīd	جديد
hart (Adj)	ṣalb	صلب
weich (Adj)	ṭary	طري
warm (Adj)	dāfy	دافي
kalt (Adj)	bāred	بارد
dick (Adj)	teχīn	تخين
mager (Adj)	rofayaʿ	رفيّع
eng (Adj)	ḍayeʾ	ضيّق
breit (Adj)	wāseʿ	واسع
gut (Adj)	kewayes	كويّس
schlecht (Adj)	weḥeʃ	وحش
tapfer (Adj)	ʃogāʿ	شجاع
feige (Adj)	gabān	جبان

24. Linien und Formen

Quadrat (n)	morabbaʿ (m)	مربّع
quadratisch	morabbaʿ	مربّع
Kreis (m)	dayra (f)	دايرة
rund	medawwar	مدوّر

Dreieck (n)	mosallas (m)	مثلّث
dreieckig	mosallasy el ʃakl	مثلّثي الشكل
Oval (n)	bayḍawy (m)	بيضوّي
oval	bayḍawy	بيضوّي
Rechteck (n)	mostaṭīl (m)	مستطيل
rechteckig	mostaṭīly	مستطيلي
Pyramide (f)	haram (m)	هرم
Rhombus (m)	mo'ayen (m)	معيّن
Trapez (n)	ʃebh el monḥaref (m)	شبه المنحرف
Würfel (m)	moka'ab (m)	مكعّب
Prisma (n)	manʃūr (m)	منشور
Kreis (m)	moḥīṭ monḥany moɣlaq (m)	محيط منحنى مغلق
Sphäre (f)	kora (f)	كرة
Kugel (f)	kora (f)	كرة
Durchmesser (m)	qaṭr (m)	قطر
Radius (m)	noṣṣ qaṭr (m)	نصّ قطر
Umfang (m)	moḥīṭ (m)	محيط
Zentrum (n)	wasaṭ (m)	وسط
waagerecht (Adj)	ofoqy	أفقي
senkrecht (Adj)	'amūdy	عمودي
Parallele (f)	motawāz (m)	متواز
parallel (Adj)	motawāzy	متوازي
Linie (f)	χaṭṭ (m)	خطّ
Strich (m)	ḥaraka (m)	حركة
Gerade (f)	χaṭṭ mostaqīm (m)	خطّ مستقيم
Kurve (f)	χaṭṭ monḥany (m)	خطّ منحني
dünn (schmal)	rofaya'	رفيّع
Kontur (f)	kontūr (m)	كنتور
Schnittpunkt (m)	taqāṭo' (m)	تقاطع
rechter Winkel (m)	zawya mostaqīma (f)	زاوية مستقيمة
Segment (n)	'eṭ'a (f)	قطعة
Sektor (m)	qaṭā' (m)	قطاع
Seite (f)	gāneb (m)	جانب
Winkel (m)	zawya (f)	زاوية

25. Maßeinheiten

Gewicht (n)	wazn (m)	وزن
Länge (f)	ṭūl (m)	طول
Breite (f)	'arḍ (m)	عرض
Höhe (f)	ertefā' (m)	إرتفاع
Tiefe (f)	'omq (m)	عمق
Volumen (n)	ḥagm (m)	حجم
Fläche (f)	mesāḥa (f)	مساحة
Gramm (n)	gram (m)	جرام
Milligramm (n)	milligrām (m)	مليغرام
Kilo (n)	kilogrām (m)	كيلوغرام

Tonne (f)	ṭenn (m)	طنّ
Pfund (n)	reṭl (m)	رطل
Unze (f)	onṣa (f)	أونصة
Meter (m)	metr (m)	متر
Millimeter (m)	millimetr (m)	ملّيمتر
Zentimeter (m)	santimetr (m)	سنتيمتر
Kilometer (m)	kilometr (m)	كيلومتر
Meile (f)	mīl (m)	ميل
Zoll (m)	boṣa (f)	بوصة
Fuß (m)	'adam (m)	قدم
Yard (n)	yarda (f)	ياردة
Quadratmeter (m)	metr morabba' (m)	متر مربّع
Hektar (n)	hektār (m)	هكتار
Liter (m)	litre (m)	لتر
Grad (m)	daraga (f)	درجة
Volt (n)	volt (m)	فولت
Ampere (n)	ambere (m)	أمبير
Pferdestärke (f)	ḥoṣān (m)	حصان
Anzahl (f)	kemiya (f)	كميّة
etwas ...	ʃewayet ...	شويّة...
Hälfte (f)	noṣṣ (m)	نصّ
Dutzend (n)	desta (f)	دستة
Stück (n)	waḥda (f)	وحدة
Größe (f)	ḥagm (m)	حجم
Maßstab (m)	me'yās (m)	مقياس
minimal (Adj)	el adna	الأدنى
der kleinste	el aṣɣar	الأصغر
mittler, mittel-	motawasseṭ	متوّسط
maximal (Adj)	el aqṣa	الأقصى
der größte	el akbar	الأكبر

26. Behälter

Glas (Einmachglas)	barṭamān (m)	برطمان
Dose (z.B. Bierdose)	kanz (m)	كانز
Eimer (m)	gardal (m)	جردل
Fass (n), Tonne (f)	barmīl (m)	برميل
Waschschüssel (n)	ḥoḍe lel ɣasīl (m)	حوض للغسيل
Tank (m)	χazzān (m)	خزّان
Flachmann (m)	zamzamiya (f)	زمزميّة
Kanister (m)	ʒerken (m)	جركن
Zisterne (f)	χazzān (m)	خزّان
Kaffeebecher (m)	mugg (m)	ماجّ
Tasse (f)	fengān (m)	فنجان
Untertasse (f)	ṭaba' fengān (m)	طبق فنجان

Wasserglas (n)	kobbāya (f)	كوبّاية
Weinglas (n)	kāsa (f)	كاسة
Kochtopf (m)	ḥalla (f)	حلّة
Flasche (f)	ezāza (f)	إزازة
Flaschenhals (m)	ʿonq (m)	عنق
Karaffe (f)	dawraʾ zogāgy (m)	دورق زجاجي
Tonkrug (m)	ebrīʾ (m)	إبريق
Gefäß (n)	weʿāʾ (m)	وعاء
Tontopf (m)	aṣīṣ (m)	أصيص
Vase (f)	vāza (f)	فازة
Flakon (n)	ezāza (f)	إزازة
Fläschchen (n)	ezāza (f)	إزازة
Tube (z.B. Zahnpasta)	anbūba (f)	أنبوبة
Sack (~ Kartoffeln)	kīs (m)	كيس
Tüte (z.B. Plastiktüte)	kīs (m)	كيس
Schachtel (f) (z.B. Zigaretten~)	ʿelba (f)	علبة
Karton (z.B. Schuhkarton)	ʿelba (f)	علبة
Kiste (z.B. Bananenkiste)	ṣandūʾ (m)	صندوق
Korb (m)	salla (f)	سلّة

27. Werkstoffe

Stoff (z.B. Baustoffe)	madda (f)	مادّة
Holz (n)	χaʃab (m)	خشب
hölzern	χaʃaby	خشبي
Glas (n)	ezāz (m)	إزاز
gläsern, Glas-	ezāz	إزاز
Stein (m)	ḥagar (m)	حجر
steinern	ḥagary	حجري
Kunststoff (m)	blastik (m)	بلاستيك
Kunststoff-	men el blastik	من البلاستيك
Gummi (n)	maṭṭāṭ (m)	مطّاط
Gummi-	maṭṭāṭy	مطّاطي
Stoff (m)	ʾomāʃ (m)	قماش
aus Stoff	men el ʾomāʃ	من القماش
Papier (n)	waraʾ (m)	ورق
Papier-	waraʾy	ورقي
Pappe (f)	kartōn (m)	كرتون
Pappen-	kartony	كرتوني
Polyäthylen (n)	bolyetylen (m)	بولي ايثيلين
Zellophan (n)	sellofān (m)	سيلوفان

Furnier (n)	ablakāʃ (m)	أبلكاش
Porzellan (n)	borsalīn (m)	بورسلين
aus Porzellan	men el borsalīn	من البورسلين
Ton (m)	ṭīn (m)	طين
Ton-	fokχāry	فخّاري
Keramik (f)	seramīk (m)	سيراميك
keramisch	men el seramik	من السيراميك

28. Metalle

Metall (n)	ma'dan (m)	معدن
metallisch, Metall-	ma'dany	معدني
Legierung (f)	sebīka (f)	سبيكة
Gold (n)	dahab (m)	ذهب
golden	dahaby	ذهبي
Silber (n)	faḍḍa (f)	فضّة
silbern, Silber-	feḍḍy	فضّي
Eisen (n)	ḥadīd (m)	حديد
eisern, Eisen-	ḥadīdy	حديدي
Stahl (m)	fulāz (m)	فولاذ
stählern	folāzy	فولاذي
Kupfer (n)	neḥās (m)	نحاس
kupfern, Kupfer-	neḥāsy	نحاسي
Aluminium (n)	aluminyum (m)	الومينيوم
Aluminium-	aluminyum	الومينيوم
Bronze (f)	bronze (m)	برونز
bronzen	bronzy	برونزي
Messing (n)	neḥās aṣfar (m)	نحاس أصفر
Nickel (n)	nikel (m)	نيكل
Platin (n)	blatīn (m)	بلاتين
Quecksilber (n)	ze'baq (m)	زئبق
Zinn (n)	'aṣdīr (m)	قصدير
Blei (n)	roṣāṣ (m)	رصاص
Zink (n)	zink (m)	زنك

DER MENSCH

Der Mensch. Körper

29. Menschen. Grundbegriffe

Mensch (m)	ensān (m)	إنسان
Mann (m)	rāgel (m)	راجل
Frau (f)	set (f)	ست
Kind (n)	ṭefl (m)	طفل
Mädchen (n)	bent (f)	بنت
Junge (m)	walad (m)	ولد
Teenager (m)	morāheq (m)	مراهق
Greis (m)	ʿagūz (m)	عجوز
alte Frau (f)	ʿagūza (f)	عجوزة

30. Anatomie des Menschen

Organismus (m)	ʿoḍw (m)	عضو
Herz (n)	ʾalb (m)	قلب
Blut (n)	damm (m)	دم
Arterie (f)	ʃeryān (m)	شريان
Vene (f)	ʿerʾ (m)	عرق
Gehirn (n)	mokχ (m)	مخّ
Nerv (m)	ʿaṣab (m)	عصب
Nerven (pl)	aʿṣāb (pl)	أعصاب
Wirbel (m)	faqra (f)	فقرة
Wirbelsäule (f)	ʿamūd faqry (m)	عمود فقري
Magen (m)	meʿda (f)	معدة
Gedärm (n)	amʿāʾ (pl)	أمعاء
Darm (z.B. Dickdarm)	maʿy (m)	معى
Leber (f)	kebd (f)	كبد
Niere (f)	kelya (f)	كلية
Knochen (m)	ʿaḍm (m)	عظم
Skelett (n)	haykal ʿazmy (m)	هيكل عظمي
Rippe (f)	ḍelʿ (m)	ضلع
Schädel (m)	gomgoma (f)	جمجمة
Muskel (m)	ʿaḍala (f)	عضلة
Bizeps (m)	biseps (f)	بايسبس
Trizeps (m)	triseps (f)	ترايسبس
Sehne (f)	watar (m)	وتر
Gelenk (n)	mefṣal (m)	مفصل

Lungen (pl)	re'ateyn (du)	رئتين
Geschlechtsorgane (pl)	a'ḍā' tanasoliya (pl)	أعضاء تناسلية
Haut (f)	boʃra (m)	بشرة

31. Kopf

Kopf (m)	ra's (m)	رأس
Gesicht (n)	weʃ (m)	وش
Nase (f)	manaχīr (m)	مناخير
Mund (m)	bo' (m)	بوء
Auge (n)	'eyn (f)	عين
Augen (pl)	'oyūn (pl)	عيون
Pupille (f)	ḥad'a (f)	حدقة
Augenbraue (f)	ḥāgeb (m)	حاجب
Wimper (f)	remʃ (m)	رمش
Augenlid (n)	gefn (m)	جفن
Zunge (f)	lesān (m)	لسان
Zahn (m)	senna (f)	سنّة
Lippen (pl)	ʃafāyef (pl)	شفايف
Backenknochen (pl)	'aḍmet el χadd (f)	عضمة الخدّ
Zahnfleisch (n)	lassa (f)	لثّة
Gaumen (m)	ḥanak (m)	حنك
Nasenlöcher (pl)	manaχer (pl)	مناخر
Kinn (n)	da''n (m)	دقن
Kiefer (m)	fakk (m)	فكّ
Wange (f)	χadd (m)	خدّ
Stirn (f)	gabha (f)	جبهة
Schläfe (f)	ṣedɣ (m)	صدغ
Ohr (n)	wedn (f)	ودن
Nacken (m)	'afa (m)	قفا
Hals (m)	ra'aba (f)	رقبة
Kehle (f)	zore (m)	زور
Haare (pl)	ʃa'r (m)	شعر
Frisur (f)	tasrīḥa (f)	تسريحة
Haarschnitt (m)	tasrīḥa (f)	تسريحة
Perücke (f)	barūka (f)	باروكة
Schnurrbart (m)	ʃanab (pl)	شنب
Bart (m)	leḥya (f)	لحية
haben (einen Bart ~)	'ando	عنده
Zopf (m)	ḍefīra (f)	ضفيرة
Backenbart (m)	sawālef (pl)	سوالف
rothaarig	aḥmar el ʃa'r	أحمر الشعر
grau	ʃa'r abyaḍ	شعر أبيض
kahl	aṣla'	أصلع
Glatze (f)	ṣala' (m)	صلع
Pferdeschwanz (m)	deyl ḥoṣān (m)	ديل حصان
Pony (Ponyfrisur)	'oṣṣa (f)	قصّة

32. Menschlicher Körper

Hand (f)	yad (m)	يد
Arm (m)	derā' (f)	دراع
Finger (m)	ṣobā' (m)	صباع
Zehe (f)	ṣobā' el 'adam (m)	صباع القدم
Daumen (m)	ebhām (m)	إبهام
kleiner Finger (m)	χonṣor (m)	خنصر
Nagel (m)	ḍefr (m)	ضفر
Faust (f)	qabḍa (f)	قبضة
Handfläche (f)	kaff (f)	كفّ
Handgelenk (n)	me'ṣam (m)	معصم
Unterarm (m)	sā'ed (m)	ساعد
Ellbogen (m)	kū' (m)	كوع
Schulter (f)	ketf (f)	كتف
Bein (n)	regl (f)	رجل
Fuß (m)	qadam (f)	قدم
Knie (n)	rokba (f)	ركبة
Wade (f)	semmāna (f)	سمّانة
Hüfte (f)	faχd (f)	فخد
Ferse (f)	ka'b (m)	كعب
Körper (m)	gesm (m)	جسم
Bauch (m)	baṭn (m)	بطن
Brust (f)	ṣedr (m)	صدر
Busen (m)	sady (m)	ثدي
Seite (f), Flanke (f)	ganb (m)	جنب
Rücken (m)	ḍahr (m)	ضهر
Kreuz (n)	asfal el ḍahr (m)	أسفل الضهر
Taille (f)	wesṭ (f)	وسط
Nabel (m)	sorra (f)	سرّة
Gesäßbacken (pl)	ardāf (pl)	أرداف
Hinterteil (n)	debr (m)	دبر
Leberfleck (m)	ʃāma (f)	شامة
Muttermal (n)	waḥma	وحمة
Tätowierung (f)	waʃm (m)	وشم
Narbe (f)	nadba (f)	ندبة

Kleidung & Accessoires

33. Oberbekleidung. Mäntel

Kleidung (f)	malābes (pl)	ملابس
Oberkleidung (f)	malābes fo'aniya (pl)	ملابس فوقانيّة
Winterkleidung (f)	malābes ʃetwiya (pl)	ملابس شتويّة
Mantel (m)	balṭo (m)	بالطو
Pelzmantel (m)	balṭo farww (m)	بالطو فروّ
Pelzjacke (f)	ʒaket farww (m)	جاكيت فروّ
Daunenjacke (f)	balṭo maḥʃy rīʃ (m)	بالطو محشي ريش
Jacke (z.B. Lederjacke)	ʒæket (m)	جاكيت
Regenmantel (m)	ʒæket lel maṭar (m)	جاكيت للمطر
wasserdicht	wāqy men el maya	واقي من الميّة

34. Herren- & Damenbekleidung

Hemd (n)	'amīṣ (m)	قميص
Hose (f)	banṭalone (f)	بنطلون
Jeans (pl)	ʒeans (m)	جينز
Jackett (n)	ʒæket (f)	جاكت
Anzug (m)	badla (f)	بدلة
Damenkleid (n)	fostān (m)	فستان
Rock (m)	ʒība (f)	جيبة
Bluse (f)	bloza (f)	بلوزة
Strickjacke (f)	kardigan (m)	كارديجن
Jacke (Damen Kostüm)	ʒæket (m)	جاكيت
T-Shirt (n)	ti ʃirt (m)	تي شيرت
Shorts (pl)	ʃort (m)	شورت
Sportanzug (m)	treneng (m)	ترينينج
Bademantel (m)	robe el ḥammām (m)	روب حمّام
Schlafanzug (m)	beʒāma (f)	بيجاما
Sweater (m)	blover (f)	بلوفر
Pullover (m)	blover (m)	بلوفر
Weste (f)	vest (m)	فيست
Frack (m)	badlet sahra ṭawīla (f)	بدلة سهرة طويلة
Smoking (m)	badla (f)	بدلة
Uniform (f)	zayī muwaḥḥad (m)	زيّ موحّد
Arbeitskleidung (f)	lebs el ʃoɣl (m)	لبس الشغل
Overall (m)	overall (m)	اوفر اول
Kittel (z.B. Arztkittel)	balṭo (m)	بالطو

35. Kleidung. Unterwäsche

Unterwäsche (f)	malābes dāχeliya (pl)	ملابس داخلية
Herrenslip (m)	sirwāl dāχly rigāly (m)	سروال داخلي رجالي
Damenslip (m)	sirwāl dāχly nisā'y (m)	سروال داخلي نسائي
Unterhemd (n)	fanella (f)	فانلّا
Socken (pl)	ʃarāb (m)	شراب
Nachthemd (n)	'amīṣ nome (m)	قميص نوم
Büstenhalter (m)	setyāna (f)	ستيانة
Kniestrümpfe (pl)	ʃarabāt ṭawīla (pl)	شرابات طويلة
Strumpfhose (f)	klone (m)	كلون
Strümpfe (pl)	gawāreb (pl)	جوارب
Badeanzug (m)	mayo (m)	مايّوه

36. Kopfbekleidung

Mütze (f)	ṭa'iya (f)	طاقيّة
Filzhut (m)	borneyṭa (f)	برنيطة
Baseballkappe (f)	base bāl kāb (m)	بيس بول كاب
Schiebermütze (f)	ṭa'iya mosaṭṭaḥa (f)	طاقيّة مسطحة
Baskenmütze (f)	bereyh (m)	بيريه
Kapuze (f)	ɣaṭa' (f)	غطاء
Panamahut (m)	qobba'et banama (f)	قبّعة بناما
Strickmütze (f)	ays kāb (m)	آيس كاب
Kopftuch (n)	eʃarb (m)	إيشارب
Damenhut (m)	borneyṭa (f)	برنيطة
Schutzhelm (m)	χawza (f)	خوذة
Feldmütze (f)	kāb (m)	كاب
Helm (z.B. Motorradhelm)	χawza (f)	خوذة
Melone (f)	qobba'a (f)	قبّعة
Zylinder (m)	qobba'a rasmiya (f)	قبّعة رسمية

37. Schuhwerk

Schuhe (pl)	gezam (pl)	جزم
Stiefeletten (pl)	gazma (f)	جزمة
Halbschuhe (pl)	gazma (f)	جزمة
Stiefel (pl)	būt (m)	بوت
Hausschuhe (pl)	ʃebʃeb (m)	شبشب
Tennisschuhe (pl)	kotʃy tennis (m)	كوتشي تنس
Leinenschuhe (pl)	kotʃy (m)	كوتشي
Sandalen (pl)	ṣandal (pl)	صندل
Schuster (m)	eskāfy (m)	إسكافي
Absatz (m)	ka'b (m)	كعب

Paar (n)	goze (m)	جوز
Schnürsenkel (m)	ʃerīʼṭ (m)	شريط
schnüren (vt)	rabaṭ	ربط
Schuhlöffel (m)	labbāsa el gazma (f)	لبّاسة الجزمة
Schuhcreme (f)	warnīʃ el gazma (m)	ورنيش الجزمة

38. Textilien. Stoffe

Baumwolle (f)	ʼoṭn (m)	قطن
Baumwolle-	ʼoṭny	قطني
Leinen (m)	kettān (m)	كتّان
Leinen-	men el kettān	من الكتّان
Seide (f)	ḥarīr (m)	حرير
Seiden-	ḥarīry	حريري
Wolle (f)	ṣūf (m)	صوف
Woll-	ṣūfiya	صوفية
Samt (m)	moχmal (m)	مخمل
Wildleder (n)	geld mazʼabar (m)	جلد مزأبر
Cord (m)	ʼoṭṭn ʼaṭīfa (f)	قطن قطيفة
Nylon (n)	nylon (m)	نايلون
Nylon-	men el naylon	من النيلون
Polyester (m)	bolyester (m)	بوليستر
Polyester-	men el bolyastar	من البوليستر
Leder (n)	geld (m)	جلد
Leder-	men el geld	من الجلد
Pelz (m)	farww (m)	فروّ
Pelz-	men el farww	من الفروّ

39. Persönliche Accessoires

Handschuhe (pl)	gwanty (m)	جوانتي
Fausthandschuhe (pl)	gwanty men ɣeyr aṣābeʽ (m)	جوانتي من غير أصابع
Schal (Kaschmir-)	skarf (m)	سكارف
Brille (f)	naḍḍāra (f)	نظّارة
Brillengestell (n)	eṭār (m)	إطار
Regenschirm (m)	ʃamsiya (f)	شمسيّة
Spazierstock (m)	ʽaṣāya (f)	عصاية
Haarbürste (f)	forʃet ʃaʽr (f)	فرشة شعر
Fächer (m)	marwaḥa (f)	مروّحة
Krawatte (f)	karavetta (f)	كرافتة
Fliege (f)	bebyona (m)	بيبيونة
Hosenträger (pl)	ḥammala (f)	حمّالة
Taschentuch (n)	mandīl (m)	منديل
Kamm (m)	meʃṭ (m)	مشط
Haarspange (f)	dabbūs (m)	دبّوس

Haarnadel (f)	bensa (m)	بنسة
Schnalle (f)	bokla (f)	بكلة
Gürtel (m)	ḥezām (m)	حزام
Umhängegurt (m)	ḥammalet el ketf (f)	حمّالة الكتف
Tasche (f)	ʃanṭa (f)	شنطة
Handtasche (f)	ʃanṭet yad (f)	شنطة يد
Rucksack (m)	ʃanṭet ḍahr (f)	شنطة ظهر

40. Kleidung. Verschiedenes

Mode (f)	mūḍa (f)	موضة
modisch	fel moḍa	في الموضة
Modedesigner (m)	moṣammem azyā' (m)	مصمّم أزياء
Kragen (m)	yā'a (f)	ياقة
Tasche (f)	geyb (m)	جيب
Taschen-	geyb	جيب
Ärmel (m)	komm (m)	كمّ
Aufhänger (m)	ʿelāqa (f)	علّاقة
Hosenschlitz (m)	lesān (m)	لسان
Reißverschluss (m)	sosta (f)	سوستة
Verschluss (m)	maʃbak (m)	مشبك
Knopf (m)	zerr (m)	زرّ
Knopfloch (n)	ʿarwa (f)	عروة
abgehen (Knopf usw.)	we'eʿ	وقع
nähen (vi, vt)	χayaṭ	خيّط
sticken (vt)	ṭarraz	طرّز
Stickerei (f)	taṭrīz (m)	تطريز
Nadel (f)	ebra (f)	إبرة
Faden (m)	χeyṭ (m)	خيط
Naht (f)	derz (m)	درز
sich beschmutzen	ettwassaχ	إتّوسّخ
Fleck (m)	bo''a (f)	بقعة
sich knittern	takarmaʃ	تكرمش
zerreißen (vt)	'aṭaʿ	قطع
Motte (f)	ʿetta (f)	عتّة

41. Kosmetikartikel. Kosmetik

Zahnpasta (f)	maʿgūn asnān (m)	معجون أسنان
Zahnbürste (f)	forʃet senān (f)	فرشة أسنان
Zähne putzen	naḍḍaf el asnān	نظّف الأسنان
Rasierer (m)	mūs (m)	موس
Rasiercreme (f)	krīm ḥelā'a (m)	كريم حلاقة
sich rasieren	ḥala'	حلق
Seife (f)	ṣabūn (m)	صابون

Shampoo (n)	ʃambū (m)	شامبو
Schere (f)	ma'aṣ (m)	مقص
Nagelfeile (f)	mabrad (m)	مبرد
Nagelzange (f)	mel'aṭ (m)	ملقط
Pinzette (f)	mel'aṭ (m)	ملقط
Kosmetik (f)	mawād tagmīl (pl)	مواد تجميل
Gesichtsmaske (f)	mask (m)	ماسك
Maniküre (f)	monekīr (m)	مونيكير
Maniküre machen	ʿamal monikīr	عمل مونيكير
Pediküre (f)	badikīr (m)	باديكير
Kosmetiktasche (f)	ʃanṭet mekyāʒ (f)	شنطة مكياج
Puder (m)	bodret weʃ (f)	بودرة وش
Puderdose (f)	ʿelbet bodra (f)	علبة بودرة
Rouge (n)	aḥmar χodūd (m)	أحمر خدود
Parfüm (n)	barfān (m)	بارفان
Duftwasser (n)	kolonya (f)	كولونيا
Lotion (f)	loʃion (m)	لوشن
Kölnischwasser (n)	kolonya (f)	كولونيا
Lidschatten (m)	eyeʃadow (m)	ايّ شادو
Kajalstift (m)	koḥl (m)	كحل
Wimperntusche (f)	maskara (f)	ماسكارا
Lippenstift (m)	rūʒ (m)	روج
Nagellack (m)	monekīr (m)	مونيكير
Haarlack (m)	mosabbet el ʃaʿr (m)	مثبّت الشعر
Deodorant (n)	mozīl ʿara' (m)	مزيل عرق
Creme (f)	krīm (m)	كريم
Gesichtscreme (f)	krīm lel weʃ (m)	كريم للوش
Handcreme (f)	krīm eyd (m)	كريم أيد
Anti-Falten-Creme (f)	krīm moḍād lel tagaʿīd (m)	كريم مضاد للتجاعيد
Tagescreme (f)	krīm en nahār (m)	كريم النهار
Nachtcreme (f)	krīm el leyl (m)	كريم الليل
Tages-	nahāry	نهاري
Nacht-	layly	ليّلي
Tampon (m)	tambon (m)	تانبون
Toilettenpapier (n)	wara' twalet (m)	ورق تواليت
Föhn (m)	seʃwār (m)	سشوار

42. Schmuck

Schmuck (m)	mogawharāt (pl)	مجوّهرات
Edel- (stein)	ɣāly	غالي
Repunze (f)	damɣa (f)	دمغة
Ring (m)	χātem (m)	خاتم
Ehering (m)	deblet el faraḥ (m)	دبلة الفرح
Armband (n)	eswera (m)	إسوّرة
Ohrringe (pl)	ḥala' (m)	حلق

Kette (f)	ʻo'd (m)	عقد
Krone (f)	tāg (m)	تاج
Halskette (f)	ʻo'd χaraz (m)	عقد خرز
Brillant (m)	almāz (m)	ألماز
Smaragd (m)	zomorrod (m)	زمرّد
Rubin (m)	ya'ūt aḥmar (m)	ياقوت أحمر
Saphir (m)	ya'ūt azra' (m)	ياقوت أزرق
Perle (f)	lo'lo' (m)	لؤلؤ
Bernstein (m)	kahramān (m)	كهرمان

43. Armbanduhren Uhren

Armbanduhr (f)	sāʻa (f)	ساعة
Zifferblatt (n)	wag-h el sāʻa (m)	وجه الساعة
Zeiger (m)	ʻa'rab el sāʻa (m)	عقرب الساعة
Metallarmband (n)	ʃerī'ṭ sāʻa maʻdaniya (m)	شريط ساعة معدنية
Uhrenarmband (n)	ʃerī'ṭ el sāʻa (m)	شريط الساعة
Batterie (f)	baṭṭariya (f)	بطّاريّة
verbraucht sein	χelṣet	خلصت
die Batterie wechseln	ɣayar el baṭṭariya	غيّر البطّاريّة
vorgehen (vi)	saba'	سبق
nachgehen (vi)	ta'akχar	تأخّر
Wanduhr (f)	sāʻet ḥeyṭa (f)	ساعة حيطة
Sanduhr (f)	sāʻa ramliya (f)	ساعة رمليّة
Sonnenuhr (f)	sāʻa ʃamsiya (f)	ساعة شمسيّة
Wecker (m)	monabbeh (m)	منبّه
Uhrmacher (m)	saʻāty (m)	ساعاتي
reparieren (vt)	ṣallaḥ	صلّح

Essen. Ernährung

44. Essen

Fleisch (n)	laḥma (f)	لحمة
Hühnerfleisch (n)	ferāχ (m)	فراخ
Küken (n)	farrūg (m)	فرّوج
Ente (f)	baṭṭa (f)	بطّة
Gans (f)	wezza (f)	وزّة
Wild (n)	ṣeyd (m)	صيد
Pute (f)	dīk rūmy (m)	ديك رومي
Schweinefleisch (n)	laḥm el χanazīr (m)	لحم الخنزير
Kalbfleisch (n)	laḥm el ʿegl (m)	لحم العجل
Hammelfleisch (n)	laḥm ḍāny (m)	لحم ضاني
Rindfleisch (n)	laḥm baqary (m)	لحم بقري
Kaninchenfleisch (n)	laḥm arāneb (m)	لحم أرانب
Wurst (f)	sogo'' (m)	سجق
Würstchen (n)	sogo'' (m)	سجق
Schinkenspeck (m)	bakon (m)	بيكون
Schinken (m)	hām(m)	هام
Räucherschinken (m)	faχd χanzīr (m)	فخد خنزير
Pastete (f)	maʿgūn laḥm (m)	معجون لحم
Leber (f)	kebda (f)	كبدة
Hackfleisch (n)	hamburger (m)	هامبورجر
Zunge (f)	lesān (m)	لسان
Ei (n)	beyḍa (f)	بيضة
Eier (pl)	beyḍ (m)	بيض
Eiweiß (n)	bayāḍ el beyḍ (m)	بياض البيض
Eigelb (n)	ṣafār el beyḍ (m)	صفار البيض
Fisch (m)	samak (m)	سمك
Meeresfrüchte (pl)	sīfūd (pl)	سي فود
Kaviar (m)	kaviar (m)	كافيار
Krabbe (f)	kaboria (m)	كابوريا
Garnele (f)	gammbary (m)	جمّبري
Auster (f)	maḥār (m)	محار
Languste (f)	estakoza (m)	استاكوزا
Krake (m)	aχṭabūṭ (m)	أخطبوط
Kalmar (m)	kalmāry (m)	كالماري
Störfleisch (n)	samak el ḥafʃ (m)	سمك الحفش
Lachs (m)	salamon (m)	سلمون
Heilbutt (m)	samak el halbūt (m)	سمك الهلبوت
Dorsch (m)	samak el qadd (m)	سمك القد
Makrele (f)	makerel (m)	ماكريل

Tunfisch (m)	tuna (f)	تونة
Aal (m)	ḥankalīs (m)	حنكليس
Forelle (f)	salamon mera"aṭ (m)	سلمون مرقّط
Sardine (f)	sardīn (m)	سردين
Hecht (m)	samak el karāky (m)	سمك الكراكي
Hering (m)	renga (f)	رنجة
Brot (n)	ʿeyʃ (m)	عيش
Käse (m)	gebna (f)	جبنة
Zucker (m)	sokkar (m)	سكّر
Salz (n)	melḥ (m)	ملح
Reis (m)	rozz (m)	رزّ
Teigwaren (pl)	makaruna (f)	مكرونة
Nudeln (pl)	nūdles (f)	نودلز
Butter (f)	zebda (f)	زبّدة
Pflanzenöl (n)	zeyt (m)	زيت
Sonnenblumenöl (n)	zeyt ʿabbād el ʃams (m)	زيت عبّاد الشمس
Margarine (f)	margarīn (m)	مارجرين
Oliven (pl)	zaytūn (m)	زيتون
Olivenöl (n)	zeyt el zaytūn (m)	زيت الزيتون
Milch (f)	laban (m)	لبن
Kondensmilch (f)	ḥalīb mokassaf (m)	حليب مكثّف
Joghurt (m)	zabādy (m)	زبادي
saure Sahne (f)	kreyma ḥamḍa (f)	كريمة حامضة
Sahne (f)	krīma (f)	كريمة
Mayonnaise (f)	mayonnɛ:z (m)	مايونيز
Buttercreme (f)	krīmet zebda (f)	كريمة زبدة
Grütze (f)	ḥobūb ʾamḥ (pl)	حبوب قمح
Mehl (n)	deʾī (m)	دقيق
Konserven (pl)	moʿallabāt (pl)	معلّبات
Maisflocken (pl)	korn fleks (m)	كورن فليكس
Honig (m)	ʿasal (m)	عسل
Marmelade (f)	mrabba (m)	مربّى
Kaugummi (m, n)	lebān (m)	لبان

45. Getränke

Wasser (n)	meyāh (f)	مياه
Trinkwasser (n)	mayet ʃorb (m)	ميّة شرب
Mineralwasser (n)	maya maʿdaniya (f)	ميّة معدنية
still	rakeda	راكدة
mit Kohlensäure	kanz	كانز
mit Gas	kanz	كانز
Eis (n)	talg (m)	ثلج
mit Eis	bel talg	بالتلج

alkoholfrei (Adj)	men ɣeyr koḥūl	من غير كحول
alkoholfreies Getränk (n)	maʃrūb ɣāzy (m)	مشروب غازي
Erfrischungsgetränk (n)	ḥāga sa''a (f)	حاجة ساقعة
Limonade (f)	limonāta (f)	ليموناتة
Spirituosen (pl)	maʃrūbāt koḥūliya (pl)	مشروبات كحولية
Wein (m)	χamra (f)	خمرة
Weißwein (m)	nebīz abyaḍ (m)	نبيذ أبيض
Rotwein (m)	nebī aḥmar (m)	نبيذ أحمر
Likör (m)	liqure (m)	ليكيور
Champagner (m)	ʃambania (f)	شمبانيا
Wermut (m)	vermote (m)	فيرموت
Whisky (m)	wiski (m)	ويسكي
Wodka (m)	vodka (f)	فودكا
Gin (m)	ʒin (m)	جين
Kognak (m)	konyāk (m)	كونياك
Rum (m)	rum (m)	رم
Kaffee (m)	'ahwa (f)	قهوة
schwarzer Kaffee (m)	'ahwa sāda (f)	قهوة سادة
Milchkaffee (m)	'ahwa bel ḥalīb (f)	قهوة بالحليب
Cappuccino (m)	kaputʃino (m)	كابتشينو
Pulverkaffee (m)	neskafe (m)	نيسكافيه
Milch (f)	laban (m)	لبن
Cocktail (m)	koktayl (m)	كوكتيل
Milchcocktail (m)	milk ʃejk (m)	ميلك شيك
Saft (m)	ʿaṣīr (m)	عصير
Tomatensaft (m)	ʿaṣīr ṭamāṭem (m)	عصير طماطم
Orangensaft (m)	ʿaṣīr bortoqāl (m)	عصير برتقال
frisch gepresster Saft (m)	ʿaṣīr freʃ (m)	عصير فريش
Bier (n)	bīra (f)	بيرة
Helles (n)	bīra χafīfa (f)	بيرة خفيفة
Dunkelbier (n)	bīra ɣam'a (f)	بيرة غامقة
Tee (m)	ʃāy (m)	شاي
schwarzer Tee (m)	ʃāy aḥmar (m)	شاي أحمر
grüner Tee (m)	ʃāy aχḍar (m)	شاي أخضر

46. Gemüse

Gemüse (n)	χoḍār (pl)	خضار
grünes Gemüse (pl)	χoḍrawāt waraqiya (pl)	خضروات ورقية
Tomate (f)	ṭamāṭem (f)	طماطم
Gurke (f)	χeyār (m)	خيار
Karotte (f)	gazar (m)	جزر
Kartoffel (f)	baṭāṭes (f)	بطاطس
Zwiebel (f)	baṣal (m)	بصل
Knoblauch (m)	tūm (m)	ثوم

Kohl (m)	koronb (m)	كرنب
Blumenkohl (m)	ʾarnabīṭ (m)	قرنبيط
Rosenkohl (m)	koronb broksel (m)	كرنب بروكسل
Brokkoli (m)	brokkoli (m)	بركولي
Rote Bete (f)	bangar (m)	بنجر
Aubergine (f)	bātengān (m)	باذنجان
Zucchini (f)	kōsa (f)	كوسة
Kürbis (m)	qarʿ ʿasaly (m)	قرع عسلي
Rübe (f)	left (m)	لفت
Petersilie (f)	baʾdūnes (m)	بقدونس
Dill (m)	ʃabat (m)	شبت
Kopf Salat (m)	χass (m)	خسّ
Sellerie (m)	karfas (m)	كرفس
Spargel (m)	helione (m)	هليون
Spinat (m)	sabāneχ (m)	سبانخ
Erbse (f)	besella (f)	بسلّة
Bohnen (pl)	fūl (m)	فول
Mais (m)	dora (f)	ذرة
weiße Bohne (f)	faṣolya (f)	فاصوليا
Paprika (m)	felfel (m)	فلفل
Radieschen (n)	fegl (m)	فجل
Artischocke (f)	χarʃūf (m)	خرشوف

47. Obst. Nüsse

Frucht (f)	faχa (f)	فاكهة
Apfel (m)	toffāḥa (f)	تفّاحة
Birne (f)	komettra (f)	كمّثرى
Zitrone (f)	lymūn (m)	ليمون
Apfelsine (f)	bortoqāl (m)	برتقال
Erdbeere (f)	farawla (f)	فراولة
Mandarine (f)	yosfy (m)	يوسفي
Pflaume (f)	barʾūʾ (m)	برقوق
Pfirsich (m)	χawχa (f)	خوخة
Aprikose (f)	meʃmeʃ (f)	مشمش
Himbeere (f)	tūt el ʿalīʾ el aḥmar (m)	توت العليق الأحمر
Ananas (f)	ananās (m)	أناناس
Banane (f)	moze (m)	موز
Wassermelone (f)	baṭṭīχ (m)	بطّيخ
Weintrauben (pl)	ʿenab (m)	عنب
Kirsche (f)	karaz (m)	كرز
Melone (f)	ʃammām (f)	شمّام
Grapefruit (f)	grabe frūt (m)	جريب فروت
Avocado (f)	avokado (f)	افوكاتو
Papaya (f)	babāya (m)	ببايا
Mango (f)	manga (m)	مانجة
Granatapfel (m)	rommān (m)	رمان

rote Johannisbeere (f)	keʃmeʃ aḥmar (m)	كشمش أحمر
schwarze Johannisbeere (f)	keʃmeʃ aswad (m)	كشمش أسود
Stachelbeere (f)	ʿenab el saʿlab (m)	عنب الثعلب
Heidelbeere (f)	ʿenab al aḥrāg (m)	عنب الأحراج
Brombeere (f)	tūt aswad (m)	توت أسود
Rosinen (pl)	zebīb (m)	زبيب
Feige (f)	tīn (m)	تين
Dattel (f)	tamr (m)	تمر
Erdnuss (f)	fūl sudāny (m)	فول سوداني
Mandel (f)	loze (m)	لوز
Walnuss (f)	ʿeyn gamal (f)	عين الجمل
Haselnuss (f)	bondoʾ (m)	بندق
Kokosnuss (f)	goze el hend (m)	جوز هند
Pistazien (pl)	fostoʾ (m)	فستق

48. Brot. Süßigkeiten

Konditorwaren (pl)	ḥalawīāt (pl)	حلويّات
Brot (n)	ʿeyʃ (m)	عيش
Keks (m, n)	baskawīt (m)	بسكويت
Schokolade (f)	ʃokolāta (f)	شكولاتة
Schokoladen-	bel ʃokolāṭa	بالشكولاتة
Bonbon (m, n)	bonbony (m)	بونبوني
Kuchen (m)	keyka (f)	كيكة
Torte (f)	torta (f)	تورتة
Kuchen (Apfel-)	feṭīra (f)	فطيرة
Füllung (f)	ḥaʃwa (f)	حشوة
Konfitüre (f)	mrabba (m)	مربّى
Marmelade (f)	marmalād (f)	مرملاد
Waffeln (pl)	waffles (pl)	وافلز
Eis (n)	ʾays krīm (m)	آيس كريم
Pudding (m)	būding (m)	بودنج

49. Gerichte

Gericht (n)	wagba (f)	وجبة
Küche (f)	maṭbaχ (m)	مطبخ
Rezept (n)	waṣfa (f)	وصفة
Portion (f)	naṣīb (m)	نصيب
Salat (m)	solṭa (f)	سلطة
Suppe (f)	ʃorba (f)	شوربة
Brühe (f), Bouillon (f)	maraʾa (m)	مرقة
belegtes Brot (n)	sandawitʃ (m)	ساندويتش
Spiegelei (n)	beyḍ maʾly (m)	بيض مقلي
Hamburger (m)	hamburger (m)	هامبورجر

Beefsteak (n)	steak laḥm (m)	ستيك لحم
Beilage (f)	ṭaba' gāneby (m)	طبق جانبي
Spaghetti (pl)	spaɣetti (m)	سباجيتي
Kartoffelpüree (n)	baṭāṭes mahrūsa (f)	بطاطس مهروسة
Pizza (f)	bītza (f)	بيتزا
Brei (m)	ʿaṣīda (f)	عصيدة
Omelett (n)	omlette (m)	اومليت
gekocht	maslū'	مسلوق
geräuchert	modakχen	مدخّن
gebraten	ma'ly	مقلي
getrocknet	mogaffaf	مجفّف
tiefgekühlt	mogammad	مجمّد
mariniert	meχallel	مخلّل
süß	mesakkar	مسكّر
salzig	māleḥ	مالح
kalt	bāred	بارد
heiß	soχn	سخن
bitter	morr	مرّ
lecker	ḥelw	حلو
kochen (vt)	sala'	سلق
zubereiten (vt)	ḥaḍḍar	حضّر
braten (vt)	'ala	قلي
aufwärmen (vt)	sakχan	سخّن
salzen (vt)	rasʃ malḥ	رشّ ملح
pfeffern (vt)	rasʃ felfel	رشّ فلفل
reiben (vt)	baraʃ	برش
Schale (f)	'eʃra (f)	قشرة
schälen (vt)	'asʃar	قشّر

50. Gewürze

Salz (n)	melḥ (m)	ملح
salzig (Adj)	māleḥ	مالح
salzen (vt)	rasʃ malḥ	رشّ ملح
schwarzer Pfeffer (m)	felfel aswad (m)	فلفل أسوّد
roter Pfeffer (m)	felfel aḥmar (m)	فلفل أحمر
Senf (m)	mosṭarda (m)	مسطردة
Meerrettich (m)	fegl ḥār (m)	فجل حار
Gewürz (n)	bahār (m)	بهار
Gewürz (n)	bahār (m)	بهار
Soße (f)	ṣalṣa (f)	صلصة
Essig (m)	χall (m)	خلّ
Anis (m)	yansūn (m)	ينسون
Basilikum (n)	rīḥān (m)	ريحان
Nelke (f)	'oronfol (m)	قرنفل
Ingwer (m)	zangabīl (m)	زنجبيل
Koriander (m)	kozbora (f)	كزبرة

Zimt (m)	'erfa (f)	قرفة
Sesam (m)	semsem (m)	سمسم
Lorbeerblatt (n)	wara' el ɣār (m)	ورق الغار
Paprika (m)	babrika (f)	بابريكا
Kümmel (m)	karawya (f)	كراوية
Safran (m)	za'farān (m)	زعفران

51. Mahlzeiten

| Essen (n) | akl (m) | أكل |
| essen (vi, vt) | akal | أكل |

Frühstück (n)	foṭūr (m)	فطور
frühstücken (vi)	feṭer	فطر
Mittagessen (n)	ɣada' (m)	غداء
zu Mittag essen	etɣadda	إتغدّى
Abendessen (n)	'aʃā' (m)	عشاء
zu Abend essen	et'asʃa	إتعشّى

| Appetit (m) | ʃahiya (f) | شهيَة |
| Guten Appetit! | bel hana wel ʃefa! | !بالهنا والشفا |

öffnen (vt)	fataḥ	فتح
verschütten (vt)	dala'	دلق
verschüttet werden	dala'	دلق
kochen (vi)	ɣely	غلى
kochen (Wasser ~)	ɣely	غلى
gekocht (Adj)	maɣly	مغلي
kühlen (vt)	barrad	برَد
abkühlen (vi)	barrad	برَد

| Geschmack (m) | ṭa'm (m) | طعم |
| Beigeschmack (m) | ṭa'm ma ba'd el mazāq (m) | طعم ما بعد المذاق |

auf Diät sein	χass	خسّ
Diät (f)	reʒīm (m)	رجيم
Vitamin (n)	vitamīn (m)	فيتامين
Kalorie (f)	so'ra ḥarāriya (f)	سعرة حراريَة
Vegetarier (m)	nabāty (m)	نباتي
vegetarisch (Adj)	nabāty	نباتي

Fett (n)	dohūn (pl)	دهون
Protein (n)	brotenāt (pl)	بروتينات
Kohlenhydrat (n)	naʃawīāt (pl)	نشويَات
Scheibchen (n)	ʃarīḥa (f)	شريحة
Stück (ein ~ Kuchen)	'eṭ'a (f)	قطعة
Krümel (m)	fattāta (f)	فتاتة

52. Gedeck

| Löffel (m) | ma'la'a (f) | معلقة |
| Messer (n) | sekkīna (f) | سكّينة |

Gabel (f)	ʃawka (f)	شوكة
Tasse (eine ~ Tee)	fengān (m)	فنجان
Teller (m)	ṭaba' (m)	طبق
Untertasse (f)	ṭaba' fengān (m)	طبق فنجان
Serviette (f)	mandīl wara' (m)	منديل ورق
Zahnstocher (m)	χallet senān (f)	خلة سنان

53. Restaurant

Restaurant (n)	maṭ'am (m)	مطعم
Kaffeehaus (n)	'ahwa (f), kaféih (m)	قهوة, كافيه
Bar (f)	bār (m)	بار
Teesalon (m)	ṣalone ʃāy (m)	صالون شاي
Kellner (m)	garsone (m)	جرسون
Kellnerin (f)	garsona (f)	جرسونة
Barmixer (m)	bārman (m)	بارمان
Speisekarte (f)	qā'emet el ṭa'ām (f)	قائمة طعام
Weinkarte (f)	qā'emet el χomūr (f)	قائمة خمور
einen Tisch reservieren	ḥagaz sofra	حجز سفرة
Gericht (n)	wagba (f)	وجبة
bestellen (vt)	ṭalab	طلب
eine Bestellung aufgeben	ṭalab	طلب
Aperitif (m)	ʃarāb (m)	شراب
Vorspeise (f)	moqabbelāt (pl)	مقبّلات
Nachtisch (m)	ḥalawīāt (pl)	حلويّات
Rechnung (f)	ḥesāb (m)	حساب
Rechnung bezahlen	dafa' el ḥesāb	دفع الحساب
das Wechselgeld geben	edda el bā'y	ادّي الباقي
Trinkgeld (n)	ba'ʃīʃ (m)	بقشيش

Familie, Verwandte und Freunde

54. Persönliche Informationen. Formulare

Vorname (m)	esm (m)	اسم
Name (m)	esm el 'a'ela (m)	اسم العائلة
Geburtsdatum (n)	tarīχ el melād (m)	تاريخ الميلاد
Geburtsort (m)	makān el melād (m)	مكان الميلاد
Nationalität (f)	gensiya (f)	جنسيّة
Wohnort (m)	maqarr el eqāma (m)	مقرّ الإقامة
Land (n)	balad (m)	بلد
Beruf (m)	mehna (f)	مهنة
Geschlecht (n)	ginss (m)	جنس
Größe (f)	ṭūl (m)	طول
Gewicht (n)	wazn (m)	وزن

55. Familienmitglieder. Verwandte

Mutter (f)	walda (f)	والدة
Vater (m)	wāled (m)	والد
Sohn (m)	walad (m)	ولد
Tochter (f)	bent (f)	بنت
jüngste Tochter (f)	el bent el saɣīra (f)	البنت الصغيرة
jüngste Sohn (m)	el ebn el saɣīr (m)	الابن الصغير
ältere Tochter (f)	el bent el kebīra (f)	البنت الكبيرة
älterer Sohn (m)	el ebn el kabīr (m)	الابن الكبير
Bruder (m)	aχ (m)	أخ
älterer Bruder (m)	el aχ el kibīr (m)	الأخ الكبير
jüngerer Bruder (m)	el aχ el ṣoɣeyyir (m)	الأخ الصغير
Schwester (f)	oχt (f)	أخت
ältere Schwester (f)	el uχt el kibīra (f)	الأخت الكبيرة
jüngere Schwester (f)	el uχt el ṣoɣeyyira (f)	الأخت الصغيرة
Cousin (m)	ibn 'amm (m), ibn χāl (m)	إبن عمّ, إبن خال
Cousine (f)	bint 'amm (f), bint χāl (f)	بنت عم, بنت خال
Mama (f)	mama (f)	ماما
Papa (m)	baba (m)	بابا
Eltern (pl)	waldeyn (du)	والدين
Kind (n)	ṭefl (m)	طفل
Kinder (pl)	aṭfāl (pl)	أطفال
Großmutter (f)	gedda (f)	جدّة
Großvater (m)	gadd (m)	جدّ
Enkel (m)	ḥafīd (m)	حفيد

Enkelin (f)	ḥafīda (f)	حفيدة
Enkelkinder (pl)	aḥfād (pl)	أحفاد
Onkel (m)	ʿamm (m), χāl (m)	عمّ, خال
Tante (f)	ʿamma (f), χāla (f)	عمّة, خالة
Neffe (m)	ibn el aχ (m), ibn el uχt (m)	إبن الأخ, إبن الأخت
Nichte (f)	bint el aχ (f), bint el uχt (f)	بنت الأخ, بنت الأخت
Schwiegermutter (f)	ḥamah (f)	حماة
Schwiegervater (m)	ḥama (m)	حما
Schwiegersohn (m)	goze el bent (m)	جوز البنت
Stiefmutter (f)	merāt el abb (f)	مرات الأب
Stiefvater (m)	goze el omm (m)	جوز الأم
Säugling (m)	ṭefl raḍeeʿ (m)	طفل رضيع
Kleinkind (n)	mawlūd (m)	موّلود
Kleine (m)	walad ṣaɣīr (m)	ولد صغير
Frau (f)	goza (f)	جوزة
Mann (m)	goze (m)	جوز
Ehemann (m)	goze (m)	جوز
Gemahlin (f)	goza (f)	جوزة
verheiratet (Ehemann)	metgawwez	متجوّز
verheiratet (Ehefrau)	metgawweza	متجوّزة
ledig	aʿzab	أعزب
Junggeselle (m)	aʿzab (m)	أعزب
geschieden (Adj)	moṭallaq (m)	مطلّق
Witwe (f)	armala (f)	أرملة
Witwer (m)	armal (m)	أرمل
Verwandte (m)	ʾarīb (m)	قريب
naher Verwandter (m)	nesīb ʾarīb (m)	نسيب قريب
entfernter Verwandter (m)	nesīb beʿīd (m)	نسيب بعيد
Verwandte (pl)	aqāreb (pl)	أقارب
Waise (m, f)	yatīm (m)	يتيم
Vormund (m)	walyī amr (m)	وليّ أمر
adoptieren (einen Jungen)	tabanna	تبنّى
adoptieren (ein Mädchen)	tabanna	تبنّى

56. Freunde. Arbeitskollegen

Freund (m)	ṣadīq (m)	صديق
Freundin (f)	ṣadīqa (f)	صديقة
Freundschaft (f)	ṣadāqa (f)	صداقة
befreundet sein	ṣādaq	صادق
Freund (m)	ṣāḥeb (m)	صاحب
Freundin (f)	ṣaḥba (f)	صاحبة
Partner (m)	rafīʾ (m)	رفيق
Chef (m)	raʾīs (m)	رئيس
Vorgesetzte (m)	el arfaʿ maqāman (m)	الأرفع مقاماً
Besitzer (m)	ṣāḥib (m)	صاحب

Untergeordnete (m)	tābeʿ (m)	تابع
Kollege (m), Kollegin (f)	zamīl (m)	زميل
Bekannte (m)	maʿrefa (m)	معرفة
Reisegefährte (m)	rafīʾ safar (m)	رفيق سفر
Mitschüler (m)	zamīl fel ṣaff (m)	زميل في الصفّ
Nachbar (m)	gār (m)	جار
Nachbarin (f)	gāra (f)	جارة
Nachbarn (pl)	gerān (pl)	جيران

57. Mann. Frau

Frau (f)	set (f)	ست
Mädchen (n)	bent (f)	بنت
Braut (f)	ʿarūsa (f)	عروسة
schöne	gamīla	جميلة
große	ṭawīla	طويلة
schlanke	raʃīqa	رشيقة
kleine (~ Frau)	ʾaṣīra	قصيرة
Blondine (f)	ʃaʾra (f)	شقراء
Brünette (f)	zāt al ʃaʿr el dāken (f)	ذات الشعر الداكن
Damen-	sayedāt	سيّدات
Jungfrau (f)	ʿazrāʾ (f)	عذراء
schwangere	ḥāmel	حامل
Mann (m)	rāgel (m)	راجل
Blonde (m)	aʃʾar (m)	أشقر
Brünette (m)	zu el ʃaʿr el dāken (m)	ذو الشعر الداكن
hoch	ṭawīl	طويل
klein	ʾaṣīr	قصير
grob	waqeḥ	وقح
untersetzt	malyān	مليان
robust	matīn	متين
stark	ʾawy	قويّ
Kraft (f)	ʾowwa (f)	قوّة
dick	teχīn	تخين
dunkelhäutig	asmar	أسمر
schlank	raʃīq	رشيق
elegant	anīq	أنيق

58. Alter

Alter (n)	ʿomr (m)	عمر
Jugend (f)	ʃabāb (m)	شباب
jung	ʃāb	شاب
jünger (~ als Sie)	aṣɣar	أصغر

älter (~ als ich)	akbar	أكبر
Junge (m)	ʃāb (m)	شاب
Teenager (m)	morāheq (m)	مراهق
Bursche (m)	ʃāb (m)	شاب
Greis (m)	ʿagūz (m)	عجوز
alte Frau (f)	ʿagūza (f)	عجوزة
Erwachsene (m)	rāʃed (m)	راشد
in mittleren Jahren	fe montaṣaf el ʿomr	في منتصف العمر
älterer (Adj)	ʿagūz	عجوز
alt (Adj)	ʿagūz	عجوز
Ruhestand (m)	maʿāʃ (m)	معاش
in Rente gehen	oḥīl ʿala el maʿāʃ	أحيل على المعاش
Rentner (m)	motaqāʿed (m)	متقاعد

59. Kinder

Kind (n)	ṭefl (m)	طفل
Kinder (pl)	aṭfāl (pl)	أطفال
Zwillinge (pl)	taw'am (du)	توأم
Wiege (f)	mahd (m)	مهد
Rassel (f)	χoʃχeyʃa (f)	خشخيشة
Windel (f)	bambarz, ḥaffāḍ (m)	بامبرز, حفاض
Schnuller (m)	bazzāza (f)	بزّازة
Kinderwagen (m)	ʿarabet aṭfāl (f)	عربة أطفال
Kindergarten (m)	rawḍet aṭfāl (f)	روضة أطفال
Kinderfrau (f)	dāda (f)	دادة
Kindheit (f)	ṭofūla (f)	طفولة
Puppe (f)	ʿarūsa (f)	عروسة
Spielzeug (n)	leʿba (f)	لعبة
Baukasten (m)	mokaʿʿabāt (pl)	مكعّبات
wohlerzogen	mo'addab	مؤدّب
ungezogen	'alīl el adab	قليل الأدب
verwöhnt	metdallaʿ	متدلّع
unartig sein	ʃefy	شقي
unartig	laʿūb	لعوب
Unart (f)	ezʿāg (m)	إزعاج
Schelm (m)	ṭefl laʿūb (m)	طفل لعوب
gehorsam	moṭeeʿ	مطيع
ungehorsam	ʿāq	عاقّ
fügsam	ʿā'el	عاقل
klug	zaky	ذكي
Wunderkind (n)	ṭefl moʿgeza (m)	طفل معجزة

60. Ehepaare. Familienleben

küssen (vt)	bās	باس
sich küssen	bās	باس
Familie (f)	'eyla (f)	عيلة
Familien-	'ā'ely	عائلي
Paar (n)	gozeyn (du)	جوزين
Ehe (f)	gawāz (m)	جواز
Heim (n)	beyt (m)	بيت
Dynastie (f)	solāla ḥākema (f)	سلالة حاكمة
Rendezvous (n)	maw'ed (m)	موّعد
Kuss (m)	bosa (f)	بوسة
Liebe (f)	ḥobb (m)	حبّ
lieben (vt)	ḥabb	حبّ
geliebt	ḥabīb	حبيب
Zärtlichkeit (f)	ḥanān (m)	حنان
zärtlich	ḥanūn	حنون
Treue (f)	el eχlāṣ (m)	الإخلاص
treu (Adj)	moχleṣ	مخلص
Fürsorge (f)	'enāya (f)	عناية
sorgsam	mohtamm	مهتمّ
Frischvermählte (pl)	'arūseyn (du)	عروسين
Flitterwochen (pl)	ʃahr el 'asal (m)	شهر العسل
heiraten (einen Mann ~)	tagawwaz	تجوّز
heiraten (ein Frau ~)	tagawwaz	تجوّز
Hochzeit (f)	faraḥ (m)	فرح
goldene Hochzeit (f)	el zekra el χamsīn lel gawāz (f)	الذكرى الخمسين للجواز
Jahrestag (m)	zekra sanawiya (f)	ذكرى سنوية
Geliebte (m)	ḥabīb (m)	حبيب
Geliebte (f)	ḥabība (f)	حبيبة
Ehebruch (m)	χeyāna zawgiya (f)	خيانة زوّجية
Ehebruch begehen	χān	خان
eifersüchtig	ɣayūr	غيّور
eifersüchtig sein	ɣār	غار
Scheidung (f)	ṭalā' (m)	طلاق
sich scheiden lassen	ṭalla'	طلّق
streiten (vi)	etχāne'	إتخانق
sich versöhnen	taṣālaḥ	تصالح
zusammen (Adv)	ma' ba'ḍ	مع بعض
Sex (m)	ginss (m)	جنس
Glück (n)	sa'āda (f)	سعادة
glücklich	sa'īd	سعيد
Unglück (n)	moṣība (m)	مصيبة
unglücklich	ta'īs	تعيس

Charakter. Empfindungen. Gefühle

61. Empfindungen. Gefühle

Gefühl (n)	ʃoʿūr (m)	شعور
Gefühle (pl)	maʃāʿer (pl)	مشاعر
fühlen (vt)	ʃaʿar	شعر
Hunger (m)	gūʿ (m)	جوع
hungrig sein	ʿāyez ʾākol	عايز آكل
Durst (m)	ʿaṭaʃ (m)	عطش
Durst haben	ʿāyez aʃrab	عايز أشرب
Schläfrigkeit (f)	neʿās (m)	نعاس
schlafen wollen	neʿes	نعس
Müdigkeit (f)	taʿab (m)	تعب
müde	taʿbān	تعبان
müde werden	teʿeb	تعب
Laune (f)	mazāg (m)	مزاج
Langeweile (f)	malal (m)	ملل
sich langweilen	zeheʾ	زهق
Zurückgezogenheit (n)	ʿozla (f)	عزلة
sich zurückziehen	ʿazal	عزل
beunruhigen (vt)	aʾlaʾ	أقلق
sorgen (vi)	ʾeleʾ	قلق
Besorgnis (f)	ʾalaʾ (m)	قلق
Angst (~ um ...)	ʾalaʾ (m)	قلق
besorgt (Adj)	maʃɣūl el bāl	مشغول البال
nervös sein	etwattar	إتوّتر
in Panik verfallen (vi)	etχaḍḍ	إتخضّ
Hoffnung (f)	amal (m)	أمل
hoffen (vi)	tamanna	تمنّى
Sicherheit (f)	yaqīn (m)	يقين
sicher	motaʾakked	متأكّد
Unsicherheit (f)	ʿadam el taʾakkod (m)	عدم التأكّد
unsicher	meʃ motaʾakked	مش متأكّد
betrunken	sakrān	سكران
nüchtern	ṣāḥy	صاحي
schwach	ḍaʿīf	ضعيف
glücklich	saʿīd	سعيد
erschrecken (vt)	χawwef	خوّف
Wut (f)	ɣaḍab ʃedīd (m)	غضب شديد
Rage (f)	ɣaḍab (m)	غضب
Depression (f)	ekteʾāb (m)	إكتئاب
Unbehagen (n)	ʿadam erteyāḥ (m)	عدم إرتياح

Komfort (m)	rāḥa (f)	راحة
bedauern (vt)	nedem	ندم
Bedauern (n)	nadam (m)	ندم
Missgeschick (n)	sūʾ ḥaẓẓ (m)	سوء حظ
Kummer (m)	ḥozn (f)	حزن
Scham (f)	χagal (m)	خجل
Freude (f)	faraḥ (m)	فرح
Begeisterung (f)	ḥamās (m)	حماس
Enthusiast (m)	motaḥammes (m)	متحمّس
Begeisterung zeigen	taḥammas	تحمّس

62. Charakter. Persönlichkeit

Charakter (m)	ʃaχṣiya (f)	شخصية
Charakterfehler (m)	ʿeyb (m)	عيب
Verstand (m), Vernunft (f)	ʿaʾl (m)	عقل
Gewissen (n)	ḍamīr (m)	ضمير
Gewohnheit (f)	ʿāda (f)	عادة
Fähigkeit (f)	qodra (f)	قدرة
können (v mod)	ʿeref	عرف
geduldig	ṣabūr	صبور
ungeduldig	ʾalīl el ṣabr	قليل الصبر
neugierig	foḍūly	فضولي
Neugier (f)	foḍūl (m)	فضول
Bescheidenheit (f)	tawāḍoʿ (m)	تواضع
bescheiden	motawāḍeʿ	متواضع
unbescheiden	meʃ motawāḍeʿ	مش متواضع
Faulheit (f)	kasal (m)	كسل
faul	kaslān	كسلان
Faulenzer (m)	kaslān (m)	كسلان
Listigkeit (f)	makr (m)	مكر
listig	makkār	مكّار
Misstrauen (n)	ʿadam el seqa (m)	عدم الثقة
misstrauisch	ʃakkāk	شكّاك
Freigebigkeit (f)	karam (m)	كرم
freigebig	karīm	كريم
talentiert	mawhūb	موهوب
Talent (n)	mawheba (f)	موهبة
tapfer	ʃogāʿ	شجاع
Tapferkeit (f)	ʃagāʿa (f)	شجاعة
ehrlich	amīn	أمين
Ehrlichkeit (f)	amāna (f)	أمانة
vorsichtig	ḥazer	حذر
tapfer	ʃogāʿ	شجاع
ernst	gād	جاد

streng	ṣārem	صارم
entschlossen	ḥāsem	حاسم
unentschlossen	motaradded	متردّد
schüchtern	χagūl	خجول
Schüchternheit (f)	χagal (m)	خجل
Vertrauen (n)	seqa (f)	ثقة
vertrauen (vi)	wasaq	وثق
vertrauensvoll	saree' el taṣdīq	سريع التصديق
aufrichtig (Adv)	beṣarāḥa	بصراحة
aufrichtig (Adj)	moχleṣ	مخلص
Aufrichtigkeit (f)	eχlāṣ (m)	إخلاص
offen	ṣarīḥ	صريح
still (Adj)	hady	هادئ
freimütig	ṣarīḥ	صريح
naiv	sāzeg	ساذج
zerstreut	ʃāred el fekr	شارد الفكر
drollig, komisch	moḍḥek	مضحك
Gier (f)	boχl (m)	بخل
habgierig	ṭammā'	طماع
geizig	baχīl	بخيل
böse	ʃerrīr	شرير
hartnäckig	'anīd	عنيد
unangenehm	karīh	كريه
Egoist (m)	anāny (m)	أناني
egoistisch	anāny	أناني
Feigling (m)	gabān (m)	جبان
feige	gabān	جبان

63. Schlaf. Träume

schlafen (vi)	nām	نام
Schlaf (m)	nome (m)	نوم
Traum (m)	ḥelm (m)	حلم
träumen (im Schlaf)	ḥelem	حلم
verschlafen	na'sān	نعسان
Bett (n)	serīr (m)	سرير
Matratze (f)	martaba (f)	مرتبة
Decke (f)	baṭṭaniya (f)	بطّانيّة
Kissen (n)	maχadda (f)	مخدّة
Laken (n)	melāya (f)	ملاية
Schlaflosigkeit (f)	araq (m)	أرق
schlaflos	bodūn nome	بدون نوم
Schlafmittel (n)	monawwem (m)	منوّم
Schlafmittel nehmen	aχad monawwem	اخد منوّم
schlafen wollen	ne'es	نعس
gähnen (vi)	ettāweb	إتّاوب

schlafen gehen	rāḥ lel serīr	راح للسرير
das Bett machen	waḍḍab el serīr	وضّب السرير
einschlafen (vi)	nām	نام
Alptraum (m)	kabūs (m)	كابوس
Schnarchen (n)	ʃeχīr (m)	شخير
schnarchen (vi)	ʃakχar	شخّر
Wecker (m)	monabbeh (m)	منبّه
aufwecken (vt)	ṣaḥḥa	صحّى
erwachen (vi)	ṣeḥy	صحي
aufstehen (vi)	ʾām	قام
sich waschen	ɣasal	غسل

64. Humor. Lachen. Freude

Humor (m)	hezār (m)	هزار
Sinn (m) für Humor	ḥess fokāhy (m)	حسّ فكاهي
sich amüsieren	estamtaʿ	إستمتع
froh (Adj)	farḥān	فرحان
Fröhlichkeit (f)	bahga (f)	بهجة
Lächeln (n)	ebtesāma (f)	إبتسامة
lächeln (vi)	ebtasam	إبتسم
auflachen (vi)	badaʾ yeḍḥak	بدأ يضحك
lachen (vi)	ḍeḥek	ضحك
Lachen (n)	ḍeḥka (f)	ضحكة
Anekdote, Witz (m)	ḥekāya (f)	حكاية
lächerlich	moḍḥek	مضحك
komisch	moḍḥek	مضحك
Witz machen	hazzar	هزّر
Spaß (m)	nokta (f)	نكتة
Freude (f)	saʿāda (f)	سعادة
sich freuen	mereḥ	مرح
froh (Adj)	saʿīd	سعيد

65. Diskussion, Unterhaltung. Teil 1

Kommunikation (f)	tawāṣol (m)	تواصل
kommunizieren (vi)	tawāṣal	تواصل
Konversation (f)	moḥadsa (f)	محادثة
Dialog (m)	ḥewār (m)	حوار
Diskussion (f)	monaʾʃa (f)	مناقشة
Streitgespräch (n)	χelāf (m)	خلاف
streiten (vi)	χālef	خالف
Gesprächspartner (m)	muḥāwer (m)	محاوّر
Thema (n)	mawḍūʿ (m)	موضوع
Gesichtspunkt (m)	weg-het naẓar (f)	وجهة نظر

Meinung (f)	ra'yī (m)	رأي
Rede (f)	χeṭāb (m)	خطاب
Besprechung (f)	mona'ʃa (f)	مناقشة
besprechen (vt)	nā'eʃ	ناقش
Gespräch (n)	ḥadīs (m)	حديث
Gespräche führen	dardeʃ	دردش
Treffen (n)	leqā' (m)	لقاء
sich treffen	'ābel	قابل
Sprichwort (n)	masal (m)	مثل
Redensart (f)	maqūla (f)	مقولة
Rätsel (n)	loɣz (m)	لغز
ein Rätsel aufgeben	toʃakkel loɣz	تشكّل لغز
Parole (f)	kelmet el morūr (f)	كلمة مرور
Geheimnis (n)	serr (m)	سرّ
Eid (m), Schwur (m)	qasam (m)	قسم
schwören (vi, vt)	aqsam	أقسم
Versprechen (n)	wa'd (m)	وعد
versprechen (vt)	wa'ad	وعد
Rat (m)	naṣīḥa (f)	نصيحة
raten (vt)	naṣaḥ	نصح
einen Rat befolgen	tatabba' naṣīḥa	تتبّع نصيحة
gehorchen (jemandem ~)	aṭā'	أطاع
Neuigkeit (f)	aχbār (m)	أخبار
Sensation (f)	ḍagga (f)	ضجّة
Informationen (pl)	ma'lumāt (pl)	معلومات
Schlussfolgerung (f)	estentāg (f)	إستنتاج
Stimme (f)	ṣote (m)	صوت
Kompliment (n)	madḥ (m)	مدح
freundlich	laṭīf	لطيف
Wort (n)	kelma (f)	كلمة
Phrase (f)	'ebāra (f)	عبارة
Antwort (f)	gawāb (m)	جواب
Wahrheit (f)	ḥa'ī'a (f)	حقيقة
Lüge (f)	kezb (m)	كذب
Gedanke (m)	fekra (f)	فكرة
Idee (f)	fekra (f)	فكرة
Phantasie (f)	χayāl (m)	خيال

66. Diskussion, Unterhaltung. Teil 2

angesehen (Adj)	moḥtaram	محترم
respektieren (vt)	eḥtaram	إحترم
Respekt (m)	eḥterām (m)	إحترام
Sehr geehrter ...	'azīzy ...	عزيزي...
bekannt machen	'arraf	عرّف
kennenlernen (vt)	ta'arraf	تعرّف

Absicht (f)	niya (f)	نيّة
beabsichtigen (vt)	nawa	نوى
Wunsch (m)	omniya (f)	أمنية
wünschen (vt)	tamanna	تمنّى
Staunen (n)	mofag'a (f)	مفاجأة
erstaunen (vt)	fāga'	فاجئ
staunen (vi)	etfāge'	إتفاجئ
geben (vt)	edda	أدّى
nehmen (vt)	aχad	أخد
herausgeben (vt)	radd	ردّ
zurückgeben (vt)	ragga'	رجّع
sich entschuldigen	e'tazar	إعتذر
Entschuldigung (f)	e'tezār (m)	إعتذار
verzeihen (vt)	'afa	عفا
sprechen (vi)	etkallem	إتكلّم
hören (vt), zuhören (vi)	seme'	سمع
sich anhören	seme'	سمع
verstehen (vt)	fehem	فهم
zeigen (vt)	'araḍ	عرض
ansehen (vt)	baṣṣ	بصّ
rufen (vt)	nāda	نادى
belästigen (vt)	ʃaɣal	شغل
stören (vt)	az'ag	أزعج
übergeben (vt)	sallem	سلّم
Bitte (f)	ṭalab (m)	طلب
bitten (vt)	ṭalab	طلب
Verlangen (n)	maṭlab (m)	مطلب
verlangen (vt)	ṭāleb	طالب
necken (vt)	ɣāẓ	غاظ
spotten (vi)	saχar	سخر
Spott (m)	soχreya (f)	سخرية
Spitzname (m)	esm el ʃohra (m)	اسم الشهرة
Andeutung (f)	talmīḥ (m)	تلميح
andeuten (vt)	lammaḥ	لمّح
meinen (vt)	'aṣad	قصد
Beschreibung (f)	waṣf (m)	وصف
beschreiben (vt)	waṣaf	وصف
Lob (n)	madḥ (m)	مدح
loben (vt)	madaḥ	مدح
Enttäuschung (f)	χeybet amal (f)	خيبة أمل
enttäuschen (vt)	χayab	خيّب
enttäuscht sein	χābet 'āmalo	خابت آماله
Vermutung (f)	efterāḍ (m)	إفتراض
vermuten (vt)	eftaraḍ	إفترض
Warnung (f)	taḥzīr (m)	تحذير
warnen (vt)	ḥazzar	حذّر

67. Diskussion, Unterhaltung. Teil 3

überreden (vt)	aqnaʿ	أقنع
beruhigen (vt)	ṭam'an	طمأن
Schweigen (n)	sokūt (m)	سكوت
schweigen (vi)	seket	سكت
flüstern (vt)	hamas	همس
Flüstern (n)	hamsa (f)	همسة
offen (Adv)	beṣarāḥa	بصراحة
meiner Meinung nach ...	fi ra'yi ...	في رأيي ...
Detail (n)	tafṣīl (m)	تفصيل
ausführlich (Adj)	mofaṣṣal	مفصّل
ausführlich (Adv)	bel tafṣīl	بالتفصيل
Tipp (m)	talmīḥ (m)	تلميح
einen Tipp geben	edda lamḥa	أدى لمحة
Blick (m)	naẓra (f)	نظرة
anblicken (vt)	alqa nazra	ألقى نظرة
starr (z.B. -en Blick)	sābet	ثابت
blinzeln (mit den Augen)	ramaʃ	رمش
zwinkern (mit den Augen)	ɣamaz	غمز
nicken (vi)	haz rāso	هزّ رأسه
Seufzer (m)	tanhīda (f)	تنهيدة
aufseufzen (vi)	tanahhad	تنهّد
zusammenzucken (vi)	ertaʿaʃ	ارتعش
Geste (f)	eʃāret yad (f)	إشارة يد
berühren (vt)	lamas	لمس
ergreifen (vt)	mesek	مسك
klopfen (vt)	ḥazz	حزّ
Vorsicht!	χally bālak!	!خللي بالك
Wirklich?	feʿlan	فعلاً؟
Sind Sie sicher?	enta mota'akked?	أنت متأكّد؟
Viel Glück!	bel tawfī'!	!بالتوفيق
Klar!	wāḍeḥ!	!واضح
Schade!	ya χesāra!	!يا خسارة

68. Zustimmung. Ablehnung

Einverständnis (n)	mowaf'a (f)	موافقة
zustimmen (vi)	wāfe'	وافق
Billigung (f)	'obūl (m)	قبول
billigen (vt)	'abal	قبل
Absage (f)	rafḍ (m)	رفض
sich weigern	rafaḍ	رفض
Ausgezeichnet!	ʿazīm!	!عظيم
Ganz recht!	tamām!	!تمام

Gut! Okay!	ettafa'na!	إتّفقنا!
verboten (Adj)	mamnū'	ممنوع
Es ist verboten	mamnū'	ممنوع
Es ist unmöglich	mostaḥīl	مستحيل
falsch	ɣeleṭ	غلط
ablehnen (vt)	rafaḍ	رفض
unterstützen (vt)	ayed	أيّد
akzeptieren (vt)	'abal	قبل
bestätigen (vt)	akkad	أكّد
Bestätigung (f)	ta'kīd (m)	تأكيد
Erlaubnis (f)	samāḥ (m)	سماح
erlauben (vt)	samaḥ	سمح
Entscheidung (f)	qarār (m)	قرار
schweigen (nicht antworten)	ṣamt	صمت
Bedingung (f)	ʃarṭ (m)	شرط
Ausrede (f)	'ozr (m)	عذر
Lob (n)	madḥ (m)	مدح
loben (vt)	madaḥ	مدح

69. Erfolg. Alles Gute. Misserfolg

Erfolg (m)	nagāḥ (m)	نجاح
erfolgreich (Adv)	be nagāḥ	بنجاح
erfolgreich (Adj)	nāgeḥ	ناجح
Glück (Glücksfall)	ḥazz (m)	حظّ
Viel Glück!	bel tawfī'!	بالتوفيق!
Glücks- (z.B. -tag)	maḥẓūẓ	محظوظ
glücklich (Adj)	maḥẓūẓ	محظوظ
Misserfolg (m)	faʃal (m)	فشل
Missgeschick (n)	sū' el ḥazz (m)	سوء الحظّ
Unglück (n)	sū' el ḥazz (m)	سوء الحظّ
missglückt (Adj)	ɣayr nāgeḥ	غير ناجح
Katastrophe (f)	karsa (f)	كارثة
Stolz (m)	faχr (m)	فخر
stolz	faχūr	فخور
stolz sein	eftaχar	إفتخر
Sieger (m)	fā'ez (m)	فائز
siegen (vi)	fāz	فاز
verlieren (Spiel usw.)	χeser	خسر
Versuch (m)	moḥawla (f)	محاولة
versuchen (vt)	ḥāwel	حاول
Chance (f)	forṣa (f)	فرصة

70. Streit. Negative Gefühle

Schrei (m)	ṣarχa (f)	صرخة
schreien (vi)	ṣarraχ	صرّخ

beginnen zu schreien	ṣarraχ	صرّخ
Zank (m)	χenā'a (f)	خناقة
sich zanken	etχāne'	إتخانق
Riesenkrach (m)	χenā'a (f)	خناقة
Krach haben	taʃāgar	تشاجر
Konflikt (m)	χelāf (m)	خلاف
Missverständnis (n)	sū' tafāhom (m)	سوء تفاهم
Kränkung (f)	ehāna (f)	إهانة
kränken (vt)	ahān	أهان
gekränkt (Adj)	mohān	مهان
Beleidigung (f)	esteyā' (m)	إستياء
beleidigen (vt)	ahān	أهان
sich beleidigt fühlen	estā'	إستاء
Empörung (f)	saχṭ (m)	سخط
sich empören	estā'	إستاء
Klage (f)	ʃakwa (f)	شكّوى
klagen (vi)	ʃaka	شكا
Entschuldigung (f)	e'tezār (m)	إعتذار
sich entschuldigen	e'tazar	إعتذر
um Entschuldigung bitten	e'tazar	إعتذر
Kritik (f)	naqd (m)	نقد
kritisieren (vt)	naqad	نقد
Anklage (f)	ettehām (m)	إتّهام
anklagen (vt)	ettaham	إتّهم
Rache (f)	enteqām (m)	إنتقام
rächen (vt)	entaqam	إنتقم
sich rächen	radd	ردّ
Verachtung (f)	ezderā' (m)	إزدراء
verachten (vt)	eḥtaqar	إحتقر
Hass (m)	korh (f)	كره
hassen (vt)	kereh	كره
nervös	'aṣaby	عصبي
nervös sein	etwattar	إتوّتر
verärgert	ɣaḍbān	غضبان
ärgern (vt)	narfez	نرفز
Erniedrigung (f)	ezlāl (m)	إذلال
erniedrigen (vt)	zallel	ذلّل
sich erniedrigen	tazallal	تذلّل
Schock (m)	ṣadma (f)	صدمة
schockieren (vt)	ṣadam	صدم
Ärger (m)	moʃkela (f)	مشكلة
unangenehm	karīh	كريه
Angst (f)	χofe (m)	خوف
furchtbar (z.B. -e Sturm)	ʃedīd	شديد
schrecklich	moχīf	مخيف

Entsetzen (n)	roʿb (m)	رعب
entsetzlich	baʃeʿ	بشع
zittern (vi)	ertaʿaʃ	إرتعش
weinen (vi)	baka	بكى
anfangen zu weinen	badaʾ yebky	بدأ يبكي
Träne (f)	damaʿa (f)	دمعة
Schuld (f)	ɣalṭa (f)	غلطة
Schuldgefühl (n)	zanb (m)	ذنب
Schmach (f)	ʿār (m)	عار
Protest (m)	eḥtegāg (m)	إحتجاج
Stress (m)	tawattor (m)	توتّر
stören (vt)	azʿag	أزعج
sich ärgern	ɣeḍeb	غضب
ärgerlich	ɣaḍbān	غضبان
abbrechen (vi)	anha	أنهى
schelten (vi)	ʃatam	شتم
erschrecken (vi)	χāf	خاف
schlagen (vt)	ḍarab	ضرب
sich prügeln	χāneʾ	خانق
beilegen (Konflikt usw.)	sawwa	سوّى
unzufrieden	meʃ rāḍy	مش راضي
wütend	ɣaḍbān	غضبان
Das ist nicht gut!	keda meʃ kwayes!	!كده مش كويّس
Das ist schlecht!	keda weḥeʃ!	!كده وحش

Medizin

71. Krankheiten

Krankheit (f)	marad (m)	مرض
krank sein	mered	مرض
Gesundheit (f)	ṣeḥḥa (f)	صحّة
Schnupfen (m)	raʃ-ḥ fel anf (m)	رشح في الأنف
Angina (f)	eltehāb el lawzateyn (m)	إلتهاب اللوزتين
Erkältung (f)	zokām (m)	زكام
sich erkälten	gālo bard	جاله برد
Bronchitis (f)	eltehāb ʃo'aby (m)	إلتهاب شعبيّ
Lungenentzündung (f)	eltehāb ra'awy (m)	إلتهاب رئوي
Grippe (f)	influenza (f)	إنفلونزا
kurzsichtig	'aṣīr el naẓar	قصير النظر
weitsichtig	be'īd el naẓar	بعيد النظر
Schielen (n)	ḥawal (m)	حوّل
schielend (Adj)	aḥwal	أحوّل
grauer Star (m)	katarakt (f)	كاتاراكت
Glaukom (n)	glawkoma (f)	جلوكوما
Schlaganfall (m)	sakta (f)	سكتة
Infarkt (m)	azma 'albiya (f)	أزمة قلبية
Herzinfarkt (m)	nawba 'albiya (f)	نوبة قلبية
Lähmung (f)	ʃalal (m)	شلل
lähmen (vt)	ʃall	شلّ
Allergie (f)	ḥasasiya (f)	حساسيّة
Asthma (n)	rabw (m)	ربو
Diabetes (m)	dā' el sokkary (m)	داء السكّري
Zahnschmerz (m)	alam asnān (m)	ألم الأسنان
Karies (f)	naχr el asnān (m)	نخر الأسنان
Durchfall (m)	es-hāl (m)	إسهال
Verstopfung (f)	emsāk (m)	إمساك
Magenverstimmung (f)	edṭrāb el me'da (m)	إضطراب المعدة
Vergiftung (f)	tasammom (m)	تسمم
Vergiftung bekommen	etsammem	إتسمّم
Arthritis (f)	eltehāb el mafāṣel (m)	إلتهاب المفاصل
Rachitis (f)	kosāḥ el aṭfāl (m)	كساح الأطفال
Rheumatismus (m)	rheumatism (m)	روماتزم
Atherosklerose (f)	taṣṣallob el ʃarayīn (m)	تصلّب الشرايين
Gastritis (f)	eltehāb el me'da (m)	إلتهاب المعدة
Blinddarmentzündung (f)	eltehāb el zayda el dūdiya (m)	إلتهاب الزائدة الدودية

Cholezystitis (f)	eltehāb el marāra (m)	إلتهاب المرارة
Geschwür (n)	qorḥa (f)	قرحة
Masern (pl)	maraḍ el ḥaṣba (m)	مرض الحصبة
Röteln (pl)	el ḥaṣba el almaniya (f)	الحصبة الألمانية
Gelbsucht (f)	yaraqān (m)	يرقان
Hepatitis (f)	eltehāb el kabed el vayrūsy (m)	إلتهاب الكبد الفيروسي
Schizophrenie (f)	fuṣām (m)	فصام
Tollwut (f)	dā' el kalb (m)	داء الكلب
Neurose (f)	eḍṭrāb 'aṣaby (m)	إضطراب عصبي
Gehirnerschütterung (f)	ertegāg el moχ (m)	إرتجاج المخ
Krebs (m)	saraṭān (m)	سرطان
Sklerose (f)	taṣṣallob (m)	تصلّب
multiple Sklerose (f)	taṣṣallob mota'added (m)	تصلّب متعدّد
Alkoholismus (m)	edmān el χamr (m)	إدمان الخمر
Alkoholiker (m)	modmen el χamr (m)	مدمن الخمر
Syphilis (f)	syfilis el zehry (m)	سفلس الزهري
AIDS	el eydz (m)	الايدز
Tumor (m)	waram (m)	ورم
bösartig	χabīs	خبيث
gutartig	ḥamīd (m)	حميد
Fieber (n)	ḥomma (f)	حمّى
Malaria (f)	malaria (f)	ملاريا
Gangrän (f, n)	ɣanɣarīna (f)	غنغرينا
Seekrankheit (f)	dawār el baḥr (m)	دوار البحر
Epilepsie (f)	maraḍ el ṣara' (m)	مرض الصرع
Epidemie (f)	wabā' (m)	وباء
Typhus (m)	tyfus (m)	تيفوس
Tuberkulose (f)	maraḍ el soll (m)	مرض السلّ
Cholera (f)	kōlīra (f)	كوليرا
Pest (f)	ṭa'ūn (m)	طاعون

72. Symptome. Behandlungen. Teil 1

Symptom (n)	'araḍ (m)	عرض
Temperatur (f)	ḥarāra (f)	حرارة
Fieber (n)	ḥomma (f)	حمّى
Puls (m)	nabḍ (m)	نبض
Schwindel (m)	dawχa (f)	دوخة
heiß (Stirne usw.)	soχn	سخن
Schüttelfrost (m)	ra'ʃa (f)	رعشة
blass (z.B. -es Gesicht)	aṣfar	أصفر
Husten (m)	koḥḥa (f)	كحّة
husten (vi)	kaḥḥ	كحّ
niesen (vi)	'aṭas	عطس

Ohnmacht (f)	dawχa (f)	دوخة
ohnmächtig werden	oɣma ʿaleyh	أغمي عليه
blauer Fleck (m)	kadma (f)	كدمة
Beule (f)	tawarrom (m)	تورّم
sich stoßen	etχabaṭ	إتخبط
Prellung (f)	raḍḍa (f)	رضّة
sich stoßen	etkadam	إتكدم
hinken (vi)	ʿarag	عرج
Verrenkung (f)	χalʿ (m)	خلع
ausrenken (vt)	χalaʿ	خلع
Fraktur (f)	kasr (m)	كسر
brechen (Arm usw.)	enkasar	إنكسر
Schnittwunde (f)	garḥ (m)	جرح
sich schneiden	garaḥ nafsoh	جرح نفسه
Blutung (f)	nazīf (m)	نزيف
Verbrennung (f)	ḥarʾ (m)	حرق
sich verbrennen	et-ḥaraʾ	إتحرق
stechen (vt)	waχaz	وخز
sich stechen	waχaz nafso	وخز نفسه
verletzen (vt)	aṣāb	أصاب
Verletzung (f)	eṣāba (f)	إصابة
Wunde (f)	garḥ (m)	جرح
Trauma (n)	ṣadma (f)	صدمة
irrereden (vi)	haza	هذى
stottern (vi)	talaʿsam	تلعثم
Sonnenstich (m)	ḍarabet ʃams (f)	ضربة شمس

73. Symptome. Behandlungen. Teil 2

Schmerz (m)	alam (m)	ألم
Splitter (m)	ʃazya (f)	شظية
Schweiß (m)	ʿerʾ (m)	عرق
schwitzen (vi)	ʿereʾ	عرق
Erbrechen (n)	targeeʿ (m)	ترجيع
Krämpfe (pl)	taʃonnogāt (pl)	تشنّجات
schwanger	ḥāmel	حامل
geboren sein	etwalad	اتوّلد
Geburt (f)	welāda (f)	ولادة
gebären (vt)	walad	ولد
Abtreibung (f)	eg-hāḍ (m)	إجهاض
Atem (m)	tanaffos (m)	تنفّس
Atemzug (m)	estenʃāq (m)	إستنشاق
Ausatmung (f)	zafīr (m)	زفير
ausatmen (vt)	zafar	زفر
einatmen (vt)	estanʃaq	إستنشق

Invalide (m)	mo'āq (m)	معاق
Krüppel (m)	moq'ad (m)	مقعد
Drogenabhängiger (m)	modmen moχaddarāt (m)	مدمن مخدّرات
taub	aṭraʃ	أطرش
stumm	aχras	أخرس
taubstumm	aṭraʃ aχras	أطرش أخرس
verrückt (Adj)	magnūn (m)	مجنون
Irre (m)	magnūn (m)	مجنون
Irre (f)	magnūna (f)	مجنونة
den Verstand verlieren	etgannen	اتجنّن
Gen (n)	ʒīn (m)	جين
Immunität (f)	manā'a (f)	مناعة
erblich	werāsy	وراثي
angeboren	χolqy men el welāda	خلقي من الولادة
Virus (m, n)	virūs (m)	فيروس
Mikrobe (f)	mikrūb (m)	ميكروب
Bakterie (f)	garsūma (f)	جرثومة
Infektion (f)	'adwa (f)	عدوى

74. Symptome. Behandlungen. Teil 3

Krankenhaus (n)	mostaʃfa (m)	مستشفى
Patient (m)	marīḍ (m)	مريض
Diagnose (f)	taʃχīṣ (m)	تشخيص
Heilung (f)	ʃefā' (m)	شفاء
Behandlung (f)	'elāg ṭebby (m)	علاج طبي
Behandlung bekommen	et'āleg	اتعالج
behandeln (vt)	'ālag	عالج
pflegen (Kranke)	marraḍ	مرّض
Pflege (f)	'enāya (f)	عناية
Operation (f)	'amaliya grāḥiya (f)	عمليّة جراحية
verbinden (vt)	ḍammad	ضمّد
Verband (m)	taḍmīd (m)	تضميد
Impfung (f)	talqīḥ (m)	تلقيح
impfen (vt)	laqqaḥ	لقّح
Spritze (f)	ḥo'na (f)	حقنة
eine Spritze geben	ḥa'an ebra	حقن إبرة
Anfall (m)	nawba (f)	نوبة
Amputation (f)	batr (m)	بتر
amputieren (vt)	batr	بتر
Koma (n)	ɣaybūba (f)	غيبوبة
im Koma liegen	kān fi ḥālet ɣaybūba	كان في حالة غيبوبة
Reanimation (f)	el 'enāya el morakkaza (f)	العناية المركّزة
genesen von ... (vi)	ʃefy	شفي
Zustand (m)	ḥāla (f)	حالة

Bewusstsein (n)	wa'y (m)	وعي
Gedächtnis (n)	zākera (f)	ذاكرة
ziehen (einen Zahn ~)	xala'	خلع
Plombe (f)	ḥaʃww (m)	حشو
plombieren (vt)	ḥaʃa	حشا
Hypnose (f)	el tanwīm el meɣnaṭīsy (m)	التنويم المغناطيسي
hypnotisieren (vt)	nawwem	نوّم

75. Ärzte

Arzt (m)	doktore (m)	دكتور
Krankenschwester (f)	momarreḍa (f)	ممرّضة
Privatarzt (m)	doktore ʃaxṣy (m)	دكتور شخصي
Zahnarzt (m)	doktore asnān (m)	دكتور أسنان
Augenarzt (m)	doktore el 'oyūn (m)	دكتور العيون
Internist (m)	ṭabīb baṭna (m)	طبيب باطنة
Chirurg (m)	garrāḥ (m)	جرّاح
Psychiater (m)	doktore nafsāny (m)	دكتور نفساني
Kinderarzt (m)	doktore aṭfāl (m)	دكتور أطفال
Psychologe (m)	axeṣā'y 'elm el nafs (m)	أخصائي علم النفس
Frauenarzt (m)	doktore nesa (m)	دكتور نسا
Kardiologe (m)	doktore 'alb (m)	دكتور قلب

76. Medizin. Medikamente. Accessoires

Arznei (f)	dawā' (m)	دواء
Heilmittel (n)	'elāg (m)	علاج
verschreiben (vt)	waṣaf	وصف
Rezept (n)	waṣfa (f)	وصفة
Tablette (f)	'orṣ (m)	قرص
Salbe (f)	marham (m)	مرهم
Ampulle (f)	ambūla (f)	أمبولة
Mixtur (f)	dawā' ʃorb (m)	دواء شراب
Sirup (m)	ʃarāb (m)	شراب
Pille (f)	ḥabba (f)	حبّة
Pulver (n)	zorūr (m)	ذرور
Verband (m)	ḍammāda ʃāʃ (f)	ضمادة شاش
Watte (f)	'oṭn (m)	قطن
Jod (n)	yūd (m)	يود
Pflaster (n)	blaster (m)	بلاستر
Pipette (f)	'aṭṭāra (f)	قطّارة
Thermometer (n)	termometr (m)	ترمومتر
Spritze (f)	serennga (f)	سرنّجة
Rollstuhl (m)	korsy motaḥarrek (m)	كرسي متحرك
Krücken (pl)	'okkāz (m)	عكّاز

Betäubungsmittel (n)	mosakken (m)	مسكّن
Abführmittel (n)	molayen (m)	مليّن
Spiritus (m)	etanol (m)	إيثانول
Heilkraut (n)	aʿʃāb ṭebbiya (pl)	أعشاب طبّية
Kräuter- (z.B. Kräutertee)	ʿoʃby	عشبي

77. Rauchen. Tabakwaren

Tabak (m)	tabɣ (m)	تبغ
Zigarette (f)	segāra (f)	سيجارة
Zigarre (f)	segār (m)	سيجار
Pfeife (f)	ɣelyone (m)	غليون
Packung (f)	ʿelba (f)	علبة
Streichhölzer (pl)	kebrīt (m)	كبريت
Streichholzschachtel (f)	ʿelbet kebrīt (f)	علبة كبريت
Feuerzeug (n)	wallāʿa (f)	ولّاعة
Aschenbecher (m)	ṭaʾṭūʾa (f)	طقطوقة
Zigarettenetui (n)	ʿelbet sagāyer (f)	علبة سجائر
Mundstück (n)	ḥamelet segāra (f)	حاملة سيجارة
Filter (n)	filter (m)	فلتر
rauchen (vi, vt)	dakχen	دخّن
anrauchen (vt)	wallaʿ segāra	ولّع سيجارة
Rauchen (n)	tadχīn (m)	تدخين
Raucher (m)	modakχen (m)	مدخّن
Stummel (m)	ʿaqab segāra (m)	عقب سيجارة
Rauch (m)	dokχān (m)	دخّان
Asche (f)	ramād (m)	رماد

LEBENSRAUM DES MENSCHEN

Stadt

78. Stadt. Leben in der Stadt

Stadt (f)	madīna (f)	مدينة
Hauptstadt (f)	'āṣema (f)	عاصمة
Dorf (n)	qarya (f)	قرية
Stadtplan (m)	χarīṭet el madinah (f)	خريطة المدينة
Stadtzentrum (n)	wesṭ el balad (m)	وسط البلد
Vorort (m)	ḍāḥeya (f)	ضاحية
Vorort-	el ḍawāḥy	الضواحي
Stadtrand (m)	aṭrāf el madīna (pl)	أطراف المدينة
Umgebung (f)	ḍawāḥy el madīna (pl)	ضواحي المدينة
Stadtviertel (n)	ḥayī (m)	حي
Wohnblock (m)	ḥayī sakany (m)	حي سكني
Straßenverkehr (m)	ḥaraket el morūr (f)	حركة المرور
Ampel (f)	eʃārāt el morūr (pl)	إشارات المرور
Stadtverkehr (m)	wasā'el el na'l (pl)	وسائل النقل
Straßenkreuzung (f)	taqāṭo' (m)	تقاطع
Übergang (m)	ma'bar (m)	معبر
Fußgängerunterführung (f)	nafa' moʃāh (m)	نفق مشاه
überqueren (vt)	'abar	عبر
Fußgänger (m)	māʃy (m)	ماشي
Gehweg (m)	raṣīf (m)	رصيف
Brücke (f)	kobry (m)	كبري
Kai (m)	korneyʃ (m)	كورنيش
Springbrunnen (m)	nafūra (f)	نافورة
Allee (f)	mamʃa (m)	ممشى
Park (m)	ḥadīqa (f)	حديقة
Boulevard (m)	bolvār (m)	بولفار
Platz (m)	medān (m)	ميدان
Avenue (f)	ʃāre' (m)	شارع
Straße (f)	ʃāre' (m)	شارع
Gasse (f)	zo'ā' (m)	زقاق
Sackgasse (f)	ṭarī' masdūd (m)	طريق مسدود
Haus (n)	beyt (m)	بيت
Gebäude (n)	mabna (m)	مبنى
Wolkenkratzer (m)	nāṭeḥet sahāb (f)	ناطحة سحاب
Fassade (f)	waɣa (f)	واجهة
Dach (n)	sa'f (m)	سقف

Fenster (n)	ʃebbāk (m)	شبّاك
Bogen (m)	qose (m)	قوس
Säule (f)	ʿamūd (m)	عمود
Ecke (f)	zawya (f)	زاوية
Schaufenster (n)	vatrīna (f)	فترينة
Firmenschild (n)	yafṭa, lāfeta (f)	لافتة, يافطة
Anschlag (m)	boster (m)	بوستر
Werbeposter (m)	boster eʿlān (m)	بوستر إعلان
Werbeschild (n)	lawḥet eʿlanāt (f)	لوحة إعلانات
Müll (m)	zebāla (f)	زبالة
Mülleimer (m)	ṣandūʾ zebāla (m)	صندوق زبالة
Abfall wegwerfen	rama zebāla	رمى زبالة
Mülldeponie (f)	mazbala (f)	مزبلة
Telefonzelle (f)	koʃk telefōn (m)	كشك تليفون
Straßenlaterne (f)	ʿamūd nūr (m)	عمود نور
Bank (Park-)	korsy (m)	كرسي
Polizist (m)	ʃorṭy (m)	شرطي
Polizei (f)	ʃorṭa (f)	شرطة
Bettler (m)	ʃaḥḥāt (m)	شحّات
Obdachlose (m)	motaʃarred (m)	متشرّد

79. Innerstädtische Einrichtungen

Laden (m)	maḥal (m)	محل
Apotheke (f)	ṣaydaliya (f)	صيدليّة
Optik (f)	maḥal naḍḍārāt (m)	محل نضّارات
Einkaufszentrum (n)	mole (m)	مول
Supermarkt (m)	subermarket (m)	سوبرماركت
Bäckerei (f)	maχbaz (m)	مخبز
Bäcker (m)	χabbāz (m)	خبّاز
Konditorei (f)	ḥalawāny (m)	حلواني
Lebensmittelladen (m)	baʾʾāla (f)	بقّالة
Metzgerei (f)	gezāra (f)	جزارة
Gemüseladen (m)	dokkān χoḍār (m)	دكّان خضار
Markt (m)	sūʾ (f)	سوق
Kaffeehaus (n)	ʾahwa (f), kaféih (m)	قهوة, كافيه
Restaurant (n)	maṭʿam (m)	مطعم
Bierstube (f)	bār (m)	بار
Pizzeria (f)	maḥal pizza (m)	محل بيتزا
Friseursalon (m)	ṣalone ḥelāʾa (m)	صالون حلاقة
Post (f)	maktab el barīd (m)	مكتب البريد
chemische Reinigung (f)	dray klīn (m)	دراي كلين
Fotostudio (n)	estudio taṣwīr (m)	إستوديو تصوير
Schuhgeschäft (n)	maḥal gezam (m)	محل جزم
Buchhandlung (f)	maḥal kotob (m)	محل كتب

Sportgeschäft (n)	maḥal mostalzamāt reyaḍiya (m)	محل مستلزمات رياضية
Kleiderreparatur (f)	maḥal χeyāṭet malābes (m)	محل خياطة ملابس
Bekleidungsverleih (m)	ta'gīr malābes rasmiya (m)	تأجير ملابس رسمية
Videothek (f)	maḥal ta'gīr video (m)	محل تأجير فيديو
Zirkus (m)	serk (m)	سيرك
Zoo (m)	ḥadīqet el ḥayawān (f)	حديقة حيوان
Kino (n)	sinema (f)	سينما
Museum (n)	mat-ḥaf (m)	متحف
Bibliothek (f)	maktaba (f)	مكتبة
Theater (n)	masraḥ (m)	مسرح
Opernhaus (n)	obra (f)	أوبرا
Nachtklub (m)	malha leyly (m)	ملهى ليّلي
Kasino (n)	kazino (m)	كازينو
Moschee (f)	masged (m)	مسجد
Synagoge (f)	kenīs (m)	كنيس
Kathedrale (f)	katedra'iya (f)	كاتدرائية
Tempel (m)	ma'bad (m)	معبد
Kirche (f)	kenīsa (f)	كنيسة
Institut (n)	kolliya (m)	كلّية
Universität (f)	gam'a (f)	جامعة
Schule (f)	madrasa (f)	مدرسة
Präfektur (f)	moqaṭ'a (f)	مقاطعة
Rathaus (n)	baladiya (f)	بلديّة
Hotel (n)	fondo' (m)	فندق
Bank (f)	bank (m)	بنك
Botschaft (f)	safāra (f)	سفارة
Reisebüro (n)	ʃerket seyāḥa (f)	شركة سياحة
Informationsbüro (n)	maktab el este'lāmāt (m)	مكتب الإستعلامات
Wechselstube (f)	ṣarrāfa (f)	صرّافة
U-Bahn (f)	metro (m)	مترو
Krankenhaus (n)	mostaʃfa (m)	مستشفى
Tankstelle (f)	maḥaṭṭet banzīn (f)	محطّة بنزين
Parkplatz (m)	maw'ef el 'arabeyāt (m)	موقف العربيات

80. Schilder

Firmenschild (n)	yafṭa, lāfeta (f)	لافتة, يافطة
Aufschrift (f)	bayān (m)	بيان
Plakat (n)	boster (m)	بوستر
Wegweiser (m)	'alāmet (f)	علامة إتجاه
Pfeil (m)	'alāmet eʃāra (f)	علامة إشارة
Vorsicht (f)	taḥzīr (m)	تحذير
Warnung (f)	lāfetat taḥzīr (f)	لافتة تحذير
warnen (vt)	ḥazzar	حذّر

freier Tag (m)	yome ʻoṭla (m)	يوم عطلة
Fahrplan (m)	gadwal (m)	جدول
Öffnungszeiten (pl)	aw'āt el ʻamal (pl)	أوقات العمل
HERZLICH WILLKOMMEN!	ahlan w sahlan!	أهلاً وسهلا!
EINGANG	doχūl	دخول
AUSGANG	χorūg	خروج
DRÜCKEN	edfaʻ	إدفع
ZIEHEN	es-ḥab	إسحب
GEÖFFNET	maftūḥ	مفتوح
GESCHLOSSEN	moɣlaq	مغلق
DAMEN, FRAUEN	lel sayedāt	للسيدات
HERREN, MÄNNER	lel regāl	للرجال
AUSVERKAUF	χoṣomāt	خصومات
REDUZIERT	taχfeḍāt	تخفيضات
NEU!	gedīd!	جديد!
GRATIS	maggānan	مجّاناً
ACHTUNG!	entebāh!	إنتباه!
ZIMMER BELEGT	koll el amāken maḥgūza	كلّ الأماكن محجوزة
RESERVIERT	maḥgūz	محجوز
VERWALTUNG	edāra	إدارة
NUR FÜR PERSONAL	lel ʻamelīn faqaṭ	للعاملين فقط
VORSICHT BISSIGER HUND	eḥzar wogūd kalb	إحذر وجود الكلب
RAUCHEN VERBOTEN!	mamnūʻ el tadχīn	ممنوع التدخين
BITTE NICHT BERÜHREN	ʻadam el lams	عدم اللمس
GEFÄHRLICH	χaṭīr	خطير
VORSICHT!	χaṭar	خطر
HOCHSPANNUNG	tayār ʻāly	تيّار عالي
BADEN VERBOTEN	el sebāḥa mamnūʻa	السباحة ممنوعة
AUßER BETRIEB	moʻaṭṭal	معطّل
LEICHTENTZÜNDLICH	sareeʻ el eʃteʻāl	سريع الإشتعال
VERBOTEN	mamnūʻ	ممنوع
DURCHGANG VERBOTEN	mamnūʻ el morūr	ممنوع المرور
FRISCH GESTRICHEN	eḥzar ṭelā' ɣayr gāf	احذر طلاء غير جاف

81. Innerstädtischer Transport

Bus (m)	buṣ (m)	باص
Straßenbahn (f)	trām (m)	ترام
Obus (m)	trolly buṣ (m)	ترولي باص
Linie (f)	χaṭṭ (m)	خطّ
Nummer (f)	raqam (m)	رقم
mit ... fahren	rāḥ be ...	راح بـ ...
einsteigen (vi)	rekeb	ركب

aussteigen (aus dem Bus)	nezel men	نزل من
Haltestelle (f)	maw'af (m)	موّقف
nächste Haltestelle (f)	el maḥaṭṭa el gaya (f)	المحطة الجاية
Endhaltestelle (f)	'āχer maw'af (m)	آخر موقف
Fahrplan (m)	gadwal (m)	جدول
warten (vi, vt)	estanna	إستنّى
Fahrkarte (f)	tazkara (f)	تذكرة
Fahrpreis (m)	ogra (f)	أجرة
Kassierer (m)	kaʃier (m)	كاشير
Fahrkartenkontrolle (f)	taftīʃ el tazāker (m)	تفتيش التذاكر
Fahrkartenkontrolleur (m)	mofatteʃ tazāker (m)	مفتّش تذاكر
sich verspäten	met'akχer	متأخّر
versäumen (Zug usw.)	ta'akχar	تأخّر
sich beeilen	mesta'gel	مستعجل
Taxi (n)	taksi (m)	تاكسي
Taxifahrer (m)	sawwā' taksi (m)	سوّاق تاكسي
mit dem Taxi	bel taksi	بالتاكسي
Taxistand (m)	maw'ef taksi (m)	موّقف تاكسي
ein Taxi rufen	kallem taksi	كلّم تاكسي
ein Taxi nehmen	aχad taksi	أخد تاكسي
Straßenverkehr (m)	ḥaraket el morūr (f)	حركة المرور
Stau (m)	zaḥmet el morūr (f)	زحمة المرور
Hauptverkehrszeit (f)	sā'et el zorwa (f)	ساعة الذروة
parken (vi)	rakan	ركن
parken (vt)	rakan	ركن
Parkplatz (m)	maw'ef el 'arabeyāt (m)	موقف العربيات
U-Bahn (f)	metro (m)	مترو
Station (f)	maḥaṭṭa (f)	محطّة
mit der U-Bahn fahren	aχad el metro	أخد المترو
Zug (m)	qeṭār, 'aṭṭr (m)	قطار
Bahnhof (m)	maḥaṭṭet qeṭār (f)	محطّة قطار

82. Sehenswürdigkeiten

Denkmal (n)	temsāl (m)	تمثال
Festung (f)	'al'a (f)	قلعة
Palast (m)	'aṣr (m)	قصر
Schloss (n)	'al'a (f)	قلعة
Turm (m)	borg (m)	برج
Mausoleum (n)	ḍarīḥ (m)	ضريح
Architektur (f)	handasa me'māriya (f)	هندسة معمارية
mittelalterlich	men el qorūn el wosṭa	من القرون الوسطى
alt (antik)	'atīq	عتيق
national	waṭany	وطني
berühmt	maʃ-hūr	مشهور
Tourist (m)	sā'eḥ (m)	سائح
Fremdenführer (m)	morʃed (m)	مرشد

Ausflug (m)	gawla (f)	جولة
zeigen (vt)	warra	ورّى
erzählen (vt)	'āl	قال
finden (vt)	la'a	لقى
sich verlieren	ḍā'	ضاع
Karte (U-Bahn ~)	χarīṭa (f)	خريطة
Karte (Stadt-)	χarīṭa (f)	خريطة
Souvenir (n)	tezkār (m)	تذكار
Souvenirladen (m)	maḥal hadāya (m)	محل هدايا
fotografieren (vt)	ṣawwar	صوّر
sich fotografieren	etṣawwar	إتصوّر

83. Shopping

kaufen (vt)	eʃtara	إشترى
Einkauf (m)	ḥāga (f)	حاجة
einkaufen gehen	eʃtara	إشترى
Einkaufen (n)	ʃobbing (m)	شوبينج
offen sein (Laden)	maftūḥ	مفتوح
zu sein	moɣlaq	مغلق
Schuhe (pl)	gezam (pl)	جزم
Kleidung (f)	malābes (pl)	ملابس
Kosmetik (f)	mawād tagmīl (pl)	مواد تجميل
Lebensmittel (pl)	akl (m)	أكل
Geschenk (n)	hediya (f)	هديّة
Verkäufer (m)	bayā' (m)	بيّاع
Verkäuferin (f)	bayā'a (f)	بيّاعة
Kasse (f)	ṣandū' el daf' (m)	صندوق الدفع
Spiegel (m)	merāya (f)	مراية
Ladentisch (m)	manḍada (f)	منضدة
Umkleidekabine (f)	ɣorfet el 'eyās (f)	غرفة القياس
anprobieren (vt)	garrab	جرّب
passen (Schuhe, Kleid)	nāseb	ناسب
gefallen (vi)	'agab	عجب
Preis (m)	se'r (m)	سعر
Preisschild (n)	tiket el se'r (m)	تيكت السعر
kosten (vt)	kallef	كلّف
Wie viel?	bekām?	بكام؟
Rabatt (m)	χaṣm (m)	خصم
preiswert	meʃ ɣāly	مش غالي
billig	reχīṣ	رخيص
teuer	ɣāly	غالي
Das ist teuer	da ɣāly	ده غالي
Verleih (m)	este'gār (m)	إستئجار
leihen, mieten (ein Auto usw.)	est'gar	إستأجر

Kredit (m), Darlehen (n)	e'temān (m)	إئتمان
auf Kredit	bel ta'seeṭ	بالتقسيط

84. Geld

Geld (n)	folūs (pl)	فلوس
Austausch (m)	taḥwīl 'omla (m)	تحويل عملة
Kurs (m)	se'r el ṣarf (m)	سعر الصرف
Geldautomat (m)	makinet ṣarrāf 'āly (f)	ماكينة صرّاف آلي
Münze (f)	'erʃ (m)	قرش
Dollar (m)	dolār (m)	دولار
Euro (m)	yoro (m)	يورو
Lira (f)	lira (f)	ليرة
Mark (f)	el mark el almāny (m)	المارك الألماني
Franken (m)	frank (m)	فرنك
Pfund Sterling (n)	geneyh esterlīny (m)	جنيه استرليني
Yen (m)	yen (m)	ين
Schulden (pl)	deyn (m)	دين
Schuldner (m)	modīn (m)	مدين
leihen (vt)	sallef	سلّف
leihen, borgen (Geld usw.)	estalaf	إستلف
Bank (f)	bank (m)	بنك
Konto (n)	ḥesāb (m)	حساب
einzahlen (vt)	awda'	أودع
auf ein Konto einzahlen	awda' fel ḥesāb	أودع في الحساب
abheben (vt)	saḥab men el ḥesāb	سحب من الحساب
Kreditkarte (f)	kredit kard (f)	كريدت كارد
Bargeld (n)	kæʃ (m)	كاش
Scheck (m)	ʃīk (m)	شيك
einen Scheck schreiben	katab ʃīk	كتب شيك
Scheckbuch (n)	daftar ʃikāt (m)	دفتر شيكات
Geldtasche (f)	maḥfaẓa (f)	محفظة
Geldbeutel (m)	maḥfazet fakka (f)	محفظة فكّة
Safe (m)	χazzāna (f)	خزّانة
Erbe (m)	wāres (m)	وارث
Erbschaft (f)	werāsa (f)	وراثة
Vermögen (n)	sarwa (f)	ثروة
Pacht (f)	'a'd el egār (m)	عقد الإيجار
Miete (f)	ogret el sakan (f)	أجرة السكن
mieten (vt)	est'gar	إستأجر
Preis (m)	se'r (m)	سعر
Kosten (pl)	taman (m)	ثمن
Summe (f)	mablaɣ (m)	مبلغ
ausgeben (vt)	ṣaraf	صرف
Ausgaben (pl)	maṣarīf (pl)	مصاريف

sparen (vt)	waffar	وفّر
sparsam	mowaffer	موّفر
zahlen (vt)	dafa'	دفع
Lohn (m)	daf' (m)	دفع
Wechselgeld (n)	el bā'y (m)	الباقي
Steuer (f)	ḍarība (f)	ضريبة
Geldstrafe (f)	ɣarāma (f)	غرامة
bestrafen (vt)	faraḍ ɣarāma	فرض غرامة

85. Post. Postdienst

Post (Postamt)	maktab el barīd (m)	مكتب البريد
Post (Postsendungen)	el barīd (m)	البريد
Briefträger (m)	sā'y el barīd (m)	ساعي البريد
Öffnungszeiten (pl)	aw'āt el 'amal (pl)	أوقات العمل
Brief (m)	resāla (f)	رسالة
Einschreibebrief (m)	resāla mosaggala (f)	رسالة مسجّلة
Postkarte (f)	kart barīdy (m)	كرت بريدي
Telegramm (n)	barqiya (f)	برقيّة
Postpaket (n)	ṭard (m)	طرد
Geldanweisung (f)	ḥewāla māliya (f)	حوالة مالية
bekommen (vt)	estalam	إستلم
abschicken (vt)	arsal	أرسل
Absendung (f)	ersāl (m)	إرسال
Postanschrift (f)	'enwān (m)	عنوان
Postleitzahl (f)	raqam el barīd (m)	رقم البريد
Absender (m)	morsel (m)	مرسل
Empfänger (m)	morsel elayh (m)	مرسل إليه
Vorname (m)	esm (m)	اسم
Nachname (m)	esm el 'a'ela (m)	اسم العائلة
Tarif (m)	ta'rīfa (f)	تعريفة
Standard- (Tarif)	'ādy	عادي
Spar- (-tarif)	mowaffer	موّفر
Gewicht (n)	wazn (m)	وزن
abwiegen (vt)	wazan	وزن
Briefumschlag (m)	ẓarf (m)	ظرف
Briefmarke (f)	ṭābe' (m)	طابع
Briefmarke aufkleben	alṣaq ṭābe'	ألصق طابع

Wohnung. Haus. Zuhause

86. Haus. Wohnen

Haus (n)	beyt (m)	بيت
zu Hause	fel beyt	في البيت
Hof (m)	sāḥa (f)	ساحة
Zaun (m)	sūr (m)	سور
Ziegel (m)	ṭūb (m)	طوب
Ziegel-	men el ṭūb	من الطوب
Stein (m)	ḥagar (m)	حجر
Stein-	ḥagary	حجري
Beton (m)	χarasāna (f)	خرسانة
Beton-	χarasāny	خرساني
neu	gedīd	جديد
alt	ʾadīm	قديم
baufällig	ʾāayel lel soqūṭ	آيل للسقوط
modern	moʿāṣer	معاصر
mehrstöckig	motaʿadded el ṭawābeq	متعدّد الطوابق
hoch	ʿāly	عالي
Stock (m)	dore (m)	دور
einstöckig	zu ṭābeq wāḥed	ذو طابق واحد
Erdgeschoß (n)	el dore el awwal (m)	الدور الأوّل
oberster Stock (m)	ṭābeʾ ʿolwy (m)	طابق علوي
Dach (n)	saʾf (m)	سقف
Schlot (m)	madχana (f)	مدخنة
Dachziegel (m)	qarmīd (m)	قرميد
Dachziegel-	men el qarmīd	من القرميد
Dachboden (m)	ʿelya (f)	علية
Fenster (n)	ʃebbāk (m)	شبّاك
Glas (n)	ezāz (m)	إزاز
Fensterbrett (n)	ḥāfet el ʃebbāk (f)	حافة الشبّاك
Fensterläden (pl)	ʃīʃ (m)	شيش
Wand (f)	ḥeyṭa (f)	حيطة
Balkon (m)	balakona (f)	بلكونة
Regenfallrohr (n)	masūret el taṣrīf (f)	ماسورة التصريف
nach oben	foʾe	فوق
hinaufgehen (vi)	ṭeleʿ	طلع
herabsteigen (vi)	nezel	نزل
umziehen (vi)	naʾal	نقل

87. Haus. Eingang. Lift

Eingang (m)	madχal (m)	مدخل
Treppe (f)	sellem (m)	سلّم
Stufen (pl)	daragāt (pl)	درجات
Geländer (n)	drabzīn (m)	درابزين
Halle (f)	ṣāla (f)	صالة
Briefkasten (m)	ṣandū' el barīd (m)	صندوق البريد
Müllkasten (m)	ṣandū' el zebāla (m)	صندوق الزبالة
Müllschlucker (m)	manfaz el zebāla (m)	منفذ الزبالة
Aufzug (m)	asanseyr (m)	اسانسير
Lastenaufzug (m)	asanseyr el ʃaḥn (m)	اسانسير الشحن
Aufzugkabine (f)	kabīna (f)	كابينة
Aufzug nehmen	rekeb el asanseyr	ركب الاسانسير
Wohnung (f)	ʃa''a (f)	شقّة
Mieter (pl)	sokkān (pl)	سكّان
Nachbar (m)	gār (m)	جار
Nachbarin (f)	gāra (f)	جارة
Nachbarn (pl)	gerān (pl)	جيران

88. Haus. Elektrizität

Elektrizität (f)	kahraba' (m)	كهرباء
Glühbirne (f)	lammba (f)	لمّبة
Schalter (m)	meftāḥ (m)	مفتاح
Sicherung (f)	fuse (m)	فيوز
Draht (m)	selk (m)	سلك
Leitung (f)	aslāk (pl)	أسلاك
Stromzähler (m)	'addād (m)	عدّاد
Zählerstand (m)	qerā'a (f)	قراءة

89. Haus. Türen. Schlösser

Tür (f)	bāb (m)	باب
Tor (der Villa usw.)	bawwāba (f)	بوّابة
Griff (m)	okret el bāb (f)	اوكرة الباب
aufschließen (vt)	fataḥ	فتح
öffnen (vt)	fataḥ	فتح
schließen (vt)	'afal	قفل
Schlüssel (m)	meftāḥ (m)	مفتاح
Bündel (n)	rabṭa (f)	ربطة
knarren (vi)	ṣarr	صر
Knarren (n)	ṣarīr (m)	صرير
Türscharnier (n)	mafaṣṣla (f)	مفصّلة
Fußmatte (f)	seggādet bāb (f)	سجّادة باب
Schloss (n)	'efl el bāb (m)	قفل الباب

Schlüsselloch (n)	χorm el meftāḥ (m)	خرم المفتاح
Türriegel (m)	terbās (m)	ترباس
kleiner Türriegel (m)	terbās (m)	ترباس
Vorhängeschloss (n)	'efl (m)	قفل
klingeln (vi)	rann	رنّ
Klingel (Laut)	ranīn (m)	رنين
Türklingel (f)	garas (m)	جرس
Knopf (m)	zerr (m)	زر
Klopfen (n)	ṭar', da'' (m)	طرق, دقّ
anklopfen (vi)	χabbaṭ	خبّط
Code (m)	kōd (m)	كود
Zahlenschloss (n)	kōd (m)	كود
Sprechanlage (f)	garas el bāb (m)	جرس الباب
Nummer (f)	raqam (m)	رقم
Türschild (n)	lawḥa (f)	لوحة
Türspion (m)	el 'eyn el seḥriya (m)	العين السحرية

90. Landhaus

Dorf (n)	qarya (f)	قرية
Gemüsegarten (m)	bostān χoḍār (m)	بستان خضار
Zaun (m)	sūr (m)	سور
Lattenzaun (m)	sūr (m)	سور
Zauntür (f)	bawwāba far'iya (f)	بوّابة فرعيّة
Speicher (m)	ʃouna (f)	شونة
Keller (m)	serdāb (m)	سرداب
Schuppen (m)	sa'īfa (f)	سقيفة
Brunnen (m)	bīr (m)	بير
Ofen (m)	forn (m)	فرن
heizen (Ofen ~)	awqad el botogāz	أوقد البوتاجاز
Holz (n)	ḥaṭab (m)	حطب
Holzscheit (n)	'eṭ'et ḥaṭab (f)	قطعة حطب
Veranda (f)	varannda (f)	فاراندة
Terrasse (f)	ʃorfa (f)	شرفة
Außentreppe (f)	sellem (m)	سلّم
Schaukel (f)	morgeyḥa (f)	مرجيحة

91. Villa. Schloss

Landhaus (n)	villa rīfiya (f)	فيلا ريفيّة
Villa (f)	villa (f)	فيلا
Flügel (m)	genāḥ (m)	جناح
Garten (m)	geneyna (f)	جنينة
Park (m)	ḥadīqa (f)	حديقة
Orangerie (f)	dafī'a (f)	دفيئة
pflegen (Garten usw.)	ehtamm	إهتمّ

Schwimmbad (n)	ḥammām sebāḥa (m)	حمّام سباحة
Kraftraum (m)	gīm (m)	جيم
Tennisplatz (m)	malʿab tennis (m)	ملعب تنس
Heimkinoraum (m)	sinema manzeliya (f)	سينما منزليّة
Garage (f)	garāʒ (m)	جراج
Privateigentum (n)	melkiya χāṣa (f)	ملكيّة خاصّة
Privatgrundstück (n)	arḍ χāṣa (m)	أرض خاصّة
Warnung (f)	taḥzīr (m)	تحذير
Warnschild (n)	lāfetat taḥzīr (f)	لافتة تحذير
Bewachung (f)	ḥerāsa (f)	حراسة
Wächter (m)	ḥāres amn (m)	حارس أمن
Alarmanlage (f)	gehāz enzār (m)	جهاز إنذار

92. Burg. Palast

Schloss (n)	ʾalʿa (f)	قلعة
Palast (m)	ʾaṣr (m)	قصر
Festung (f)	ʾalʿa (f)	قلعة
Mauer (f)	sūr (m)	سور
Turm (m)	borg (m)	برج
Bergfried (m)	borbg raʾīsy (m)	برج رئيسي
Fallgatter (n)	bāb motaḥarrek (m)	باب متحرّك
Tunnel (n)	serdāb (m)	سرداب
Graben (m)	χondoq māʾy (m)	خندق مائي
Kette (f)	selsela (f)	سلسلة
Schießscharte (f)	mozɣal (m)	مزغل
großartig, prächtig	rāʾeʿ	رائع
majestätisch	mohīb	مهيب
unnahbar	maneeʿ	منيع
mittelalterlich	men el qorūn el wosṭa	من القرون الوسطى

93. Wohnung

Wohnung (f)	ʃaʾʾa (f)	شقّة
Zimmer (n)	oḍa (f)	أوضة
Schlafzimmer (n)	oḍet el nome (f)	أوضة النوم
Esszimmer (n)	oḍet el sofra (f)	أوضة السفرة
Wohnzimmer (n)	oḍet el esteqbāl (f)	أوضة الإستقبال
Arbeitszimmer (n)	maktab (m)	مكتب
Vorzimmer (n)	madχal (m)	مدخل
Badezimmer (n)	ḥammām (m)	حمّام
Toilette (f)	ḥammām (m)	حمّام
Decke (f)	saʾf (m)	سقف
Fußboden (m)	arḍiya (f)	أرضية
Ecke (f)	zawya (f)	زاوية

94. Wohnung. Saubermachen

aufräumen (vt)	naḍḍaf	نظّف
weglegen (vt)	ʃāl	شال
Staub (m)	ɣobār (m)	غبار
staubig	meɣabbar	مغبّر
Staub abwischen	masaḥ el ɣobār	مسح الغبار
Staubsauger (m)	maknasa kahraba'iya (f)	مكنسة كهربائيّة
Staub saugen	naḍḍaf be maknasa kahrabā'iya	نظّف بمكنسة كهربائيّة
kehren, fegen (vt)	kanas	كنس
Kehricht (m, n)	qomāma (f)	قمامة
Ordnung (f)	nezām (m)	نظام
Unordnung (f)	fawḍa (m)	فوّضى
Schrubber (m)	ʃarʃūba (f)	شرشوبة
Lappen (m)	mamsaḥa (f)	ممسحة
Besen (m)	ma'sʃa (f)	مقشّة
Kehrichtschaufel (f)	lammāma (f)	لمّامة

95. Möbel. Innenausstattung

Möbel (n)	asās (m)	أثاث
Tisch (m)	maktab (m)	مكتب
Stuhl (m)	korsy (m)	كرسي
Bett (n)	serīr (m)	سرير
Sofa (n)	kanaba (f)	كنبة
Sessel (m)	korsy (m)	كرسي
Bücherschrank (m)	χazzānet kotob (f)	خزّانة كتب
Regal (n)	raff (m)	رفّ
Schrank (m)	dolāb (m)	دولاب
Hakenleiste (f)	ʃammā'a (f)	شمّاعة
Kleiderständer (m)	ʃammā'a (f)	شمّاعة
Kommode (f)	dolāb adrāg (m)	دولاب أدراج
Couchtisch (m)	ṭarabeyzet el 'ahwa (f)	طرابيزة القهوة
Spiegel (m)	merāya (f)	مراية
Teppich (m)	seggāda (f)	سجّادة
Matte (kleiner Teppich)	seggāda (f)	سجّادة
Kamin (m)	daffāya (f)	دفّاية
Kerze (f)	ʃam'a (f)	شمعة
Kerzenleuchter (m)	ʃam'adān (m)	شمعدان
Vorhänge (pl)	satā'er (pl)	ستائر
Tapete (f)	wara' ḥā'eṭ (m)	ورق حائط
Jalousie (f)	satā'er ofoqiya (pl)	ستائر أفقيّة
Tischlampe (f)	abāʒūr (f)	اباجورة
Leuchte (f)	lammbet ḥā'eṭ (f)	لمبة حائط

Stehlampe (f)	meṣbāḥ arḍy (m)	مصباح أرضي
Kronleuchter (m)	nagafa (f)	نجفة
Bein (Tischbein usw.)	regl (f)	رجل
Armlehne (f)	masnad (m)	مسند
Lehne (f)	masnad (m)	مسند
Schublade (f)	dorg (m)	درج

96. Bettwäsche

Bettwäsche (f)	bayāḍāt el serīr (pl)	بياضات السرير
Kissen (n)	maχadda (f)	مخدّة
Kissenbezug (m)	kīs el maχadda (m)	كيس المخدّة
Bettdecke (f)	leḥāf (m)	لحاف
Laken (n)	melāya (f)	ملاية
Tagesdecke (f)	ɣaṭā' el serīr (m)	غطاء السرير

97. Küche

Küche (f)	maṭbaχ (m)	مطبخ
Gas (n)	ɣāz (m)	غاز
Gasherd (m)	botoɣāz (m)	بوتوغاز
Elektroherd (m)	forn kaharabā'y (m)	فرن كهربائي
Backofen (m)	forn (m)	فرن
Mikrowellenherd (m)	mikroweyv (m)	ميكروويف
Kühlschrank (m)	tallāga (f)	ثلاجة
Tiefkühltruhe (f)	freyzer (m)	فريزر
Geschirrspülmaschine (f)	ɣassālet aṭbā' (f)	غسّالة أطباق
Fleischwolf (m)	farrāmet laḥm (f)	فرّامة لحم
Saftpresse (f)	'aṣṣāra (f)	عصّارة
Toaster (m)	maḥmaṣet χobz (f)	محمصة خبز
Mixer (m)	χallāṭ (m)	خلّاط
Kaffeemaschine (f)	makinet ṣon' el 'ahwa (f)	ماكينة صنع القهوة
Kaffeekanne (f)	ɣallāya kahraba'iya (f)	غلّاية القهوة
Kaffeemühle (f)	maṭ-ḥanet 'ahwa (f)	مطحنة قهوة
Wasserkessel (m)	ɣallāya (f)	غلّاية
Teekanne (f)	barrād el ʃāy (m)	برّاد الشاي
Deckel (m)	ɣaṭā' (m)	غطاء
Teesieb (n)	maṣfāh el ʃāy (f)	مصفاة الشاي
Löffel (m)	ma'la'a (f)	معلقة
Teelöffel (m)	ma'la'et ʃāy (f)	معلقة شاي
Esslöffel (m)	ma'la'a kebīra (f)	ملعقة كبيرة
Gabel (f)	ʃawka (f)	شوكة
Messer (n)	sekkīna (f)	سكّينة
Geschirr (n)	awāny (pl)	أواني
Teller (m)	ṭaba' (m)	طبق

Untertasse (f)	ṭaba' fengān (m)	طبق فنجان
Schnapsglas (n)	kāsa (f)	كاسة
Glas (n)	kobbāya (f)	كوبّاية
Tasse (f)	fengān (m)	فنجان
Zuckerdose (f)	sokkariya (f)	سكّريّة
Salzstreuer (m)	mamlaḥa (f)	مملحة
Pfefferstreuer (m)	mobhera (f)	مبهرة
Butterdose (f)	ṭaba' zebda (m)	طبق زبدة
Kochtopf (m)	ḥalla (f)	حلّة
Pfanne (f)	ṭāsa (f)	طاسة
Schöpflöffel (m)	maɣrafa (f)	مغرفة
Durchschlag (m)	maṣfāh (f)	مصفاه
Tablett (n)	ṣeniya (f)	صينيّة
Flasche (f)	ezāza (f)	إزازة
Glas (Einmachglas)	barṭamān (m)	برطمان
Dose (f)	kanz (m)	كانز
Flaschenöffner (m)	fattāḥa (f)	فتّاحة
Dosenöffner (m)	fattāḥa (f)	فتّاحة
Korkenzieher (m)	barrīma (f)	بريّمة
Filter (n)	filter (m)	فلتر
filtern (vt)	ṣaffa	صفّى
Müll (m)	zebāla (f)	زبالة
Mülleimer, Treteimer (m)	ṣandū' el zebāla (m)	صندوق الزبالة

98. Bad

Badezimmer (n)	ḥammām (m)	حمّام
Wasser (n)	meyāh (f)	مياه
Wasserhahn (m)	ḥanafiya (f)	حنفيّة
Warmwasser (n)	maya soxna (f)	مايّة سخنة
Kaltwasser (n)	maya barda (f)	مايّة باردة
Zahnpasta (f)	ma'gūn asnān (m)	معجون أسنان
Zähne putzen	naḍḍaf el asnān	نظّف الأسنان
Zahnbürste (f)	forʃet senān (f)	فرشة أسنان
sich rasieren	ḥala'	حلق
Rasierschaum (m)	raɣwa lel ḥelā'a (f)	رغوة للحلاقة
Rasierer (m)	mūs (m)	موس
waschen (vt)	ɣasal	غسل
sich waschen	estaḥamma	إستحمّى
Dusche (f)	doʃ (m)	دوش
sich duschen	axad doʃ	أخد دوش
Badewanne (f)	banyo (m)	بانيو
Klosettbecken (n)	twalet (m)	تواليت
Waschbecken (n)	ḥoḍe (m)	حوض
Seife (f)	ṣabūn (m)	صابون

Seifenschale (f)	ṣabbāna (f)	صبّانة
Schwamm (m)	līfa (f)	ليفة
Shampoo (n)	ʃambū (m)	شامبو
Handtuch (n)	fūṭa (f)	فوطة
Bademantel (m)	robe el ḥammām (m)	روب حمّام
Wäsche (f)	ɣasīl (m)	غسيل
Waschmaschine (f)	ɣassāla (f)	غسّالة
waschen (vt)	ɣasal el malābes	غسل الملابس
Waschpulver (n)	mas-ḥū' ɣasīl (m)	مسحوق غسيل

99. Haushaltsgeräte

Fernseher (m)	televizion (m)	تليفزيون
Tonbandgerät (n)	gehāz tasgīl (m)	جهاز تسجيل
Videorekorder (m)	'āla tasgīl video (f)	آلة تسجيل فيديو
Empfänger (m)	gehāz radio (m)	جهاز راديو
Player (m)	blayer (m)	بليير
Videoprojektor (m)	gehāz 'arḍ (m)	جهاز عرض
Heimkino (n)	sinema manzeliya (f)	سينما منزليّة
DVD-Player (m)	dividī blayer (m)	دي في دي بليير
Verstärker (m)	mokabbaer el ṣote (m)	مكبّر الصوت
Spielkonsole (f)	'ātāry (m)	أتاري
Videokamera (f)	kamera video (f)	كاميرا فيديو
Kamera (f)	kamera (f)	كاميرا
Digitalkamera (f)	kamera diʒital (f)	كاميرا ديجيتال
Staubsauger (m)	maknasa kahraba'iya (f)	مكنسة كهربائيّة
Bügeleisen (n)	makwa (f)	مكواة
Bügelbrett (n)	lawḥet kayī (f)	لوحة كيّ
Telefon (n)	telefon (m)	تليفون
Mobiltelefon (n)	mobile (m)	موبايل
Schreibmaschine (f)	'āla katba (f)	آلة كاتبة
Nähmaschine (f)	makanet el χeyāṭa (f)	مكنة الخياطة
Mikrophon (n)	mikrofon (m)	ميكروفون
Kopfhörer (m)	samma'āt ra'siya (pl)	سمّاعات رأسية
Fernbedienung (f)	remowt kontrol (m)	ريموت كنترول
CD (f)	sidī (m)	سي دي
Kassette (f)	kasett (m)	كاسيت
Schallplatte (f)	esṭewāna mūsīqa (f)	أسطوانة موسيقى

100. Reparaturen. Renovierung

Renovierung (f)	tagdīdāt (m)	تجديدات
renovieren (vt)	gadded	جدّد
reparieren (vt)	ṣallaḥ	صلّح
in Ordnung bringen	nazzam	نظّم

noch einmal machen	ʿād	عاد
Farbe (f)	dehān (m)	دهان
streichen (vt)	dahhen	دهّن
Anstreicher (m)	dahhān (m)	دهّان
Pinsel (m)	forʃet dehān (f)	فرشاة الدهان
Kalkfarbe (f)	maḥlūl mobayeḍ (m)	محلول مبيّض
weißen (vt)	beyḍ	بيّض
Tapete (f)	waraʾ ḥāʾeṭ (m)	ورق حائط
tapezieren (vt)	laṣaq waraʾ el ḥāʾeṭ	لصق ورق الحائط
Lack (z.B. Parkettlack)	warnīʃ (m)	ورنيش
lackieren (vt)	ṭala bel warnīʃ	طلى بالورنيش

101. Rohrleitungen

Wasser (n)	meyāh (f)	مياه
Warmwasser (n)	maya soχna (f)	مايّة سخنة
Kaltwasser (n)	maya barda (f)	مايّة باردة
Wasserhahn (m)	ḥanafiya (f)	حنفيّة
Tropfen (m)	ʾaṭra (f)	قطرة
tropfen (vi)	ʾaṭṭar	قطّر
durchsickern (vi)	sarrab	سرّب
Leck (n)	tasarrob (m)	تسرب
Lache (f)	berka (f)	بركة
Rohr (n)	masūra (f)	ماسورة
Ventil (n)	ṣamām (m)	صمام
sich verstopfen	kān masdūd	كان مسدود
Werkzeuge (pl)	adawāt (pl)	أدوات
Engländer (m)	el meftāḥ el englīzy (m)	المفتاح الإنجليزي
abdrehen (vt)	fataḥ	فتح
zudrehen (vt)	aḥkam el ʃadd	أحكم الشدّ
reinigen (Rohre ~)	sallek	سلّك
Klempner (m)	samkary (m)	سمكري
Keller (m)	badrome (m)	بدروم
Kanalisation (f)	ʃabaket el magāry (f)	شبكة المجاري

102. Feuer. Brand

Feuer (n)	ḥarīʾ (m)	حريق
Flamme (f)	lahab (m)	لهب
Funke (m)	ʃarāra (f)	شرارة
Rauch (m)	dokχān (m)	دخّان
Fackel (f)	ʃoʿla (f)	شعلة
Lagerfeuer (n)	nār moχayem (m)	نار مخيّم
Benzin (n)	banzīn (m)	بنزين
Kerosin (n)	kerosīn (m)	كيروسين

brennbar	qābel lel eḥterāq	قابل للإحتراق
explosiv	māda motafaggera	مادة متفجّرة
RAUCHEN VERBOTEN!	mamnūʿ el tadχīn	ممنوع التدخين
Sicherheit (f)	amn (m)	أمن
Gefahr (f)	χaṭar (m)	خطر
gefährlich	χaṭīr	خطير
sich entflammen	eʃtaʿal	إشتعل
Explosion (f)	enfegār (m)	إنفجار
in Brand stecken	aʃʿal el nār	أشعل النار
Brandstifter (m)	moʃʿel ḥarīq ʿan ʿamd (m)	مشعل حريق عن عمد
Brandstiftung (f)	eḥrāq el momtalakāt (m)	إحراق الممتلكات
flammen (vi)	awhag	أوهج
brennen (vi)	et-ḥaraʾ	إتحرق
verbrennen (vi)	et-ḥaraʾ	إتحرق
die Feuerwehr rufen	kallim ʾism el ḥarīʾ	كلّم قسم الحريق
Feuerwehrmann (m)	rāgel el maṭāfy (m)	راجل المطافي
Feuerwehrauto (n)	sayāret el maṭāfy (f)	سيّارة المطافي
Feuerwehr (f)	ʾesm el maṭāfy (f)	قسم المطافي
Drehleiter (f)	sellem el maṭāfy (m)	سلّم المطافي
Feuerwehrschlauch (m)	χarṭūm el mayya (m)	خرطوم الميّة
Feuerlöscher (m)	ṭaffayet ḥarīʾ (f)	طفّاية حريق
Helm (m)	χawza (f)	خوذة
Sirene (f)	sarīna (f)	سرينة
schreien (vi)	ṣarraχ	صرّخ
um Hilfe rufen	estaɣās	إستغاث
Retter (m)	monqez (m)	منقذ
retten (vt)	anqaz	أنقذ
ankommen (vi)	weṣel	وصل
löschen (vt)	ṭaffa	طفّى
Wasser (n)	meyāh (f)	مياه
Sand (m)	raml (m)	رمل
Trümmer (pl)	ḥeṭām (pl)	حطام
zusammenbrechen (vi)	enhār	إنهار
einfallen (vi)	enhār	إنهار
einstürzen (Decke)	enhār	إنهار
Bruchstück (n)	ʾeṭʿet ḥeṭām (f)	قطعة حطام
Asche (f)	ramād (m)	رماد
ersticken (vi)	eθχanaʾ	إتخنق
ums Leben kommen	māt	مات

AKTIVITÄTEN DES MENSCHEN

Beruf. Geschäft. Teil 1

103. Büro. Arbeiten im Büro

Büro (Firmensitz)	maktab (m)	مكتب
Büro (~ des Direktors)	maktab (m)	مكتب
Rezeption (f)	este'bāl (m)	إستقبال
Sekretär (m)	sekerteyr (m)	سكرتير
Direktor (m)	modīr (m)	مدير
Manager (m)	modīr (m)	مدير
Buchhalter (m)	muḥāseb (m)	محاسب
Mitarbeiter (m)	mowazzaf (m)	موظّف
Möbel (n)	asās (m)	أثاث
Tisch (m)	maktab (m)	مكتب
Schreibtischstuhl (m)	korsy (m)	كرسي
Rollcontainer (m)	weḥdet adrāg (f)	وحدة أدراج
Kleiderständer (m)	ʃammāʿa (f)	شمّاعة
Computer (m)	kombuter (m)	كمبيوتر
Drucker (m)	ṭābeʿa (f)	طابعة
Fax (n)	faks (m)	فاكس
Kopierer (m)	'ālet nasχ (f)	آلة نسخ
Papier (n)	wara' (m)	ورق
Büromaterial (n)	adawāt maktabiya (pl)	أدوات مكتبية
Mousepad (n)	maws bād (m)	ماوس باد
Blatt (n) Papier	wara'a (f)	ورقة
Ordner (m)	malaff (m)	ملفّ
Katalog (m)	fehras (m)	فهرس
Adressbuch (n)	dalīl el telefone (m)	دليل التليفون
Dokumentation (f)	wasā'eq (pl)	وثائق
Broschüre (f)	naʃra (f)	نشرة
Flugblatt (n)	manʃūr (m)	منشور
Muster (n)	namūzag (m)	نموذج
Training (n)	egtemāʿ tadrīb (m)	إجتماع تدريب
Meeting (n)	egtemāʿ (m)	إجتماع
Mittagspause (f)	fatret el ɣada' (f)	فترة الغذاء
eine Kopie machen	ṣawwar	صوّر
vervielfältigen (vt)	ṣawwar	صوّر
ein Fax bekommen	estalam faks	إستلم فاكس
ein Fax senden	baʿat faks	بعت فاكس
anrufen (vt)	ettaṣal	إتّصل

antworten (vi)	gāwab	جاوب
verbinden (vt)	waṣṣal	وصّل
ausmachen (vt)	ḥadded	حدّد
demonstrieren (vt)	'araḍ	عرض
fehlen (am Arbeitsplatz ~)	ɣāb	غاب
Abwesenheit (f)	ɣeyāb (m)	غياب

104. Geschäftsabläufe. Teil 1

Angelegenheit (f)	ʃoɣl (m)	شغل
Firma (f)	ʃerka (f)	شركة
Gesellschaft (f)	ʃerka (f)	شركة
Konzern (m)	mo'assasa tegariya (f)	مؤسسة تجارية
Unternehmen (n)	ʃerka (f)	شركة
Agentur (f)	wekāla (f)	وكالة
Vereinbarung (f)	ettefaqiya (f)	إتّفاقية
Vertrag (m)	'a'd (m)	عقد
Geschäft (Transaktion)	ṣafqa (f)	صفقة
Auftrag (Bestellung)	ṭalab (m)	طلب
Bedingung (f)	ʃorūṭ (pl)	شروط
en gros (im Großen)	bel gomla	بالجملة
Großhandels-	el gomla	الجملة
Großhandel (m)	bey' bel gomla (m)	بيع بالجملة
Einzelhandels-	yebee' bel tagze'a	يبيع بالتجزئة
Einzelhandel (m)	maḥal yebee' bel tagze'a (m)	محل يبيع بالتجزئة
Konkurrent (m)	monāfes (m)	منافس
Konkurrenz (f)	monafsa (f)	منافسة
konkurrieren (vi)	nāfes	نافس
Partner (m)	ʃerīk (m)	شريك
Partnerschaft (f)	ʃarāka (f)	شراكة
Krise (f)	azma (f)	أزمة
Bankrott (m)	eflās (m)	إفلاس
Bankrott machen	falles	فلّس
Schwierigkeit (f)	ṣo'ūba (f)	صعوبة
Problem (n)	moʃkela (f)	مشكلة
Katastrophe (f)	karsa (f)	كارثة
Wirtschaft (f)	eqtiṣād (m)	إقتصاد
wirtschaftlich	eqteṣādy	إقتصادي
Rezession (f)	rokūd eqteṣādy (m)	ركود إقتصادي
Ziel (n)	hadaf (m)	هدف
Aufgabe (f)	mohemma (f)	مهمّة
handeln (Handel treiben)	tāger	تاجر
Netz (Verkaufs-)	ʃabaka (f)	شبكة
Lager (n)	el maχzūn (m)	المخزون
Sortiment (n)	taʃkīla (f)	تشكيلة

führende Unternehmen (n)	qā'ed (m)	قائد
groß (-e Firma)	kebīr	كبير
Monopol (n)	eḥtekār (m)	إحتكار
Theorie (f)	naẓariya (f)	نظريّة
Praxis (f)	momarsa (f)	ممارسة
Erfahrung (f)	χebra (f)	خبرة
Tendenz (f)	ettegāh (m)	إتّجاه
Entwicklung (f)	tanmeya (f)	تنمية

105. Geschäftsabläufe. Teil 2

Vorteil (m)	rebḥ (m)	ربح
vorteilhaft	morbeḥ	مربح
Delegation (f)	wafd (m)	وفد
Lohn (m)	morattab (m)	مرتّب
korrigieren (vt)	ṣaḥḥaḥ	صحّح
Dienstreise (f)	reḥlet 'amal (f)	رحلة عمل
Kommission (f)	lagna (f)	لجنة
kontrollieren (vt)	et-ḥakkem	إتحكّم
Konferenz (f)	mo'tamar (m)	مؤتمر
Lizenz (f)	roχṣa (f)	رخصة
zuverlässig	mawsūq	موثوق
Initiative (f)	mobadra (f)	مبادرة
Norm (f)	me'yār (m)	معيار
Umstand (m)	ẓarf (m)	ظرف
Pflicht (f)	wāgeb (m)	واجب
Unternehmen (n)	monaẓẓama (f)	منظّمة
Organisation (Prozess)	tanẓīm (m)	تنظيم
organisiert (Adj)	monaẓẓam	منظّم
Abschaffung (f)	elɣā' (m)	إلغاء
abschaffen (vt)	alɣa	ألغى
Bericht (m)	ta'rīr (m)	تقرير
Patent (n)	bara'et el eχterā' (f)	براءة الإختراع
patentieren (vt)	saggel barā'et eχterā'	سجّل براءة الإختراع
planen (vt)	χaṭṭeṭ	خطّط
Prämie (f)	'alāwa (f)	علاوة
professionell	mehany	مهني
Prozedur (f)	egrā' (m)	إجراء
prüfen (Vertrag ~)	baḥs fi	بحث في
Berechnung (f)	ḥesāb (m)	حساب
Ruf (m)	som'a (f)	سمعة
Risiko (n)	moχaṭra (f)	مخاطرة
leiten (vt)	adār	أدار
Informationen (pl)	ma'lumāt (pl)	معلومات
Eigentum (n)	melkiya (f)	ملكيّة

Bund (m)	etteḥād (m)	إتّحاد
Lebensversicherung (f)	ta'mīn 'alal ḥayah (m)	تأمين على الحياة
versichern (vt)	ammen	أمّن
Versicherung (f)	ta'mīn (m)	تأمين
Auktion (f)	mazād (m)	مزاد
benachrichtigen (vt)	ballaɣ	بلّغ
Verwaltung (f)	edāra (f)	إدارة
Dienst (m)	χadma (f)	خدمة
Forum (n)	nadwa (f)	ندوة
funktionieren (vi)	adda waẓīfa	أدّى وظيفة
Etappe (f)	marḥala (f)	مرحلة
juristisch	qanūniya	قانونية
Jurist (m)	muḥāmy (m)	محامي

106. Fertigung. Arbeiten

Werk (n)	maṣna' (m)	مصنع
Fabrik (f)	maṣna' (m)	مصنع
Werkstatt (f)	warʃa (f)	ورشة
Betrieb (m)	maṣna' (m)	مصنع
Industrie (f)	ṣenā'a (f)	صناعة
Industrie-	ṣenā'y	صناعي
Schwerindustrie (f)	ṣenā'a te'īla (f)	صناعة ثقيلة
Leichtindustrie (f)	ṣenā'a χafīfa (f)	صناعة خفيفة
Produktion (f)	montagāt (pl)	منتجات
produzieren (vt)	antag	أنتج
Rohstoff (m)	mawād χām (pl)	مواد خام
Vorarbeiter (m), Meister (m)	ra'īs el 'ommāl (m)	رئيس العمّال
Arbeitsteam (n)	farī' el 'ommāl (m)	فريق العمّال
Arbeiter (m)	'āmel (m)	عامل
Arbeitstag (m)	yome 'amal (m)	يوم عمل
Pause (f)	rāḥa (f)	راحة
Versammlung (f)	egtemā' (m)	إجتماع
besprechen (vt)	nā'eʃ	ناقش
Plan (m)	χeṭṭa (f)	خطّة
den Plan erfüllen	naffez el χeṭṭa	نفّذ الخطّة
Arbeitsertrag (m)	mo'addal el entāg (m)	معدّل الإنتاج
Qualität (f)	gawda (f)	جودة
Prüfung, Kontrolle (f)	taftīʃ (m)	تفتيش
Gütekontrolle (f)	ḍabṭ el gawda (m)	ضبط الجودة
Arbeitsplatzsicherheit (f)	salāmet makān el 'amal (f)	سلامة مكان العمل
Disziplin (f)	enḍebāṭ (m)	إنضباط
Übertretung (f)	moχalfa (f)	مخالفة
übertreten (vt)	χālef	خالف
Streik (m)	eḍrāb (m)	إضراب
Streikender (m)	moḍrab (m)	مضرب

streiken (vi)	aḍrab	أضرب
Gewerkschaft (f)	etteḥād el ʿomāl (m)	إتّحاد العمال
erfinden (vt)	eχtaraʿ	إخترع
Erfindung (f)	eχterāʿ (m)	إختراع
Erforschung (f)	baḥs (m)	بحث
verbessern (vt)	ḥassen	حسّن
Technologie (f)	teknoloʒia (f)	تكنولوجيا
technische Zeichnung (f)	rasm teqany (m)	رسم تقني
Ladung (f)	ʃaḥn (m)	شحن
Ladearbeiter (m)	ʃayāl (m)	شيّال
laden (vt)	ʃaḥn	شحن
Beladung (f)	taḥmīl (m)	تحميل
entladen (vt)	farraɣ	فرّغ
Entladung (f)	tafrīɣ (m)	تفريغ
Transport (m)	wasāʾel el naʾl (pl)	وسائل النقل
Transportunternehmen (n)	ʃerket naʾl (f)	شركة نقل
transportieren (vt)	naʾal	نقل
Güterwagen (m)	ʿarabet ʃaḥn (f)	عربة شحن
Zisterne (f)	χazzān (m)	خزّان
Lastkraftwagen (m)	ʃāḥena (f)	شاحنة
Werkzeugmaschine (f)	makana (f)	مكنة
Mechanismus (m)	ʾāliya (f)	آليّة
Industrieabfälle (pl)	moχallafāt ṣenaʿiya (pl)	مخلفات صناعية
Verpacken (n)	taʿbeʾa (f)	تعبئة
verpacken (vt)	ʿabba	عبّأ

107. Vertrag. Zustimmung

Vertrag (m), Auftrag (m)	ʿaʾd (m)	عقد
Vereinbarung (f)	ettefāʾ (m)	إتّفاق
Anhang (m)	molḥaʾ (m)	ملحق
einen Vertrag abschließen	waqqaʿ ʿala ʿaʾd	وقّع على عقد
Unterschrift (f)	tawqeeʿ (m)	توقيع
unterschreiben (vt)	waqqaʿ	وقّع
Stempel (m)	χetm (m)	ختم
Vertragsgegenstand (m)	mawḍūʿ el ʿaʾd (m)	موضوع العقد
Punkt (m)	band (m)	بند
Parteien (pl)	aṭrāf (pl)	أطراف
rechtmäßige Anschrift (f)	ʿenwān qanūny (m)	عنوان قانوني
Vertrag brechen	χālef el ʿaʾd	خالف العقد
Verpflichtung (f)	eltezām (m)	إلتزام
Verantwortlichkeit (f)	masʾoliya (f)	مسؤوليّة
Force majeure (f)	ʾowwa qāhera (m)	قوّة قاهرة
Streit (m)	χelāf (m)	خلاف
Strafsanktionen (pl)	ʿoqobāt (pl)	عقوبات

108. Import & Export

Import (m)	esterād (m)	إستيراد
Importeur (m)	mostawred (m)	مستوّرد
importieren (vt)	estawrad	إستوّرد
Import-	wāred	وارد
Export (m)	taṣdīr (m)	تصدير
Exporteur (m)	moṣadder (m)	مصدّر
exportieren (vt)	ṣaddar	صدّر
Export-	sādir	صادر
Waren (pl)	badā'e' (pl)	بضائع
Partie (f), Ladung (f)	ʃoḥna (f)	شحنة
Gewicht (n)	wazn (m)	وزن
Volumen (n)	ḥagm (m)	حجم
Kubikmeter (m)	metr moka''ab (m)	متر مكعّب
Hersteller (m)	el ʃerka el moṣanne'a (f)	الشركة المصنّعة
Transportunternehmen (n)	ʃerket na'l (f)	شركة نقل
Container (m)	ḥāweya (f)	حاوية
Grenze (f)	ḥadd (m)	حدّ
Zollamt (n)	gamārek (pl)	جمارك
Zoll (m)	rasm gomroky (m)	رسم جمركي
Zollbeamter (m)	mowazzaf el gamārek (m)	موظّف الجمارك
Schmuggel (m)	tahrīb (m)	تهريب
Schmuggelware (f)	beḍā'a moharraba (pl)	بضاعة مهربة

109. Finanzen

Aktie (f)	sahm (m)	سهم
Obligation (f)	sanad (m)	سند
Wechsel (m)	kembyāla (f)	كمبيالة
Börse (f)	borṣa (f)	بورصة
Aktienkurs (m)	se'r el sahm (m)	سعر السهم
billiger werden	reχeṣ	رخص
teuer werden	ʃely	غلي
Anteil (m)	naṣīb (m)	نصيب
Mehrheitsbeteiligung (f)	el magmū'a el mosayṭara (f)	المجموعة المسيطرة
Investitionen (pl)	estesmār (pl)	إستثمار
investieren (vt)	estasmar	إستثمر
Prozent (n)	bel me'a - bel miya	بالمئة
Zinsen (pl)	fayda (f)	فائدة
Gewinn (m)	rebḥ (m)	ربح
gewinnbringend	morbeḥ	مربح
Steuer (f)	ḍarība (f)	ضريبة
Währung (f)	'omla (f)	عملة

Landes-	waṭany	وطني
Geldumtausch (m)	taḥwīl (m)	تحويل
Buchhalter (m)	muḥāseb (m)	محاسب
Buchhaltung (f)	maḥasba (f)	محاسبة
Bankrott (m)	eflās (m)	إفلاس
Zusammenbruch (m)	enheyār (m)	إنهيار
Pleite (f)	eflās (m)	إفلاس
pleite gehen	falles	فلّس
Inflation (f)	taḍakχom māly (m)	تضخّم مالي
Abwertung (f)	taχfīḍ qīmet ʿomla (m)	تخفيض قيمة عملة
Kapital (n)	ra's māl (m)	رأس مال
Einkommen (n)	daχl (m)	دخل
Umsatz (m)	dawret ra's el māl (f)	دورة رأس المال
Mittel (Reserven)	mawāred (pl)	موارد
Geldmittel (pl)	el mawāred el naqdiya (pl)	الموارد النقديّة
Gemeinkosten (pl)	nafa'āt ʿāmma (pl)	نفقات عامّة
reduzieren (vt)	χaffaḍ	خفّض

110. Marketing

Marketing (n)	taswī' (m)	تسويق
Markt (m)	sū' (f)	سوق
Marktsegment (n)	qaṭāʿ el sū' (m)	قطاع السوق
Produkt (n)	montag (m)	منتج
Waren (pl)	baḍā'eʿ (pl)	بضائع
Schutzmarke (f)	mārka (f)	ماركة
Handelsmarke (f)	marka tegāriya (f)	ماركة تجاريّة
Firmenzeichen (n)	ʃeʿār (m)	شعار
Logo (n)	ʃeʿār (m)	شعار
Nachfrage (f)	ṭalab (m)	طلب
Angebot (n)	mUʿİddāt (pl)	معدّات
Bedürfnis (n)	ḥāga (f)	حاجة
Verbraucher (m)	mostahlek (m)	مستهلك
Analyse (f)	taḥlīl (m)	تحليل
analysieren (vt)	ḥallel	حلّل
Positionierung (f)	waḍʿ (m)	وضع
positionieren (vt)	waḍaʿ	وضع
Preis (m)	seʿr (m)	سعر
Preispolitik (f)	seyāset el asʿār (f)	سياسة الأسعار
Preisbildung (f)	taʃkīl el asʿār (m)	تشكيل الأسعار

111. Werbung

Werbung (f)	eʿlān (m)	إعلان
werben (vt)	aʿlan	أعلن

Budget (n)	mezaniya (f)	ميزانية
Werbeanzeige (f)	e'lān (m)	إعلان
Fernsehwerbung (f)	e'lān fel televiziōn (m)	إعلان في التليفزيون
Radiowerbung (f)	e'lān fel radio (m)	إعلان في الراديو
Außenwerbung (f)	e'lān zahery (m)	إعلان ظاهري
Massenmedien (pl)	wasā'el el e'lām (pl)	وسائل الإعلام
Zeitschrift (f)	magalla dawriya (f)	مجلّة دوريّة
Image (n)	imyʒ (m)	إيميج
Losung (f)	ʃe'ār (m)	شعار
Motto (n)	ʃe'ār (m)	شعار
Kampagne (f)	ḥamla (f)	حملة
Werbekampagne (f)	ḥamla e'laniya (f)	حملة إعلانيّة
Zielgruppe (f)	magmū'a mostahdafa (f)	مجموعة مستهدفة
Visitenkarte (f)	kart el 'amal (m)	كارت العمل
Flugblatt (n)	manʃūr (m)	منشور
Broschüre (f)	naʃra (f)	نشرة
Faltblatt (n)	kotayeb (m)	كتيّب
Informationsblatt (n)	naʃra eχbariya (f)	نشرة إخبارية
Firmenschild (n)	yafṭa, lāfeta (f)	لافتة, يافطة
Plakat (n)	boster (m)	بوستر
Werbeschild (n)	lawḥet e'lanāt (f)	لوحة إعلانات

112. Bankgeschäft

Bank (f)	bank (m)	بنك
Filiale (f)	far' (m)	فرع
Berater (m)	mowazzaf bank (m)	موظّف بنك
Leiter (m)	modīr (m)	مدير
Konto (n)	ḥesāb bank (m)	حساب بنك
Kontonummer (f)	raqam el ḥesāb (m)	رقم الحساب
Kontokorrent (n)	ḥesāb gāry (m)	حساب جاري
Sparkonto (n)	ḥesāb tawfīr (m)	حساب توفير
ein Konto eröffnen	fataḥ ḥesāb	فتح حساب
das Konto schließen	'afal ḥesāb	قفل حساب
einzahlen (vt)	awda' fel ḥesāb	أودع في الحساب
abheben (vt)	saḥab men el ḥesāb	سحب من الحساب
Einzahlung (f)	wadee'a (f)	وديعة
eine Einzahlung machen	awda'	أودع
Überweisung (f)	ḥewāla maṣrefiya (f)	حوالة مصرفيّة
überweisen (vt)	ḥawwel	حوّل
Summe (f)	mablaɣ (m)	مبلغ
Wieviel?	kām?	كام؟
Unterschrift (f)	tawqee' (m)	توقيع
unterschreiben (vt)	waqqa'	وقّع

Kreditkarte (f)	kredit kard (f)	كريدت كارد
Code (m)	kōd (m)	كود
Kreditkartennummer (f)	raqam el kredit kard (m)	رقم الكريدت كارد
Geldautomat (m)	makinet ṣarrāf 'āly (f)	ماكينة صرّاف آلي
Scheck (m)	ʃīk (m)	شيك
einen Scheck schreiben	katab ʃīk	كتب شيك
Scheckbuch (n)	daftar ʃikāt (m)	دفتر شيكات
Darlehen (m)	qarḍ (m)	قرض
ein Darlehen beantragen	'addem ṭalab 'ala qarḍ	قدّم طلب على قرض
ein Darlehen aufnehmen	ḥaṣal 'ala qarḍ	حصل على قرض
ein Darlehen geben	edda qarḍ	ادّى قرض
Sicherheit (f)	ḍamān (m)	ضمان

113. Telefon. Telefongespräche

Telefon (n)	telefon (m)	تليفون
Mobiltelefon (n)	mobile (m)	موبايل
Anrufbeantworter (m)	gehāz radd 'alal mokalmāt (m)	جهاز ردّ على المكالمات
anrufen (vt)	ettaṣal	إتّصل
Anruf (m)	mokalma telefoniya (f)	مكالمة تليفونية
eine Nummer wählen	ettaṣal be raqam	إتّصل برقم
Hallo!	alo!	ألو!
fragen (vt)	sa'al	سأل
antworten (vi)	radd	ردّ
hören (vt)	seme'	سمع
gut (~ aussehen)	kewayes	كويّس
schlecht (Adv)	meʃ kowayīs	مش كويّس
Störungen (pl)	taʃwīʃ (m)	تشويش
Hörer (m)	sammā'a (f)	سمّاعة
den Hörer abnehmen	rafa' el sammā'a	رفع السمّاعة
auflegen (den Hörer ~)	'afal el sammā'a	قفل السمّاعة
besetzt	maʃɣūl	مشغول
läuten (vi)	rann	رنّ
Telefonbuch (n)	dalīl el telefone (m)	دليل التليفون
Orts-	maḥalliyya	ة محلّيّة
Ortsgespräch (n)	mokalma maḥalliya (f)	مكالمة محلّيّة
Auslands-	dowly	دوّلي
Auslandsgespräch (n)	mokalma dowliya (f)	مكالمة دوليّة
Fern-	bi'īd	بعيد
Ferngespräch (n)	mokalma bi'īda (f)	مكالمة بعيدة المدى

114. Mobiltelefon

Mobiltelefon (n)	mobile (m)	موبايل
Display (n)	'arḍ (m)	عرض

Knopf (m)	zerr (m)	زرّ
SIM-Karte (f)	sim kard (m)	سيم كارد
Batterie (f)	baṭṭariya (f)	بطّاريّة
leer sein (Batterie)	χelṣet	خلصت
Ladegerät (n)	ʃāḥen (m)	شاحن
Menü (n)	qā'ema (f)	قائمة
Einstellungen (pl)	awḍā' (pl)	أوضاع
Melodie (f)	naɣama (f)	نغمة
auswählen (vt)	eχtār	إختار
Rechner (m)	'āla ḥasba (f)	آلة حاسبة
Anrufbeantworter (m)	barīd ṣawty (m)	بريد صوتي
Wecker (m)	monabbeh (m)	منبّه
Kontakte (pl)	gehāt el etteṣāl (pl)	جهات الإتّصال
SMS-Nachricht (f)	resāla 'aṣīra ɛsɛmɛs (f)	sms رسالة قصيرة
Teilnehmer (m)	moʃtarek (m)	مشترك

115. Bürobedarf

Kugelschreiber (m)	'alam gāf (m)	قلم جاف
Federhalter (m)	'alam rīʃa (m)	قلم ريشة
Bleistift (m)	'alam roṣāṣ (m)	قلم رصاص
Faserschreiber (m)	markar (m)	ماركر
Filzstift (m)	'alam fulumaster (m)	قلم فلوماستر
Notizblock (m)	mozakkera (f)	مذكّرة
Terminkalender (m)	gadwal el a'māl (m)	جدول الأعمال
Lineal (n)	masṭara (f)	مسطرة
Rechner (m)	'āla ḥasba (f)	آلة حاسبة
Radiergummi (m)	astīka (f)	استيكة
Reißzwecke (f)	dabbūs (m)	دبّوس
Heftklammer (f)	dabbūs wara' (m)	دبّوس ورق
Klebstoff (m)	ṣamɣ (m)	صمغ
Hefter (m)	dabbāsa (f)	دبّاسة
Locher (m)	χarrāma (m)	خرّامة
Bleistiftspitzer (m)	barrāya (f)	برّاية

116. Verschiedene Dokumente

Bericht (m)	ta'rīr (m)	تقرير
Abkommen (n)	ettefā' (m)	إتّفاق
Anmeldeformular (n)	estemāret ṭalab (m)	إستمارة طلب
Original-	aṣly	أصلي
Namensschild (n)	ʃāra (f)	شارة
Visitenkarte (f)	kart el 'amal (m)	كارت العمل
Zertifikat (n)	ʃahāda (f)	شهادة

Scheck (m)	ʃīk (m)	شيك
Rechnung (im Restaurant)	ḥesāb (m)	حساب
Verfassung (f)	dostūr (m)	دستور
Vertrag (m)	ʿa'd (m)	عقد
Kopie (f)	ṣūra (f)	صورة
Kopie (~ des Vertrages)	nosχa (f)	نسخة
Zolldeklaration (f)	taṣrīḥ gomroky (m)	تصريح جمركي
Dokument (n)	wasīqa (f)	وثيقة
Führerschein (m)	roχṣet el qeyāda (f)	رخصة قيادة
Anlage (f)	molḥaʾ (m)	ملحق
Fragebogen (m)	estemāra (f)	استمارة
Ausweis (m)	beṭāʾet el hawiya (f)	بطاقة الهويّة
Anfrage (f)	estefsār (m)	إستفسار
Einladungskarte (f)	beṭāʾet daʿwa (f)	بطاقة دعوة
Rechnung (von Firma)	fatūra (f)	فاتورة
Gesetz (n)	qanūn (m)	قانون
Brief (m)	resāla (f)	رسالة
Briefbogen (n)	tarwīsa (f)	ترويسة
Liste (schwarze ~)	qāʾema (f)	قائمة
Manuskript (n)	maχṭūṭa (f)	مخطوطة
Informationsblatt (n)	naʃra eχbariya (f)	نشرة إخبارية
Zettel (m)	nouta (f)	نوتة
Passierschein (m)	beṭāʾet morūr (f)	بطاقة مرور
Pass (m)	basbore (m)	باسبور
Erlaubnis (f)	roχṣa (f)	رخصة
Lebenslauf (m)	sīra zātiya (f)	سيرة ذاتيّة
Schuldschein (m)	mozakkeret deyn (f)	مذكّرة دين
Quittung (f)	eṣāl (m)	إيصال
Kassenzettel (m)	eṣāl (m)	إيصال
Bericht (m)	ta'rīr (m)	تقرير
vorzeigen (vt)	ʾaddem	قدّم
unterschreiben (vt)	waqqaʿ	وقّع
Unterschrift (f)	tawqeeʿ (m)	توقيع
Stempel (m)	χetm (m)	ختم
Text (m)	noṣṣ (m)	نص
Eintrittskarte (f)	tazkara (f)	تذكرة
streichen (vt)	ʃaṭab	شطب
ausfüllen (vt)	mala	ملأ
Frachtbrief (m)	bolīṣet ʃaḥn (f)	بوليصة شحن
Testament (n)	waṣiya (f)	وصيّة

117. Geschäftsarten

Buchführung (f)	χedamāt moḥasba (pl)	خدمات محاسبة
Werbung (f)	eʿlān (m)	إعلان
Werbeagentur (f)	wekālet eʿlān (f)	وكالة إعلان

Klimaanlagen (pl)	takyīf (m)	تكييف
Fluggesellschaft (f)	ʃerket ṭayarān (f)	شركة طيران
Spirituosen (pl)	maʃrūbāt koḥūliya (pl)	مشروبات كحوليّة
Antiquitäten (pl)	toḥaf (pl)	تحف
Kunstgalerie (f)	maʿraḍ fanny (m)	معرض فنّي
Rechnungsprüfung (f)	χedamāt faḥṣ el ḥesābāt (pl)	خدمات فحص الحسابات
Bankwesen (n)	el qeṭāʿ el maṣrefy (m)	القطاع المصرفي
Bar (f)	bār (m)	بار
Schönheitssalon (m)	ṣalone tagmīl (m)	صالون تجميل
Buchhandlung (f)	maḥal kotob (m)	محل كتب
Bierbrauerei (f)	maṣnaʿ bīra (m)	مصنع بيرة
Bürogebäude (n)	markaz tegāry (m)	مركز تجاري
Business-Schule (f)	kolliyet edāret el aʿmāl (f)	كليّة إدارة الأعمال
Kasino (n)	kazino (m)	كازينو
Bau (m)	benāʾ (m)	بناء
Beratung (f)	esteʃāra (f)	إستشارة
Stomatologie (f)	ʿeyādet asnān (f)	عيادة أسنان
Design (n)	taṣmīm (m)	تصميم
Apotheke (f)	ṣaydaliya (f)	صيدليّة
chemische Reinigung (f)	dray klīn (m)	دراي كلين
Personalagentur (f)	wekālet tawẓīf (f)	وكالة توّظيف
Finanzdienstleistungen (pl)	χedamāt māliya (pl)	خدمات ماليّة
Nahrungsmittel (pl)	akl (m)	أكل
Bestattungsinstitut (n)	maktab motaʿahhed el dafn (m)	مكتب متعهّد الدفن
Möbel (n)	asās (m)	أثاث
Kleidung (f)	malābes (pl)	ملابس
Hotel (n)	fondoʾ (m)	فندق
Eis (n)	ʾays krīm (m)	آيس كريم
Industrie (f)	ṣenāʿa (f)	صناعة
Versicherung (f)	taʾmīn (m)	تأمين
Internet (n)	internet (m)	إنترنت
Investitionen (pl)	estesmarāt (pl)	إستثمارات
Juwelier (m)	ṣāʾeɣ (m)	صائغ
Juwelierwaren (pl)	mogawharāt (pl)	مجوّهرات
Wäscherei (f)	maɣsala (f)	مغسلة
Rechtsberatung (f)	χedamāt qanūniya (pl)	خدمات قانونيّة
Leichtindustrie (f)	ṣenāʿa χafīfa (f)	صناعة خفيفة
Zeitschrift (f)	magalla (f)	مجلّة
Versandhandel (m)	beyʿ be neẓām el barīd (m)	بيع بنظام البريد
Medizin (f)	ṭebb (m)	طبّ
Kino (Filmtheater)	sinema (f)	سينما
Museum (n)	mat-ḥaf (m)	متحف
Nachrichtenagentur (f)	wekāla eχbariya (f)	وكالة إخبارية
Zeitung (f)	garīda (f)	جريدة
Nachtklub (m)	malha leyly (m)	ملهى ليّلي
Erdöl (n)	nafṭ (m)	نفط

Kurierdienst (m)	χedamāt el ʃaḥn (pl)	خدمات الشحن
Pharmaindustrie (f)	ṣaydala (f)	صيدلة
Druckindustrie (f)	ṭebāʿa (f)	طباعة
Verlag (m)	dar el ṭebāʿa wel naʃr (f)	دار الطباعة والنشر
Rundfunk (m)	radio (m)	راديو
Immobilien (pl)	ʿeqarāt (pl)	عقارات
Restaurant (n)	maṭʿam (m)	مطعم
Sicherheitsagentur (f)	ʃerket amn (f)	شركة أمن
Sport (m)	reyāḍa (f)	رياضة
Börse (f)	borṣa (f)	بورصة
Laden (m)	maḥal (m)	محل
Supermarkt (m)	subermarket (m)	سوبرماركت
Schwimmbad (n)	ḥammām sebāḥa (m)	حمّام سباحة
Atelier (n)	maḥal χeyāṭa (m)	محل خياطة
Fernsehen (n)	televizion (m)	تليفزيون
Theater (n)	masraḥ (m)	مسرح
Handel (m)	tegāra (f)	تجارة
Transporte (pl)	wasāʾel el naʾl (pl)	وسائل النقل
Reisen (pl)	safar (m)	سفر
Tierarzt (m)	doktore beṭary (m)	دكتور بيطري
Warenlager (n)	mostawdaʿ (m)	مستودع
Müllabfuhr (f)	gamaʿ el nefayāt (m)	جمع النفايات

Arbeit. Geschäft. Teil 2

118. Show. Ausstellung

Ausstellung (f)	maʿraḍ (m)	معرض
Handelsausstellung (f)	maʿraḍ tegāry (m)	معرض تجاري
Teilnahme (f)	eʃterāk (m)	إشتراك
teilnehmen (vi)	ʃārek	شارك
Teilnehmer (m)	moʃtarek (m)	مشترك
Direktor (m)	modīr (m)	مدير
Messeverwaltung (f)	maktab el monaẓẓemīn (m)	مكتب المنظّمين
Organisator (m)	monazzem (m)	منظّم
veranstalten (vt)	nazzam	نظّم
Anmeldeformular (n)	estemāret el eʃterak (f)	إستمارة الإشتراك
ausfüllen (vt)	mala	ملأ
Details (pl)	tafaṣīl (pl)	تفاصيل
Information (f)	esteʿlamāt (pl)	إستعلامات
Preis (m)	seʿr (m)	سعر
einschließlich	bema feyh	بما فيه
einschließen (vt)	taḍamman	تضمّن
zahlen (vt)	dafaʿ	دفع
Anmeldegebühr (f)	rosūm el tasgīl (pl)	رسوم التسجيل
Eingang (m)	madχal (m)	مدخل
Pavillon (m)	genāḥ (m)	جناح
registrieren (vt)	saggel	سجّل
Namensschild (n)	ʃāra (f)	شارة
Stand (m)	koʃk (m)	كشك
reservieren (vt)	ḥagaz	حجز
Vitrine (f)	vatrīna (f)	فترينة
Strahler (m)	kasʃāf el nūr (m)	كشّاف النور
Design (n)	taṣmīm (m)	تصميم
stellen (vt)	ḥaṭṭ	حطّ
Distributor (m)	mowazzeʿ (m)	موزّع
Lieferant (m)	mowarred (m)	مورّد
Land (n)	balad (m)	بلد
ausländisch	agnaby	أجنبي
Produkt (n)	montag (m)	منتج
Assoziation (f)	gamʿiya (f)	جمعيّة
Konferenzraum (m)	qāʿet el moʿtamarāt (f)	قاعة المؤتمرات
Kongress (m)	moʾtamar (m)	مؤتمر

Wettbewerb (m)	mosab'a (f)	مسابقة
Besucher (m)	zā'er (m)	زائر
besuchen (vt)	ḥaḍar	حضر
Auftraggeber (m)	zobūn (m)	زبون

119. Massenmedien

Zeitung (f)	garīda (f)	جريدة
Zeitschrift (f)	magalla (f)	مجلّة
Presse (f)	ṣaḥāfa (f)	صحافة
Rundfunk (m)	radio (m)	راديو
Rundfunkstation (f)	maḥaṭṭet radio (f)	محطّة راديو
Fernsehen (n)	televizion (m)	تليفزيون
Moderator (m)	mo'addem (m)	مقدّم
Sprecher (m)	mozee' (m)	مذيع
Kommentator (m)	mo'alleq (m)	معلّق
Journalist (m)	ṣaḥafy (m)	صحفي
Korrespondent (m)	morāsel (m)	مراسل
Bildberichterstatter (m)	moṣawwer ṣaḥafy (m)	مصوّر صحفي
Reporter (m)	ṣaḥafy (m)	صحفي
Redakteur (m)	moḥarrer (m)	محرّر
Chefredakteur (m)	ra'īs taḥrīr (m)	رئيس تحرير
abonnieren (vt)	eʃtarak	إشترك
Abonnement (n)	eʃterāk (m)	إشتراك
Abonnent (m)	moʃtarek (m)	مشترك
lesen (vi, vt)	'ara	قرأ
Leser (m)	qāre' (m)	قارئ
Auflage (f)	tadāwol (m)	تداول
monatlich (Adj)	ʃahry	شهري
wöchentlich (Adj)	osbū'y	أسبوعي
Ausgabe (Zeitschrift)	'adad (m)	عدد
neueste (~ Ausgabe)	gedīd	جديد
Titel (m)	'enwān (m)	عنوان
Notiz (f)	maqāla saɣīra (f)	مقالة قصيرة
Rubrik (f)	'amūd (m)	عمود
Artikel (m)	maqāla (f)	مقالة
Seite (f)	ṣafḥa (f)	صفحة
Reportage (f)	rebortāʒ (m)	ريبورتاج
Ereignis (n)	ḥadass (m)	حدث
Sensation (f)	ḍagga (f)	ضجّة
Skandal (m)	feḍīḥa (f)	فضيحة
skandalös	fāḍeḥ	فاضح
groß (-er Skandal)	ʃahīr	شهير
Sendung (f)	barnāmeg (m)	برنامج
Interview (n)	leqā' ṣaḥafy (m)	لقاء صحفي
Live-Übertragung (f)	ezā'a mobāʃera (f)	إذاعة مباشرة
Kanal (m)	qanah (f)	قناة

120. Landwirtschaft

Landwirtschaft (f)	zerā'a (f)	زراعة
Bauer (m)	fallāḥ (m)	فلاّح
Bäuerin (f)	fallāḥa (f)	فلاّحة
Farmer (m)	mozāre' (m)	مزارع
Traktor (m)	garrār (m)	جرّار
Mähdrescher (m)	ḥaṣṣāda (f)	حصّادة
Pflug (m)	meḥrās (m)	محراث
pflügen (vt)	ḥaras	حرث
Acker (m)	ḥaql maḥrūθ (m)	حقل محروث
Furche (f)	talem (m)	تلم
säen (vt)	bezr	بذر
Sämaschine (f)	bazzara (f)	بذّارة
Saat (f)	zar' (m)	زرع
Sense (f)	meḥasʃ (m)	محشّ
mähen (vt)	ḥasʃ	حشّ
Schaufel (f)	karīk (m)	كريك
graben (vt)	ḥaras	حرث
Hacke (f)	magrafa (f)	مجرفة
jäten (vt)	est'ṣal nabatāt	إستأصل نباتات
Unkraut (n)	nabāt ṭafayly (m)	نبات طفيّلي
Gießkanne (f)	raʃāʃa (f)	رشّاشة
gießen (vt)	sa'a	سقى
Bewässerung (f)	sa'y (m)	سقي
Heugabel (f)	mazrāh (f)	مذراة
Rechen (m)	madamma (f)	مدمّة
Dünger (m)	semād (m)	سماد
düngen (vt)	sammed	سمّد
Mist (m)	semād (m)	سماد
Feld (n)	ḥaql (m)	حقل
Wiese (f)	marag (m)	مرج
Gemüsegarten (m)	bostān χoḍār (m)	بستان خضار
Obstgarten (m)	bostān (m)	بستان
weiden (vt)	ra'a	رعى
Hirt (m)	rā'y (m)	راعي
Weide (f)	mar'a (m)	مرعى
Viehzucht (f)	tarbeya el mawāʃy (f)	تربية المواشي
Schafzucht (f)	tarbeya aɣnām (f)	تربية أغنام
Plantage (f)	mazra'a (f)	مزرعة
Beet (n)	ḥoḍe (m)	حوض
Treibhaus (n)	dafī'a (f)	دفيئة

Dürre (f)	gafāf (m)	جفاف
dürr, trocken	gāf	جاف
Getreide (n)	ḥobūb (pl)	حبوب
Getreidepflanzen (pl)	maḥaṣīl el ḥubūb (pl)	محاصيل الحبوب
ernten (vt)	ḥaṣad	حصد
Müller (m)	ṭaḥḥān (m)	طحّان
Mühle (f)	ṭaḥūna (f)	طاحونة
mahlen (vt)	ṭaḥn el ḥobūb	طحن الحبوب
Mehl (n)	de'ī' (m)	دقيق
Stroh (n)	'asʃ (m)	قشّ

121. Gebäude. Bauabwicklung

Baustelle (f)	arḍ benā' (f)	أرض بناء
bauen (vt)	bana	بنى
Bauarbeiter (m)	'āmel benā' (m)	عامل بناء
Projekt (n)	maʃrū' (m)	مشروع
Architekt (m)	mohandes me'māry (m)	مهندس معماري
Arbeiter (m)	'āmel (m)	عامل
Fundament (n)	asās (m)	أساس
Dach (n)	sa'f (m)	سقف
Pfahl (m)	kawmet el asās (f)	كومة الأساس
Wand (f)	ḥeyṭa (f)	حيطة
Bewehrungsstahl (m)	ḥadīd taslīḥ (m)	حديد تسليح
Gerüst (n)	sa''āla (f)	سقّالة
Beton (m)	χarasāna (f)	خرسانة
Granit (m)	granīt (m)	جرانيت
Stein (m)	ḥagar (m)	حجر
Ziegel (m)	ṭūb (m)	طوب
Sand (m)	raml (m)	رمل
Zement (m)	asmant (m)	إسمنت
Putz (m)	ṭalā' gaṣṣ (m)	طلاء جصّ
verputzen (vt)	ṭala bel gaṣṣ	طلى بالجصّ
Farbe (f)	dehān (m)	دهان
färben (vt)	dahhen	دهّن
Fass (n), Tonne (f)	barmīl (m)	برميل
Kran (m)	rāfe'a (f)	رافعة
aufheben (vt)	rafa'	رفع
herunterlassen (vt)	nazzel	نزّل
Planierraupe (f)	bulldozer (m)	بولدوزر
Bagger (m)	ḥaffāra (f)	حفّارة
Baggerschaufel (f)	magrafa (f)	مجرفة
graben (vt)	ḥafar	حفر
Schutzhelm (m)	χawza (f)	خوذة

122. Wissenschaft. Forschung. Wissenschaftler

Wissenschaft (f)	ʿelm (m)	علم
wissenschaftlich	ʿelmy	علمي
Wissenschaftler (m)	ʿālem (m)	عالم
Theorie (f)	naẓariya (f)	نظريّة
Axiom (n)	badīhiya (f)	بديهيّة
Analyse (f)	taḥlīl (m)	تحليل
analysieren (vt)	ḥallel	حلّل
Argument (n)	borhān (m)	برهان
Substanz (f)	madda (f)	مادّة
Hypothese (f)	faraḍiya (f)	فرضيّة
Dilemma (n)	moʿḍela (f)	معضلة
Dissertation (f)	resāla ʿelmiya (f)	رسالة علميّة
Dogma (n)	ʿaqīda (f)	عقيدة
Doktrin (f)	mazhab (m)	مذهب
Forschung (f)	baḥs (m)	بحث
forschen (vi)	baḥs	بحث
Kontrolle (f)	eχtebārāt (pl)	إختبارات
Labor (n)	moχtabar (m)	مختبر
Methode (f)	manhag (m)	منهج
Molekül (n)	gozaye' (m)	جزيء
Monitoring (n)	reqāba (f)	رقابة
Entdeckung (f)	ekteʃāf (m)	إكتشاف
Postulat (n)	mosallama (f)	مسلّمة
Prinzip (n)	mabda' (m)	مبدأ
Prognose (f)	tanabbo' (m)	تنبّؤ
prognostizieren (vt)	tanabba'	تنبّأ
Synthese (f)	tarkīb (m)	تركيب
Tendenz (f)	ettegāh (m)	إتّجاه
Theorem (n)	naẓariya (f)	نظريّة
Lehre (Doktrin)	taʿalīm (pl)	تعاليم
Tatsache (f)	ḥaʾīʾa (f)	حقيقة
Expedition (f)	beʿsa (f)	بعثة
Experiment (n)	tagreba (f)	تجربة
Akademiemitglied (n)	akadīmy (m)	أكاديمي
Bachelor (m)	bakaleryūs (m)	بكالوريوس
Doktor (m)	doktore (m)	دكتور
Dozent (m)	ostāz moʃārek (m)	أستاذ مشارك
Magister (m)	maʒestīr (m)	ماجستير
Professor (m)	brofessor (m)	بروفيسور

Berufe und Tätigkeiten

123. Arbeitsuche. Kündigung

Arbeit (f), Stelle (f)	ʻamal (m)	عمل
Belegschaft (f)	kawādir (pl)	كوادر
Personal (n)	ṭāqem el ʻāmelīn (m)	طاقم العاملين
Karriere (f)	mehna (f)	مهنة
Perspektive (f)	'āfāq (pl)	آفاق
Können (n)	maharāt (pl)	مهارات
Auswahl (f)	eχteyār (m)	إختيار
Personalagentur (f)	wekālet tawẓīf (f)	وكالة توّظيف
Lebenslauf (m)	sīra zātiya (f)	سيرة ذاتيّة
Vorstellungsgespräch (n)	mo'ablet ʻamal (f)	مقابلة عمل
Vakanz (f)	wazīfa χaleya (f)	وظيفة خالية
Gehalt (n)	morattab (m)	مرتّب
festes Gehalt (n)	rāteb sābet (m)	راتب ثابت
Arbeitslohn (m)	ogra (f)	أجرة
Stellung (f)	manṣeb (m)	منصب
Pflicht (f)	wāgeb (m)	واجب
Aufgabenspektrum (n)	magmūʻa men el wāgebāt (f)	مجموعة من الواجبات
beschäftigt	maʃɣūl	مشغول
kündigen (vt)	rafad	رفد
Kündigung (f)	eqāla (m)	إقالة
Arbeitslosigkeit (f)	baṭāla (f)	بطالة
Arbeitslose (m)	ʻāṭel (m)	عاطل
Rente (f), Ruhestand (m)	maʻāʃ (m)	معاش
in Rente gehen	oḥīl ʻala el maʻāʃ	أحيل على المعاش

124. Geschäftsleute

Direktor (m)	modīr (m)	مدير
Leiter (m)	modīr (m)	مدير
Boss (m)	ra'īs (m)	رئيس
Vorgesetzte (m)	motafawweq (m)	متفوّق
Vorgesetzten (pl)	ro'asā' (pl)	رؤساء
Präsident (m)	ra'īs (m)	رئيس
Vorsitzende (m)	ra'īs (m)	رئيس
Stellvertreter (m)	nā'eb (m)	نائب
Helfer (m)	mosāʻed (m)	مساعد

Sekretär (m)	sekerteyr (m)	سكرتير
Privatsekretär (m)	sekerteyr χāṣ (m)	سكرتير خاص
Geschäftsmann (m)	ragol aʿmāl (m)	رجل أعمال
Unternehmer (m)	rā'ed aʿmāl (m)	رائد أعمال
Gründer (m)	mo'asses (m)	مؤسّس
gründen (vt)	asses	أسّس
Gründungsmitglied (n)	mo'asses (m)	مؤسّس
Partner (m)	ʃerīk (m)	شريك
Aktionär (m)	mālek el as-hom (m)	مالك الأسهم
Millionär (m)	millyonīr (m)	مليونير
Milliardär (m)	milliardīr (m)	ملياردير
Besitzer (m)	ṣāḥeb (m)	صاحب
Landbesitzer (m)	ṣāḥeb el arḍ (m)	صاحب الأرض
Kunde (m)	ʿamīl (m)	عميل
Stammkunde (m)	ʿamīl dā'em (m)	عميل دائم
Käufer (m)	moʃtary (m)	مشتري
Besucher (m)	zā'er (m)	زائر
Fachmann (m)	moḥtaref (m)	محترف
Experte (m)	χabīr (m)	خبير
Spezialist (m)	motaχaṣṣeṣ (m)	متخصّص
Bankier (m)	ṣāḥeb maṣraf (m)	صاحب مصرف
Makler (m)	semsār (m)	سمسار
Kassierer (m)	ʿāmel kaʃier (m)	عامل كاشيير
Buchhalter (m)	muḥāseb (m)	محاسب
Wächter (m)	ḥāres amn (m)	حارس أمن
Investor (m)	mostasmer (m)	مستثمر
Schuldner (m)	modīn (m)	مدين
Gläubiger (m)	dā'en (m)	دائن
Kreditnehmer (m)	moqtareḍ (m)	مقترض
Importeur (m)	mostawred (m)	مستورّد
Exporteur (m)	moṣadder (m)	مصدّر
Hersteller (m)	el ʃerka el moṣanneʿa (f)	الشركة المصنّعة
Distributor (m)	mowazzeʿ (m)	موزّع
Vermittler (m)	wasīṭ (m)	وسيط
Berater (m)	mostaʃār (m)	مستشار
Vertreter (m)	mandūb mabiʿāt (m)	مندوب مبيعات
Agent (m)	wakīl (m)	وكيل
Versicherungsagent (m)	wakīl el ta'mīn (m)	وكيل التأمين

125. Dienstleistungsberufe

Koch (m)	ṭabbāχ (m)	طبّاخ
Chefkoch (m)	el ʃeyf (m)	الشيف

Bäcker (m)	xabbāz (m)	خبّاز
Barmixer (m)	bārman (m)	بارمان
Kellner (m)	garsone (m)	جرسون
Kellnerin (f)	garsona (f)	جرسونة
Rechtsanwalt (m)	muḥāmy (m)	محامي
Jurist (m)	muḥāmy xabīr qanūny (m)	محامي خبير قانوني
Notar (m)	mowassaq (m)	موثّق
Elektriker (m)	kahrabā'y (m)	كهربائي
Klempner (m)	samkary (m)	سمكري
Zimmermann (m)	naggār (m)	نجّار
Masseur (m)	modallek (m)	مدلّك
Masseurin (f)	modalleka (f)	مدلّكة
Arzt (m)	doktore (m)	دكتور
Taxifahrer (m)	sawwā' taksi (m)	سوّاق تاكسي
Fahrer (m)	sawwā' (m)	سوّاق
Ausfahrer (m)	rāgel el delivery (m)	راجل الديلفري
Zimmermädchen (n)	'āmela tandīf ɣoraf (f)	عاملة تنظيف غرف
Wächter (m)	ḥāres amn (m)	حارس أمن
Flugbegleiterin (f)	moḍīfet ṭayarān (f)	مضيفة طيران
Lehrer (m)	modarres madrasa (m)	مدرّس مدرسة
Bibliothekar (m)	amīn maktaba (m)	أمين مكتبة
Übersetzer (m)	motargem (m)	مترجم
Dolmetscher (m)	motargem fawwry (m)	مترجم فوّري
Fremdenführer (m)	morʃed (m)	مرشد
Friseur (m)	ḥallā' (m)	حلّاق
Briefträger (m)	sā'y el barīd (m)	ساعي البريد
Verkäufer (m)	bayā' (m)	بيّاع
Gärtner (m)	bostāny (m)	بستاني
Diener (m)	xādema (m)	خادمة
Magd (f)	xadema (f)	خادمة
Putzfrau (f)	'āmela tandīf (f)	عاملة تنظيف

126. Militärdienst und Ränge

einfacher Soldat (m)	gondy (m)	جنّدي
Feldwebel (m)	raqīb tāny (m)	رقيب تاني
Leutnant (m)	molāzem tāny (m)	ملازم تاني
Hauptmann (m)	naqīb (m)	نقيب
Major (m)	rā'ed (m)	رائد
Oberst (m)	'aqīd (m)	عقيد
General (m)	ʒenerāl (m)	جنرال
Marschall (m)	marʃāl (m)	مارشال
Admiral (m)	amerāl (m)	أميرال
Militärperson (f)	'askary (m)	عسكري
Soldat (m)	gondy (m)	جنّدي

Offizier (m)	ḍābeṭ (m)	ضابط
Kommandeur (m)	qā'ed (m)	قائد
Grenzsoldat (m)	ḥaras ḥodūd (m)	حرس حدود
Funker (m)	'āmel lāselky (m)	عامل لاسلكي
Aufklärer (m)	rā'ed mostakʃef (m)	رائد مستكشف
Pionier (m)	mohandes 'askary (m)	مهندس عسكري
Schütze (m)	rāmy (m)	رامي
Steuermann (m)	mallāḥ (m)	ملاّح

127. Beamte. Priester

König (m)	malek (m)	ملك
Königin (f)	maleka (f)	ملكة
Prinz (m)	amīr (m)	أمير
Prinzessin (f)	amīra (f)	أميرة
Zar (m)	qayṣar (m)	قيصر
Zarin (f)	qayṣara (f)	قيصرة
Präsident (m)	ra'īs (m)	رئيس
Minister (m)	wazīr (m)	وزير
Ministerpräsident (m)	ra'īs wozarā' (m)	رئيس وزراء
Senator (m)	'oḍw magles el ʃoyūχ (m)	عضو مجلس الشيوخ
Diplomat (m)	deblomāsy (m)	دبلوماسي
Konsul (m)	qonṣol (m)	قنصل
Botschafter (m)	safīr (m)	سفير
Ratgeber (m)	mostaʃār (m)	مستشار
Beamte (m)	mowazzaf (m)	موظّف
Präfekt (m)	ra'īs edāret el ḥayī (m)	رئيس إدارة الحي
Bürgermeister (m)	ra'īs el baladiya (m)	رئيس البلديّة
Richter (m)	qāḍy (m)	قاضي
Staatsanwalt (m)	el na'eb el 'ām (m)	النائب العام
Missionar (m)	mobasʃer (m)	مبشّر
Mönch (m)	rāheb (m)	راهب
Abt (m)	ra'īs el deyr (m)	رئيس الدير
Rabbiner (m)	ḥaχām (m)	حاخام
Wesir (m)	wazīr (m)	وزير
Schah (n)	ʃāh (m)	شاه
Scheich (m)	ʃɛyχ (m)	شيخ

128. Landwirtschaftliche Berufe

Bienenzüchter (m)	naḥḥāl (m)	نحّال
Hirt (m)	rā'y (m)	راعي
Agronom (m)	mohandes zerā'y (m)	مهندس زراعي

Viehzüchter (m)	morabby el mawāʃy (m)	مربّي المواشي
Tierarzt (m)	doktore beṭary (m)	دكتور بيطري
Farmer (m)	mozāreʿ (m)	مزارع
Winzer (m)	ṣāneʿ el χamr (m)	صانع الخمر
Zoologe (m)	χabīr fe ʿelm el ḥayawān (m)	خبير في علم الحيوان
Cowboy (m)	rāʿy el baʾar (m)	راعي البقر

129. Künstler

Schauspieler (m)	momassel (m)	ممثّل
Schauspielerin (f)	momassela (f)	ممثّلة
Sänger (m)	moṭreb (m)	مطرب
Sängerin (f)	moṭreba (f)	مطربة
Tänzer (m)	rāqeṣ (m)	راقص
Tänzerin (f)	raʾāṣa (f)	راقصة
Künstler (m)	fannān (m)	فنّان
Künstlerin (f)	fannāna (f)	فنّانة
Musiker (m)	ʿāzef (m)	عازف
Pianist (m)	ʿāzef biano (m)	عازف بيانو
Gitarrist (m)	ʿāzef guitar (m)	عازف جيتار
Dirigent (m)	qāʾed orkestra (m)	قائد أوركسترا
Komponist (m)	molaḥḥen (m)	ملحّن
Manager (m)	modīr ferʾa (m)	مدير فرقة
Regisseur (m)	moχreg aflām (m)	مخرج أفلام
Produzent (m)	monteg (m)	منتج
Drehbuchautor (m)	kāteb senario (m)	كاتب سيناريو
Kritiker (m)	nāqed (m)	ناقد
Schriftsteller (m)	kāteb (m)	كاتب
Dichter (m)	ʃāʿer (m)	شاعر
Bildhauer (m)	naḥḥāt (m)	نحّات
Maler (m)	rassām (m)	رسّام
Jongleur (m)	bahlawān (m)	بهلوان
Clown (m)	aragoze (m)	أراجوز
Akrobat (m)	bahlawān (m)	بهلوان
Zauberkünstler (m)	sāḥer (m)	ساحر

130. Verschiedene Berufe

Arzt (m)	doktore (m)	دكتور
Krankenschwester (f)	momarreḍa (f)	ممرّضة
Psychiater (m)	doktore nafsāny (m)	دكتور نفساني
Zahnarzt (m)	doktore asnān (m)	دكتور أسنان
Chirurg (m)	garrāḥ (m)	جرّاح

Astronaut (m)	rā'ed faḍā' (m)	رائد فضاء
Astronom (m)	'ālem falak (m)	عالم فلك
Pilot (m)	ṭayār (m)	طيّار
Fahrer (Taxi-)	sawwā' (m)	سوّاق
Lokomotivführer (m)	sawwā' (m)	سوّاق
Mechaniker (m)	mikanīky (m)	ميكانيكي
Bergarbeiter (m)	'āmel mangam (m)	عامل منجم
Arbeiter (m)	'āmel (m)	عامل
Schlosser (m)	'affāl (m)	قفّال
Tischler (m)	naggār (m)	نجّار
Dreher (m)	χarrāṭ (m)	خرّاط
Bauarbeiter (m)	'āmel benā' (m)	عامل بناء
Schweißer (m)	laḥḥām (m)	لحّام
Professor (m)	brofessor (m)	بروفيسور
Architekt (m)	mohandes me'māry (m)	مهندس معماري
Historiker (m)	mo'arreχ (m)	مؤرّخ
Wissenschaftler (m)	'ālem (m)	عالم
Physiker (m)	fizyā'y (m)	فيزيائي
Chemiker (m)	kemyā'y (m)	كيميائي
Archäologe (m)	'ālem'āsār (m)	عالم آثار
Geologe (m)	ʒeoloʒy (m)	جيولوجي
Forscher (m)	bāḥes (m)	باحث
Kinderfrau (f)	dāda (f)	دادة
Lehrer (m)	mo'allem (m)	معلّم
Redakteur (m)	moḥarrer (m)	محرّر
Chefredakteur (m)	ra'īs taḥrīr (m)	رئيس تحرير
Korrespondent (m)	morāsel (m)	مراسل
Schreibkraft (f)	kāteba 'ala el 'āla el kāteba (f)	كاتبة على الآلة الكاتبة
Designer (m)	moṣammem (m)	مصمّم
Computerspezialist (m)	motaχaṣṣeṣ bel kombuter (m)	متخصص بالكمبيوتر
Programmierer (m)	mobarmeg (m)	مبرمج
Ingenieur (m)	mohandes (m)	مهندس
Seemann (m)	baḥḥār (m)	بحّار
Matrose (m)	baḥḥār (m)	بحّار
Retter (m)	monqez (m)	منقذ
Feuerwehrmann (m)	rāgel el maṭāfy (m)	راجل المطافئ
Polizist (m)	ʃorṭy (m)	شرطي
Nachtwächter (m)	ḥāres (m)	حارس
Detektiv (m)	moḥaqqeq (m)	محقّق
Zollbeamter (m)	mowazzaf el gamārek (m)	موظّف الجمارك
Leibwächter (m)	ḥāres ʃaχṣy (m)	حارس شخصي
Gefängniswärter (m)	ḥāres segn (m)	حارس سجن
Inspektor (m)	mofatteʃ (m)	مفتّش
Sportler (m)	reyāḍy (m)	رياضي
Trainer (m)	modarreb (m)	مدرّب

Fleischer (m)	gazzār (m)	جزّار
Schuster (m)	eskāfy (m)	إسكافي
Geschäftsmann (m)	tāger (m)	تاجر
Ladearbeiter (m)	ʃayāl (m)	شيّال
Modedesigner (m)	moṣammem azyā' (m)	مصمّم أزياء
Modell (n)	modeyl (f)	موديل

131. Beschäftigung. Sozialstatus

Schüler (m)	talmīz (m)	تلميذ
Student (m)	ṭāleb (m)	طالب
Philosoph (m)	faylasūf (m)	فيلسوف
Ökonom (m)	eqtiṣādy (m)	إقتصادي
Erfinder (m)	moχtare' (m)	مخترع
Arbeitslose (m)	'āṭel (m)	عاطل
Rentner (m)	motaqā'ed (m)	متقاعد
Spion (m)	gasūs (m)	جاسوس
Gefangene (m)	sagīn (m)	سجين
Streikender (m)	moḍrab (m)	مضرب
Bürokrat (m)	buroqrāṭy (m)	بيروقراطي
Reisende (m)	raḥḥāla (m)	رحّالة
Homosexuelle (m)	ʃāz (m)	شاذ
Hacker (m)	haker (m)	هاكر
Hippie (m)	hippi (m)	هيبي
Bandit (m)	qāṭe' ṭarī' (m)	قاطع طريق
Killer (m)	qātel ma'gūr (m)	قاتل مأجور
Drogenabhängiger (m)	modmen moχaddarāt (m)	مدمن مخدّرات
Drogenhändler (m)	tāger moχaddarāt (m)	تاجر مخدّرات
Prostituierte (f)	mommos (f)	مومس
Zuhälter (m)	qawwād (m)	قوّاد
Zauberer (m)	sāḥer (m)	ساحر
Zauberin (f)	sāḥera (f)	ساحرة
Seeräuber (m)	'orṣān (m)	قرصان
Sklave (m)	'abd (m)	عبد
Samurai (m)	samuray (m)	ساموراي
Wilde (m)	motawaḥḥeʃ (m)	متوحّش

Sport

132. Sportarten. Persönlichkeiten des Sports

Sportler (m)	reyāḍy (m)	رياضي
Sportart (f)	nū' men el reyāḍa (m)	نوع من الرياضة
Basketball (m)	koret el salla (f)	كرة السلّة
Basketballspieler (m)	lā'eb korat el salla (m)	لاعب كرة السلّة
Baseball (m, n)	baseball (m)	بيسبول
Baseballspieler (m)	lā'eb basebāl (m)	لاعب بيسبول
Fußball (m)	koret el qadam (f)	كرة القدم
Fußballspieler (m)	lā'eb korat qadam (m)	لاعب كرة القدم
Torwart (m)	ḥāres el marma (m)	حارس المرمى
Eishockey (n)	hoky (m)	هوكي
Eishockeyspieler (m)	lā'eb hoky (m)	لاعب هوكي
Volleyball (m)	voliball (m)	فولي بول
Volleyballspieler (m)	lā'eb volly bal (m)	لاعب فولي بول
Boxen (n)	molakma (f)	ملاكمة
Boxer (m)	molākem (m)	ملاكم
Ringen (n)	moṣar'a (f)	مصارعة
Ringkämpfer (m)	moṣāre' (m)	مصارع
Karate (n)	karate (m)	كاراتيه
Karatekämpfer (m)	lā'eb karateyh (m)	لاعب كاراتيه
Judo (n)	ʒudo (m)	جودو
Judoka (m)	lā'eb ʒudo (m)	لاعب جودو
Tennis (n)	tennis (m)	تنسّ
Tennisspieler (m)	lā'eb tennis (m)	لاعب تنس
Schwimmen (n)	sebāḥa (f)	سباحة
Schwimmer (m)	sabbāḥ (m)	سبّاح
Fechten (n)	mobarza (f)	مبارزة
Fechter (m)	mobārez (m)	مبارز
Schach (n)	ʃaṭarang (m)	شطرنج
Schachspieler (m)	lā'eb ʃaṭarang (m)	لاعب شطرنج
Bergsteigen (n)	tasalloq el gebāl (m)	تسلّق الجبال
Bergsteiger (m)	motasalleq el gebāl (m)	متسلّق الجبال
Lauf (m)	garyī (m)	جريّ

Läufer (m)	ʻaddāʼ (m)	عدّاء
Leichtathletik (f)	alʻāb el qowa (pl)	ألعاب القوى
Athlet (m)	lāʻeb reyāḍy (m)	لاعب رياضي
Pferdesport (m)	reyāḍa el forūsiya (f)	رياضة الفروسيّة
Reiter (m)	fāres (m)	فارس
Eiskunstlauf (m)	tazallog fanny ʻalal galīd (m)	تزلّج فنّي على الجليد
Eiskunstläufer (m)	motazalleg rāqeṣ (m)	متزلّج راقص
Eiskunstläuferin (f)	motazallega rāqeṣa (f)	متزلّجة راقصة
Gewichtheben (n)	rafʻ el asqāl (m)	رفع الأثقال
Gewichtheber (m)	rāfeʻ el asqāl (m)	رافع الأثقال
Autorennen (n)	sebāʼ el sayarāt (m)	سباق السيارات
Rennfahrer (m)	sawwāʼ sebāʼ (m)	سائق سباق
Radfahren (n)	rokūb el darragāt (m)	ركوب الدرّاجات
Radfahrer (m)	lāʻeb el darrāga (m)	لاعب الدرّاجة
Weitsprung (m)	el qafz el ʻāly (m)	القفز العالي
Stabhochsprung (m)	el qafz bel ʻaṣa (m)	القفز بالعصا
Springer (m)	qāfez (m)	قافز

133. Sportarten. Verschiedenes

American Football (m)	koret el qadam (f)	كرة القدم
Federballspiel (n)	el rīša (m)	الريشة
Biathlon (n)	el biatlon (m)	البياتلون
Billard (n)	bilyardo (m)	بليارد و
Bob (m)	zalāga gamaʻiya (f)	زلاجة جماعية
Bodybuilding (n)	body building (m)	بادي بيلدنج
Wasserballspiel (n)	koret el maya (f)	كرة الميّة
Handball (m)	koret el yad (f)	كرة اليد
Golf (n)	golf (m)	جولف
Rudern (n)	tagdīf (m)	تجديف
Tauchen (n)	ɣoṣe (m)	غوص
Skilanglauf (m)	reyāḍa el ski (f)	رياضة الإسكي
Tischtennis (n)	koret el ṭawla (f)	كرة الطاولة
Segelsport (m)	reyāḍa ebḥār el marākeb (f)	رياضة إبحار المراكب
Rallye (f, n)	sebāʼ el sayarāt (m)	سباق السيارات
Rugby (n)	rugby (m)	رجبي
Snowboard (n)	el tazallog ʻlal galīd (m)	التزلّج على الجليد
Bogenschießen (n)	remāya (f)	رماية

134. Fitnessstudio

Hantel (f)	bār ḥadīd (m)	بار حديد
Hanteln (pl)	dumbbells (m)	دمبلز

Trainingsgerät (n)	gehāz tadrīb (m)	جهاز تدريب
Fahrradtrainer (m)	'agalet tadrīb (f)	عجلة تدريب
Laufband (n)	trīdmil (f)	تريد ميل
Reck (n)	'o'la (f)	عقلة
Barren (m)	el motawaziyīn (pl)	المتوازيين
Sprungpferd (n)	manaṣṣet el qafz (f)	منصّة القفز
Matte (f)	ḥaṣīra (f)	حصيرة
Sprungseil (n)	ḥabl el naṭṭ (m)	حبل النطّ
Aerobic (n)	aerobiks (m)	ايروبيكس
Yoga (m)	yoga (f)	يوجا

135. Hockey

Eishockey (n)	hoky (m)	هوكي
Eishockeyspieler (m)	lā'eb hoky (m)	لاعب هوكي
Hockey spielen	le'eb el hoky	لعب الهوكي
Eis (n)	galīd (m)	جليد
Puck (m)	'orṣ el hoky (m)	قرص الهوكي
Hockeyschläger (m)	maḍrab el hoky (m)	مضرب الهوكي
Schlittschuhe (pl)	zallagāt (pl)	زلّاجات
Bord (m)	ḥalabet el hokky (f)	حلبة الهوكي
Schuss (m)	ramya (f)	رمية
Torwart (m)	ḥāres el marma (m)	حارس المرمى
Tor (n)	hadaf (m)	هدف
ein Tor schießen	gāb hadaf	جاب هدف
Drittel (n)	ʃoṭe (m)	شوط
zweites Drittel (n)	el ʃoṭe el tāni (m)	الشوط التاني
Ersatzbank (f)	dekket el eḥṭiāṭy (f)	دكّة الإحتياطي

136. Fußball

Fußball (m)	koret el qadam (f)	كرة القدم
Fußballspieler (m)	lā'eb korat qadam (m)	لاعب كرة القدم
Fußball spielen	le'eb korret el qadam	لعب كرة القدم
Oberliga (f)	el dawry el kebīr (m)	الدوّري الكبير
Fußballclub (m)	nādy koret el qadam (m)	نادي كرة القدم
Trainer (m)	modarreb (m)	مدرّب
Besitzer (m)	ṣāḥeb (m)	صاحب
Mannschaft (f)	farī' (m)	فريق
Mannschaftskapitän (m)	kabten el farī' (m)	كابتن الفريق
Spieler (m)	lā'eb (m)	لاعب
Ersatzspieler (m)	lā'eb eḥteyāṭy (m)	لاعب إحتياطي
Stürmer (m)	lā'eb hogūm (m)	لاعب هجوم
Mittelstürmer (m)	wasaṭ el hogūm (m)	وسط الهجوم

Torjäger (m)	haddāf (m)	هدّاف
Verteidiger (m)	modāfe' (m)	مدافع
Läufer (m)	lā'eb xaṭṭ wasaṭ (m)	لاعب خط وسط

Spiel (n)	mobarā (f)	مباراة
sich begegnen	'ābel	قابل
Finale (n)	mobarāh neha'iya (f)	مباراة نهائيّة
Halbfinale (n)	el dore el neṣf el nehā'y (m)	الدور النصف النهائي
Meisterschaft (f)	boṭūla (f)	بطولة

Halbzeit (f)	ʃoṭe (m)	شوط
erste Halbzeit (f)	el ʃoṭe el awwal (m)	الشوط الأوّل
Halbzeit (Pause)	beyn el ʃoṭeyn	بين الشوطين

Tor (n)	marma (m)	مرمى
Torwart (m)	ḥāres el marma (m)	حارس المرمى
Torpfosten (m)	'ārḍa (f)	عارضة
Torlatte (f)	'ārḍa (f)	عارضة
Netz (n)	ʃabaka (f)	شبكة
ein Tor zulassen	samaḥ be eṣābet el hadaf	سمح بإصابة الهدف

Ball (m)	kora (f)	كرة
Pass (m)	tamrīra (f)	تمريرة
Schuss (m)	ḍarba (f)	ضربة
schießen (vi)	ʃāt	شات
Freistoß (m)	ḍarba ḥorra (f)	ضربة حرّة
Eckball (m)	ḍarba rokniya (f)	ضربة ركنيّة

Attacke (f)	hogūm (m)	هجوم
Gegenangriff (m)	hagma moḍāda (f)	هجمة مضادّة
Kombination (f)	tarkīb (m)	تركيب

Schiedsrichter (m)	ḥakam (m)	حكم
pfeifen (vi)	ṣaffar	صفّر
Pfeife (f)	ṣoffāra (f)	صفّارة
Foul (n)	moxalfa (f)	مخالفة
foulen (vt)	xālef	خالف
vom Platz verweisen	ṭarad men el mal'ab	طرد من الملعب

gelbe Karte (f)	el kart el aṣfar (m)	الكارت الأصفر
rote Karte (f)	el kart el aḥmar (m)	الكارت الأحمر
Disqualifizierung (f)	ḥermān (m)	حرمان
disqualifizieren (vt)	ḥaram	حرم

Elfmeter (m)	ḍarbet gazā' (f)	ضربة جزاء
Mauer (f)	ḥā'eṭ (m)	حائط
schießen (ein Tor ~)	gāb hadaf	جاب هدف
Tor (n)	hadaf (m)	هدف
ein Tor schießen	gāb hadaf	جاب هدف

Wechsel (m)	tabdīl (m)	تبديل
ersetzen (vt)	baddal	بدّل
Regeln (pl)	qawā'ed (pl)	قواعد
Taktik (f)	taktīk (m)	تكتيك
Stadion (n)	mal'ab (m)	ملعب
Tribüne (f)	modarrag (m)	مدرّج

Anhänger (m)	moʃagge' (m)	مشجّع
schreien (vi)	ṣarraχ	صرّخ
Anzeigetafel (f)	lawḥet el natīga (f)	لوحة النتيجة
Ergebnis (n)	natīga (f)	نتيجة
Niederlage (f)	hazīma (f)	هزيمة
verlieren (vt)	χeser	خسر
Unentschieden (n)	ta'ādol (m)	تعادل
unentschieden spielen	ta'ādal	تعادل
Sieg (m)	foze (m)	فوز
gewinnen (vt)	fāz	فاز
Meister (m)	baṭal (m)	بطل
der beste	aḥsan	أحسن
gratulieren (vi)	hanna	هنّأ
Kommentator (m)	mo'alleq (m)	معلّق
kommentieren (vt)	'alla'	علّق
Übertragung (f)	ezā'a (f)	إذاعة

137. Ski alpin

Ski (pl)	zallagāt (pl)	زلّاجات
Ski laufen	tazallag	تزلّج
Skiort (m)	montaga' gabaly lel tazaḥloq (m)	منتجع جبلي للتزلج
Skilift (m)	meṣ'ad (m)	مصعد
Skistöcke (pl)	'eṣyān el tazallog (pl)	عصيان التزلّج
Abhang (m)	monḥadar (m)	منحدر
Slalom (m)	el tazallog el mota'arreg (m)	التزلّج المتعرّج

138. Tennis Golf

Golf (n)	golf (m)	جولف
Golfklub (m)	nādy golf (m)	نادي جولف
Golfspieler (m)	lā'eb golf (m)	لاعب جولف
Loch (n)	tagwīf (m)	تجويف
Schläger (m)	maḍrab (m)	مضرب
Golfwagen (m)	'araba lel golf (f)	عربة للجولف
Tennis (n)	tennis (m)	تنس
Tennisplatz (m)	mal'ab tennis (m)	ملعب تنس
Aufschlag (m)	monawla (f)	مناولة
angeben (vt)	nāwel	ناول
Tennisschläger (m)	maḍrab (m)	مضرب
Netz (n)	ʃabaka (f)	شبكة
Ball (m)	kora (f)	كرة

139. Schach

Schach (n)	ʃaṭarang (m)	شطرنج
Schachfiguren (pl)	aḥgār el ʃaṭarang (pl)	أحجار الشطرنج
Schachspieler (m)	lā'eb ʃaṭarang (m)	لاعب شطرنج
Schachbrett (n)	lawḥet el ʃaṭarang (f)	لوحة الشطرنج
Figur (f)	ḥagar (m)	حجر
Weißen (pl)	aḥgār bayḍā' (pl)	أحجار بيضاء
Schwarze (pl)	aḥgār sawdā' (pl)	أحجار سوداء
Bauer (m)	bayda' (m)	بيدق
Läufer (m)	fīl (m)	فيل
Springer (m)	ḥoṣān (m)	حصان
Turm (m)	rakχ (m)	رخّ
Königin (f)	el maleka (f)	الملكة
König (m)	el malek (m)	الملك
Zug (m)	χaṭwa (f)	خطوة
einen Zug machen	ḥarrak	حرّك
opfern (vt)	ḍaḥḥa	ضحّى
Rochade (f)	χaṭwa el raχ wel ʃah (f)	خطوة الرخ والشاه
Schach (n)	kesʃ	كشّ
Matt (n)	kesʃ malek	كشّ ملك
Schachturnier (n)	boṭūlet ʃaṭarang (f)	بطولة شطرنج
Großmeister (m)	grand master (m)	جراند ماستر
Kombination (f)	tarkīb (m)	تركيب
Partie (f), Spiel (n)	dore (m)	دور
Damespiel (n)	dama (f)	داما

140. Boxen

Boxen (n)	molakma (f)	ملاكمة
Boxkampf (m)	molakma (f)	ملاكمة
Zweikampf (m)	mobarāt molakma (f)	مباراة ملاكمة
Runde (f)	gawla (f)	جولة
Ring (m)	ḥalaba (f)	حلبة
Gong (m, n)	naqūs (m)	ناقوس
Schlag (m)	ḍarba (f)	ضربة
Knockdown (m)	ḍarba ḥasema (f)	ضربة حاسمة
Knockout (m)	ḍarba 'āḍya (f)	ضربة قاضية
k.o. schlagen (vt)	ḍarab ḍarba qāḍiya	ضرب ضربة قاضية
Boxhandschuh (m)	qoffāz el molakma (m)	قفّاز الملاكمة
Schiedsrichter (m)	ḥakam (m)	حكم
Leichtgewicht (n)	el wazn el χafīf (m)	الوزن الخفيف
Mittelgewicht (n)	el wazn el motawasseṭ (m)	الوزن المتوسط
Schwergewicht (n)	el wazn el te'īl (m)	الوزن الثقيل

141. Sport. Verschiedenes

Olympische Spiele (pl)	al'āb olombiya (pl)	ألعاب أولمبيّة
Sieger (m)	fā'ez (m)	فائز
siegen (vi)	fāz	فاز
gewinnen (Sieger sein)	fāz	فاز
Tabellenführer (m)	za'īm (m)	زعيم
führen (vi)	ta'addam	تقدّم
der erste Platz	el martaba el ūla (f)	المرتبة الأولى
der zweite Platz	el martaba el tanya (f)	المرتبة الثانية
der dritte Platz	el martaba el talta (f)	المرتبة الثالثة
Medaille (f)	medalya (f)	ميدالية
Trophäe (f)	ka's (f)	كأس
Pokal (m)	ka's (f)	كأس
Siegerpreis m (m)	gayza (f)	جائزة
Hauptpreis (m)	akbar gayza (f)	أكبر جائزة
Rekord (m)	raqam qeyāsy (m)	رقم قياسي
einen Rekord aufstellen	fāz be raqam qeyāsy	فاز برقم قياسي
Finale (n)	mobarāh neha'iya (f)	مباراة نهائيّة
Final-	nehā'y	نهائي
Meister (m)	baṭal (m)	بطل
Meisterschaft (f)	boṭūla (f)	بطولة
Stadion (n)	mal'ab (m)	ملعب
Tribüne (f)	modarrag (m)	مدرّج
Fan (m)	moʃagge' (m)	مشجّع
Gegner (m)	'adeww (m)	عدو
Start (m)	χaṭṭ el bedāya (m)	خطّ البداية
Ziel (n), Finish (n)	χaṭṭ el nehāya (m)	خطّ النهاية
Niederlage (f)	hazīma (f)	هزيمة
verlieren (vt)	χeser	خسر
Schiedsrichter (m)	ḥakam (m)	حكم
Jury (f)	hay'et el ḥokm (f)	هيئة الحكم
Ergebnis (n)	natīga (f)	نتيجة
Unentschieden (n)	ta'ādol (m)	تعادل
unentschieden spielen	ta'ādal	تعادل
Punkt (m)	no'ṭa (f)	نقطة
Ergebnis (n)	natīga neha'iya (f)	نتيجة نهائية
Spielabschnitt (m)	ʃoṭe (m)	شوط
Halbzeit (f), Pause (f)	beyn el ʃoṭeyn	بين الشوطين
Doping (n)	monasʃeṭāt (pl)	منشّطات
bestrafen (vt)	'āqab	عاقب
disqualifizieren (vt)	ḥaram	حرم
Sportgerät (n)	adah (f)	أداة
Speer (m)	remḥ (m)	رمح

Kugel (im Kugelstoßen)	kora maʿdaniya (f)	كرة معدنية
Kugel (f), Ball (m)	kora (f)	كرة
Ziel (n)	hadaf (m)	هدف
Zielscheibe (f)	hadaf (m)	هدف
schießen (vi)	ḍarab bel nār	ضرب بالنار
genau (Adj)	maḍbūṭ	مضبوط
Trainer (m)	modarreb (m)	مدرّب
trainieren (vt)	darrab	درّب
trainieren (vi)	etdarrab	إتدرّب
Training (n)	tadrīb (m)	تدريب
Turnhalle (f)	gīm (m)	جيم
Übung (f)	tamrīn (m)	تمرين
Aufwärmen (n)	tasχīn (m)	تسخين

Ausbildung

142. Schule

Schule (f)	madrasa (f)	مدرسة
Schulleiter (m)	modīr el madrasa (m)	مدير المدرسة
Schüler (m)	talmīz (m)	تلميذ
Schülerin (f)	telmīza (f)	تلميذة
Schuljunge (m)	talmīz (m)	تلميذ
Schulmädchen (f)	telmīza (f)	تلميذة
lehren (vt)	ʿallem	علّم
lernen (Englisch ~)	taʿallam	تعلّم
auswendig lernen	ḥafaẓ	حفظ
lernen (vi)	taʿallam	تعلّم
in der Schule sein	daras	درس
die Schule besuchen	rāḥ el madrasa	راح المدرسة
Alphabet (n)	abgadiya (f)	أبجدية
Fach (n)	madda (f)	مادّة
Klassenraum (m)	faṣl (m)	فصل
Stunde (f)	dars (m)	درس
Pause (f)	estrāḥa (f)	إستراحة
Schulglocke (f)	garas el madrasa (m)	جرس المدرسة
Schulbank (f)	disk el madrasa (m)	ديسك المدرسة
Tafel (f)	sabbūra (f)	سبّورة
Note (f)	daraga (f)	درجة
gute Note (f)	daraga kewayesa (f)	درجة كويسة
schlechte Note (f)	daraga meʃ kewayesa (f)	درجة مش كويسة
eine Note geben	edda daraga	إدّى درجة
Fehler (m)	χaṭaʾ (m)	خطأ
Fehler machen	aχṭaʾ	أخطأ
korrigieren (vt)	ṣaḥḥaḥ	صحّح
Spickzettel (m)	berʃām (m)	برشام
Hausaufgabe (f)	wāgeb (m)	واجب
Übung (f)	tamrīn (m)	تمرين
anwesend sein	ḥaḍar	حضر
fehlen (in der Schule ~)	ɣāb	غاب
versäumen (Schule ~)	taɣeyyab ʿan el madrasa	تغيّب عن المدرسة
bestrafen (vt)	ʿāqab	عاقب
Strafe (f)	ʿeqāb (m)	عقاب
Benehmen (n)	solūk (m)	سلوك

Zeugnis (n)	el taqrīr el madrasy (m)	التقرير المدرسي
Bleistift (m)	ʾalam roṣāṣ (m)	قلم رصاص
Radiergummi (m)	astīka (f)	استيكة
Kreide (f)	ṭabaʃīr (m)	طباشير
Federkasten (m)	maʾlama (f)	مقلمة
Schulranzen (m)	ʃanṭet el madrasa (f)	شنطة المدرسة
Kugelschreiber, Stift (m)	ʾalam (m)	قلم
Heft (n)	daftar (m)	دفتر
Lehrbuch (n)	ketāb taʿlīm (m)	كتاب تعليم
Zirkel (m)	bargal (m)	برجل
zeichnen (vt)	rasam rasm teqany	رسم رسم تقني
Zeichnung (f)	rasm teqany (m)	رسم تقني
Gedicht (n)	ʾaṣīda (f)	قصيدة
auswendig (Adv)	ʿan ẓahr qalb	عن ظهر قلب
auswendig lernen	ḥafaẓ	حفظ
Ferien (pl)	agāza (f)	أجازة
in den Ferien sein	ʿando agāza	عنده أجازة
Ferien verbringen	ʾaḍa el agāza	قضى الأجازة
Test (m), Prüfung (f)	emteḥān (m)	إمتحان
Aufsatz (m)	enʃāʾ (m)	إنشاء
Diktat (n)	emlāʾ (m)	إملاء
Prüfung (f)	emteḥān (m)	إمتحان
Prüfungen ablegen	ʿamal emteḥān	عمل إمتحان
Experiment (n)	tagreba (f)	تجربة

143. Hochschule. Universität

Akademie (f)	akademiya (f)	أكاديميّة
Universität (f)	gamʿa (f)	جامعة
Fakultät (f)	kolliya (f)	كلّيّة
Student (m)	ṭāleb (m)	طالب
Studentin (f)	ṭāleba (f)	طالبة
Lehrer (m)	muḥāḍer (m)	محاضر
Hörsaal (m)	modarrag (m)	مدرّج
Hochschulabsolvent (m)	motaχarreg (m)	متخرّج
Diplom (n)	dibloma (f)	دبلومة
Dissertation (f)	resāla ʿelmiya (f)	رسالة علميّة
Forschung (f)	derāsa (f)	دراسة
Labor (n)	moχtabar (m)	مختبر
Vorlesung (f)	moḥaḍra (f)	محاضرة
Kommilitone (m)	zamīl fel ṣaff (m)	زميل في الصفّ
Stipendium (n)	menḥa derāsiya (f)	منحة دراسيّة
akademischer Grad (m)	daraga ʿelmiya (f)	درجة علميّة

144. Naturwissenschaften. Fächer

Mathematik (f)	reyāḍīāt (pl)	رياضيّات
Algebra (f)	el gabr (m)	الجبر
Geometrie (f)	handasa (f)	هندسة
Astronomie (f)	'elm el falak (m)	علم الفلك
Biologie (f)	al aḥya' (m)	الأحياء
Erdkunde (f)	goɣrafia (f)	جغرافيا
Geologie (f)	ʒeoloʒia (f)	جيولوجيا
Geschichte (f)	tarīχ (m)	تاريخ
Medizin (f)	ṭebb (m)	طبّ
Pädagogik (f)	tarbeya (f)	تربية
Recht (n)	qanūn (m)	قانون
Physik (f)	fezya' (f)	فيزياء
Chemie (f)	kemya' (f)	كيمياء
Philosophie (f)	falsafa (f)	فلسفة
Psychologie (f)	'elm el nafs (m)	علم النفس

145. Schrift Rechtschreibung

Grammatik (f)	el naḥw wel ṣarf (m)	النحو والصرف
Lexik (f)	mofradāt el loɣa (pl)	مفردات اللغة
Phonetik (f)	ṣawtīāt (pl)	صوتيات
Substantiv (n)	esm (m)	اسم
Adjektiv (n)	ṣefa (f)	صفة
Verb (n)	fe'l (m)	فعل
Adverb (n)	ẓarf (m)	ظرف
Pronomen (n)	ḍamīr (m)	ضمير
Interjektion (f)	oslūb el ta'aggob (m)	أسلوب التعجّب
Präposition (f)	ḥarf el garr (m)	حرف الجرّ
Wurzel (f)	gezr el kelma (m)	جذر الكلمة
Endung (f)	nehāya (f)	نهاية
Vorsilbe (f)	sabaeqa (f)	سابقة
Silbe (f)	maqṭa' lafzy (m)	مقطع لفظي
Suffix (n), Nachsilbe (f)	lāḥeqa (f)	لاحقة
Betonung (f)	nabra (f)	نبرة
Apostroph (m)	'alāmet ḥazf (f)	علامة حذف
Punkt (m)	no'ṭa (f)	نقطة
Komma (n)	faṣla (f)	فاصلة
Semikolon (n)	no'ṭa w faṣla (f)	نقطة وفاصلة
Doppelpunkt (m)	no'ṭeteyn (pl)	نقطتين
Auslassungspunkte (pl)	talat no'aṭ (pl)	ثلاث نقط
Fragezeichen (n)	'alāmet estefhām (f)	علامة إستفهام
Ausrufezeichen (n)	'alāmet ta'aggob (f)	علامة تعجّب

Anführungszeichen (pl)	'alamāt el eqtebās (pl)	علامات الإقتباس
in Anführungszeichen	beyn 'alamaty el eqtebās	بين علامتي الاقتباس
runde Klammern (pl)	qoseyn (du)	قوسين
in Klammern	beyn el qoseyn	بين القوسين
Bindestrich (m)	'alāmet waṣl (f)	علامة وصل
Gedankenstrich (m)	ʃorṭa (f)	شرطة
Leerzeichen (n)	farāɣ (m)	فراغ
Buchstabe (m)	ḥarf (m)	حرف
Großbuchstabe (m)	ḥarf kebīr (m)	حرف كبير
Vokal (m)	ḥarf ṣauty (m)	حرف صوتي
Konsonant (m)	ḥarf sāken (m)	حرف ساكن
Satz (m)	gomla (f)	جملة
Subjekt (n)	fā'el (m)	فاعل
Prädikat (n)	mosnad (m)	مسند
Zeile (f)	saṭr (m)	سطر
in einer neuen Zeile	men bedāyet el saṭr	من بداية السطر
Absatz (m)	faqra (f)	فقرة
Wort (n)	kelma (f)	كلمة
Wortverbindung (f)	magmū'a men el kelamāt (pl)	مجموعة من الكلمات
Redensart (f)	moṣṭalaḥ (m)	مصطلح
Synonym (n)	morādef (m)	مرادف
Antonym (n)	motaḍād loɣawy (m)	متضاد لغوي
Regel (f)	qa'eda (f)	قاعدة
Ausnahme (f)	estesnā' (m)	إستثناء
richtig (Adj)	ṣaḥīḥ	صحيح
Konjugation (f)	ṣarf (m)	صرف
Deklination (f)	taṣrīf el asmā' (m)	تصريف الأسماء
Kasus (m)	ḥāla esmiya (f)	حالة أسمية
Frage (f)	so'āl (m)	سؤال
unterstreichen (vt)	ḥaṭṭ χaṭṭ taḥt	حطّ خطّ تحت
punktierte Linie (f)	χaṭṭ mena''aṭ (m)	خطّ منقّط

146. Fremdsprachen

Sprache (f)	loɣa (f)	لغة
Fremd-	agnaby	أجنبيّ
Fremdsprache (f)	loɣa agnabiya (f)	لغة أجنبية
studieren (z.B. Jura ~)	daras	درس
lernen (Englisch ~)	ta'allam	تعلّم
lesen (vi, vt)	'ara	قرأ
sprechen (vi, vt)	kallem	كلّم
verstehen (vt)	fehem	فهم
schreiben (vi, vt)	katab	كتب
schnell (Adv)	bosor'a	بسرعة
langsam (Adv)	bo boṭ'	ببطء

fließend (Adv)	beṭalāqa	بطلاقة
Regeln (pl)	qawā'ed (pl)	قواعد
Grammatik (f)	el naḥw wel ṣarf (m)	النحو والصرف
Vokabular (n)	mofradāt el loɣa (pl)	مفردات اللغة
Phonetik (f)	ṣawtīāt (pl)	صوتيات
Lehrbuch (n)	ketāb ta'līm (m)	كتاب تعليم
Wörterbuch (n)	qamūs (m)	قاموس
Selbstlernbuch (n)	ketāb ta'līm zāty (m)	كتاب تعليم ذاتي
Sprachführer (m)	ketāb lel 'ebarāt el ʃā'e'a (m)	كتاب للعبارات الشائعة
Kassette (f)	kasett (m)	كاسيت
Videokassette (f)	ʃerī'ṭ video (m)	شريط فيديو
CD (f)	sidī (m)	سي دي
DVD (f)	dividī (m)	دي في دي
Alphabet (n)	abgadiya (f)	أبجدية
buchstabieren (vt)	tahagga	تهجّى
Aussprache (f)	noṭ' (m)	نطق
Akzent (m)	lahga (f)	لهجة
mit Akzent	be lahga	بـ لهجة
ohne Akzent	men ɣeyr lahga	من غير لهجة
Wort (n)	kelma (f)	كلمة
Bedeutung (f)	ma'na (m)	معنى
Kurse (pl)	dawra (f)	دورة
sich einschreiben	saggel esmo	سجّل إسمه
Lehrer (m)	modarres (m)	مدرّس
Übertragung (f)	targama (f)	ترجمة
Übersetzung (f)	targama (f)	ترجمة
Übersetzer (m)	motargem (m)	مترجم
Dolmetscher (m)	motargem fawwry (m)	مترجم فوّري
Polyglott (m, f)	'alīm be'eddet loɣāt (m)	عليم بعدّة لغات
Gedächtnis (n)	zākera (f)	ذاكرة

147. Märchenfiguren

Weihnachtsmann (m)	baba neweyl (m)	بابا نويل
Aschenputtel (n)	sindrīla	سيندريلا
Nixe (f)	'arūset el baḥr (f)	عروسة البحر
Neptun (m)	nibtūn (m)	نبتون
Zauberer (m)	sāḥer (m)	ساحر
Zauberin (f)	genniya (f)	جنّية
magisch, Zauber-	seḥry	سحري
Zauberstab (m)	el 'aṣāya el seḥriya (f)	العصاية السحرية
Märchen (n)	ḥekāya χayaliya (f)	حكاية خيالية
Wunder (n)	mo'geza (f)	معجزة
Zwerg (m)	qazam (m)	قزم

sich verwandeln in ...	taḥawwal ela ...	تحوّل إلى...
Geist (m)	ʃabaḥ (m)	شبح
Gespenst (n)	ʃabaḥ (m)	شبح
Ungeheuer (n)	waḥʃ (m)	وحش
Drache (m)	tennīn (m)	تنّين
Riese (m)	ʿemlāq (m)	عملاق

148. Sternzeichen

Widder (m)	borg el ḥaml (m)	برج الحمل
Stier (m)	borg el sore (m)	برج الثور
Zwillinge (pl)	borg el gawzāʾ (m)	برج الجوزاء
Krebs (m)	borg el saraṭān (m)	برج السرطان
Löwe (m)	borg el asad (m)	برج الأسد
Jungfrau (f)	borg el ʿazrāʾ (m)	برج العذراء
Waage (f)	borg el mezān (m)	برج الميزان
Skorpion (m)	borg el ʿaʾrab (m)	برج العقرب
Schütze (m)	borg el qose (m)	برج القوس
Steinbock (m)	borg el gady (m)	برج الجدي
Wassermann (m)	borg el dalw (m)	برج الدلو
Fische (pl)	borg el ḥūt (m)	برج الحوت
Charakter (m)	ʃaχṣiya (f)	شخصية
Charakterzüge (pl)	el ṣefāt el ʃaχṣiya (pl)	الصفات الشخصية
Benehmen (n)	solūk (m)	سلوك
wahrsagen (vt)	ʾara el ṭāleʿ	قرأ الطالع
Wahrsagerin (f)	ʿarrāfa (f)	عرّافة
Horoskop (n)	tawaqqoʿāt el abrāg (pl)	توقّعات الأبراج

Kunst

149. Theater

Theater (n)	masraḥ (m)	مسرح
Oper (f)	obra (f)	أوبرا
Operette (f)	obrette (f)	أوبريت
Ballett (n)	baleyh (m)	باليه
Theaterplakat (n)	molṣaq (m)	ملصق
Truppe (f)	fer'a (f)	فرقة
Tournee (f)	gawlet fananīn (f)	جولة فنّانين
auf Tournee sein	tagawwal	تجوّل
proben (vt)	'amal brova	عمل بروفة
Probe (f)	brova (f)	بروفة
Spielplan (m)	barnāmeg el masraḥ (m)	برنامج المسرح
Aufführung (f)	adā' (m)	أداء
Vorstellung (f)	'arḍ masraḥy (m)	عرض مسرحي
Theaterstück (n)	masraḥiya (f)	مسرحيّة
Karte (f)	tazkara (f)	تذكرة
Theaterkasse (f)	ʃebbāk el tazāker (m)	شبّاك التذاكر
Halle (f)	ṣāla (f)	صالة
Garderobe (f)	ɣorfet īdā' el ma'āṭef (f)	غرفة إيداع المعاطف
Garderobennummer (f)	beṭā'et edā' el ma'aṭef (f)	بطاقة إيداع المعاطف
Opernglas (n)	naḍḍāra mo'aẓẓema lel obera (f)	نظارة معظمة للأوبرا
Platzanweiser (m)	ḥāgeb el sinema (m)	حاجب السينما
Parkett (n)	karāsy el orkestra (pl)	كراسي الأوركسترا
Balkon (m)	balakona (f)	بلكونة
der erste Rang	ʃorfa (f)	شرفة
Loge (f)	log (m)	لوج
Reihe (f)	ṣaff (m)	صفّ
Platz (m)	meq'ad (m)	مقعد
Publikum (n)	gomhūr (m)	جمهور
Zuschauer (m)	moʃāhed (m)	مشاهد
klatschen (vi)	ṣaffa'	صفّق
Applaus (m)	taṣfī' (m)	تصفيق
Ovation (f)	taṣfī' ḥār (m)	تصفيق حار
Bühne (f)	xaʃabet el masraḥ (f)	خشبة المسرح
Vorhang (m)	setāra (f)	ستارة
Dekoration (f)	dekor (m)	ديكور
Kulissen (pl)	kawalīs (pl)	كواليس
Szene (f)	maʃ-had (m)	مشهد
Akt (m)	faṣl (m)	فصل
Pause (f)	estrāḥa (f)	استراحة

150. Kino

Schauspieler (m)	momassel (m)	ممثّل
Schauspielerin (f)	momassela (f)	ممثّلة
Kino (n)	el aflām (m)	الأفلام
Film (m)	film (m)	فيلم
Folge (f)	goz' (m)	جزء
Krimi (m)	film bolīsy (m)	فيلم بوليسي
Actionfilm (m)	film akʃen (m)	فيلم أكشن
Abenteuerfilm (m)	film moɣamarāt (m)	فيلم مغامرات
Science-Fiction-Film (m)	film χayāl 'elmy (m)	فيلم خيال علمي
Horrorfilm (m)	film ro'b (m)	فيلم رعب
Komödie (f)	film komedia (f)	فيلم كوميديا
Melodrama (n)	melodrama (m)	ميلودراما
Drama (n)	drama (f)	دراما
Spielfilm (m)	film χayāly (m)	فيلم خيالي
Dokumentarfilm (m)	film wasā'eqy (m)	فيلم وثائقي
Zeichentrickfilm (m)	kartōn (m)	كرتون
Stummfilm (m)	sinema ṣāmeta (f)	سينما صامتة
Rolle (f)	dore (m)	دور
Hauptrolle (f)	dore ra'īsy (m)	دور رئيسي
spielen (Schauspieler)	massel	مثّل
Filmstar (m)	negm senamā'y (m)	نجم سينمائي
bekannt	ma'rūf	معروف
berühmt	maʃ-hūr	مشهور
populär	maḥbūb	محبوب
Drehbuch (n)	senario (m)	سيناريو
Drehbuchautor (m)	kāteb senario (m)	كاتب سيناريو
Regisseur (m)	moχreg (m)	مخرج
Produzent (m)	monteg (m)	منتج
Assistent (m)	mosā'ed (m)	مساعد
Kameramann (m)	moṣawwer (m)	مصوّر
Stuntman (m)	mo'addy maʃāhed χaṭīra (m)	مؤدي مشاهد خطيرة
Double (n)	momassel badīl (m)	ممثّل بديل
einen Film drehen	ṣawwar film	صوّر فيلم
Probe (f)	tagreba adā' (f)	تجربة أداء
Dreharbeiten (pl)	taṣwīr (m)	تصوير
Filmteam (n)	ṭāqem el film (m)	طاقم الفيلم
Filmset (m)	mante'et taṣwīr (f)	منطقة التصوير
Filmkamera (f)	kamera (f)	كاميرا
Kino (n)	sinema (f)	سينما
Leinwand (f)	ʃāʃa (f)	شاشة
einen Film zeigen	'araḍ film	عرض فيلم
Tonspur (f)	mosīqa taṣweriya (f)	موسيقي تصويرية
Spezialeffekte (pl)	mo'asserāt χāṣa (pl)	مؤثّرات خاصّة

Untertitel (pl)	targamet el ḥewār (f)	ترجمة الحوار
Abspann (m)	ʃāret el nehāya (f)	شارة النهاية
Übersetzung (f)	targama (f)	ترجمة

151. Gemälde

Kunst (f)	fann (m)	فنّ
schönen Künste (pl)	fonūn gamīla (pl)	فنون جميلة
Kunstgalerie (f)	maʿraḍ fonūn (m)	معرض فنون
Kunstausstellung (f)	maʿraḍ fanny (m)	معرض فنّي
Malerei (f)	lawḥa (f)	لوحة
Graphik (f)	fann taṣwīry (m)	فن تصويري
abstrakte Kunst (f)	fann tagrīdy (m)	فنّ تجريدي
Impressionismus (m)	el enṭebāʿiya (f)	الإنطباعيّة
Bild (n)	lawḥa (f)	لوحة
Zeichnung (Kohle- usw.)	rasm (m)	رسم
Plakat (n)	boster (m)	بوستر
Illustration (f)	rasm tawḍīḥy (m)	رسم توضيحي
Miniatur (f)	ṣūra moṣaɣɣara (f)	صورة مصغّرة
Kopie (f)	nosχa (f)	نسخة
Reproduktion (f)	nosχa ṭebʾ el aṣl (f)	نسخة طبق الأصل
Mosaik (n)	fosayfesāʾ (f)	فسيفساء
Glasmalerei (f)	ʃebbāk ʾezāz mlawwen (m)	شبّاك قزاز ملوّن
Fresko (n)	taṣwīr gaṣṣy (m)	تصوير جصي
Gravüre (f)	naʾʃ (m)	نقش
Büste (f)	temsāl neṣfy (m)	تمثال نصفي
Skulptur (f)	naḥt (m)	نحت
Statue (f)	temsāl (m)	تمثال
Gips (m)	gibss (m)	جيبس
aus Gips	men el gebs	من الجيبس
Porträt (n)	bortreyh (m)	بورتريه
Selbstporträt (n)	bortreyh ʃaχṣy (m)	بورتريه شخصي
Landschaftsbild (n)	lawḥet manzar ṭabeeʿy (f)	لوحة منظر طبيعي
Stillleben (n)	ṭabeeʿa ṣāmeta (f)	طبيعة صامتة
Karikatur (f)	ṣūra karikatoriya (f)	صورة كاريكاتورية
Entwurf (m)	rasm tamhīdy (m)	رسم تمهيدي
Farbe (f)	lone (m)	لون
Aquarellfarbe (f)	alwān maya (m)	ألوان ميّة
Öl (n)	zeyt (m)	زيت
Bleistift (m)	ʾalam roṣāṣ (m)	قلم رصاص
Tusche (f)	ḥebr hendy (m)	حبر هندي
Kohle (f)	faḥm (m)	فحم
zeichnen (vt)	rasam	رسم
malen (vi, vt)	rasam	رسم
Modell stehen	ʾaʿad	قعد
Modell (Mask.)	modeyl ḥayī amām el rassām (m)	موديل حيّ أمام الرسّام

Modell (Fem.)	modeyl ḥayī amām el rassām (m)	موديل حيّ أمام الرسّام
Maler (m)	rassām (m)	رسّام
Kunstwerk (n)	'amal fanny (m)	عمل فنّي
Meisterwerk (n)	toḥfa faniya (f)	تحفة فنية
Atelier (n), Werkstatt (f)	warʃa (f)	ورشة
Leinwand (f)	kanava (f)	كانفا
Staffelei (f)	masnad el loḥe (m)	مسند اللوح
Palette (f)	lawḥet el alwān (f)	لوحة الألوان
Rahmen (m)	eṭār (m)	إطار
Restauration (f)	tarmīm (m)	ترميم
restaurieren (vt)	rammem	رمّم

152. Literatur und Dichtkunst

Literatur (f)	adab (m)	أدب
Autor (m)	mo'allef (m)	مؤلّف
Pseudonym (n)	esm mosta'ār (m)	اسم مستعار
Buch (n)	ketāb (m)	كتاب
Band (m)	mogallad (m)	مجلّد
Inhaltsverzeichnis (n)	gadwal el moḥtawayāt (m)	جدوّل المحتويات
Seite (f)	ṣafḥa (f)	صفحة
Hauptperson (f)	el ʃaχṣiya el ra'esiya (f)	الشخصية الرئيسية
Autogramm (n)	tawqee' el mo'allef (m)	توقيع المؤلّف
Kurzgeschichte (f)	qeṣṣa 'aṣīra (f)	قصّة قصيرة
Erzählung (f)	'oṣṣa (f)	قصّة
Roman (m)	rewāya (f)	رواية
Werk (Buch usw.)	mo'allef (m)	مؤلّف
Fabel (f)	ḥekāya (f)	حكاية
Krimi (m)	rewāya bolesiya (f)	رواية بوليسية
Gedicht (n)	'aṣīda (f)	قصيدة
Dichtung (f), Poesie (f)	ʃe'r (m)	شعر
Gedicht (n)	'aṣīda (f)	قصيدة
Dichter (m)	ʃā'er (m)	شاعر
schöne Literatur (f)	χayāl (m)	خيال
Science-Fiction (f)	χayāl 'elmy (m)	خيال علمي
Abenteuer (n)	adab el moɣamrāt (m)	أدب المغامرات
Schülerliteratur (pl)	adab tarbawy (m)	أدب تربوّي
Kinderliteratur (f)	adab el aṭfāl (m)	أدب الأطفال

153. Zirkus

Zirkus (m)	serk (m)	سيرك
Wanderzirkus (m)	serk motana''el (m)	سيرك متنقّل
Programm (n)	barnāmeg (m)	برنامج
Vorstellung (f)	adā' (m)	أداء

Nummer (f)	'arḍ (m)	عرض
Manege (f)	ḥalabet el serk (f)	حلبة السيرك
Pantomime (f)	momassel īmā'y (m)	ممثّل إيمائي
Clown (m)	aragoze (m)	أراجوز
Akrobat (m)	bahlawān (m)	بهلوان
Akrobatik (f)	al'ab bahlawaniya (f)	ألعاب بهلوانية
Turner (m)	lā'eb gombāz (m)	لاعب جمباز
Turnen (n)	gombāz (m)	جمباز
Salto (m)	ḥarakāt ʃa'laba (pl)	حركات شقلبة
Kraftmensch (m)	el ragl el qawy (m)	الرجل القوي
Bändiger, Dompteur (m)	morawweḍ (m)	مروّض
Reiter (m)	fāres (m)	فارس
Assistent (m)	mosā'ed (m)	مساعد
Trick (m)	ḥeyla (f)	حيلة
Zaubertrick (m)	χed'a seḥriya (f)	خدعة سحرية
Zauberkünstler (m)	sāḥer (m)	ساحر
Jongleur (m)	bahlawān (m)	بهلوان
jonglieren (vi)	le'eb be korāt 'adīda	لعب بكرات عديدة
Dresseur (m)	modarreb ḥayawanāt (m)	مدرّب حيوانات
Dressur (f)	tadrīb el ḥayawanāt (m)	تدريب الحيوانات
dressieren (vt)	darrab	درّب

154. Musik. Popmusik

Musik (f)	mosīqa (f)	موسيقى
Musiker (m)	'āzef (m)	عازف
Musikinstrument (n)	'āla moseqiya (f)	آلة موسيقيّة
spielen (auf der Gitarre ~)	'azaf ...	عزف...
Gitarre (f)	guitar (m)	جيتار
Geige (f)	kamān (m)	كمان
Cello (n)	el tʃello (m)	التشيلو
Kontrabass (m)	kamān kebīr (m)	كمان كبير
Harfe (f)	qesār (m)	قيثار
Klavier (n)	biano (m)	بيانو
Flügel (m)	biano kebīr (m)	بيانو كبير
Orgel (f)	arɣan (m)	أرغن
Blasinstrumente (pl)	'ālāt el nafχ (pl)	آلات النفخ
Oboe (f)	mezmār (m)	مزمار
Saxophon (n)	saksofon (m)	ساكسوفون
Klarinette (f)	klarinet (m)	كلارنيت
Flöte (f)	flute (m)	فلوت
Trompete (f)	bū' (m)	بوق
Akkordeon (n)	okordiōn (m)	أكورديون
Trommel (f)	ṭabla (f)	طبلة
Duo (n)	sonā'y (m)	ثنائي

Trio (n)	solāsy (m)	ثلاثي
Quartett (n)	robāʿy (m)	رباعي
Chor (m)	korale (m)	كورال
Orchester (n)	orkestra (f)	أوركسترا
Popmusik (f)	mosīqa el bob (f)	موسيقى البوب
Rockmusik (f)	mosīqa el rok (f)	موسيقى الروك
Rockgruppe (f)	ferʾet el rokk (f)	فرقة الروك
Jazz (m)	ʒāzz (m)	جاز
Idol (n)	maʿbūd (m)	معبود
Verehrer (m)	moʿgab (m)	معجب
Konzert (n)	ḥafla mūsiqiya (f)	حفلة موسيقيّة
Sinfonie (f)	semfoniya (f)	سمفونيّة
Komposition (f)	ʾeṭʿa mosiqiya (f)	قطعة موسيقيّة
komponieren (vt)	allaf	ألّف
Gesang (m)	ɣenāʾ (m)	غناء
Lied (n)	oɣniya (f)	أغنيّة
Melodie (f)	laḥn (m)	لحن
Rhythmus (m)	eqāʿ (m)	إيقاع
Blues (m)	mosīqa el blues (f)	موسيقى البلوز
Noten (pl)	notāt (pl)	نوتات
Taktstock (m)	ʿaṣa el maystro (m)	عصا المايسترو
Bogen (m)	qose (m)	قوس
Saite (f)	watar (m)	وتر
Koffer (Violinen-)	ʃanṭa (f)	شنطة

Erholung. Unterhaltung. Reisen

155. Ausflug. Reisen

Tourismus (m)	seyāḥa (f)	سياحة
Tourist (m)	sā'eḥ (m)	سائح
Reise (f)	reḥla (f)	رحلة
Abenteuer (n)	moɣamra (f)	مغامرة
Fahrt (f)	reḥla (f)	رحلة
Urlaub (m)	agāza (f)	أجازة
auf Urlaub sein	kān fi agāza	كان في أجازة
Erholung (f)	estrāḥa (f)	إستراحة
Zug (m)	qeṭār, 'aṭṭr (m)	قطار
mit dem Zug	bel qeṭār - bel aṭṭr	بالقطار
Flugzeug (n)	ṭayāra (f)	طيّارة
mit dem Flugzeug	bel ṭayāra	بالطيّارة
mit dem Auto	bel sayāra	بالسيّارة
mit dem Schiff	bel safīna	بالسفينة
Gepäck (n)	el ʃonaṭ (pl)	الشنط
Koffer (m)	ʃanṭa (f)	شنطة
Gepäckwagen (m)	'arabet ʃonaṭ (f)	عربة شنط
Pass (m)	basbore (m)	باسبور
Visum (n)	ta'ʃīra (f)	تأشيرة
Fahrkarte (f)	tazkara (f)	تذكرة
Flugticket (n)	tazkara ṭayarān (f)	تذكرة طيران
Reiseführer (m)	dalīl (m)	دليل
Landkarte (f)	χarīṭa (f)	خريطة
Gegend (f)	mante'a (f)	منطقة
Ort (wunderbarer ~)	makān (m)	مكان
Exotika (pl)	ɣarāba (f)	غرابة
exotisch	ɣarīb	غريب
erstaunlich (Adj)	mod-heʃ	مدهش
Gruppe (f)	magmū'a (f)	مجموعة
Ausflug (m)	gawla (f)	جولة
Reiseleiter (m)	morʃed (m)	مرشد

156. Hotel

Hotel (n)	fondo' (m)	فندق
Motel (n)	motel (m)	موتيل
drei Sterne	talat nogūm	ثلاث نجوم

fünf Sterne	χamas nogūm	خمس نجوم
absteigen (vi)	nezel	نزل
Hotelzimmer (n)	oḍa (f)	أوضة
Einzelzimmer (n)	owḍa le ʃaχṣ wāḥed (f)	أوضة لشخص واحد
Zweibettzimmer (n)	oḍa le ʃaχṣeyn (f)	أوضة لشخصين
reservieren (vt)	ḥagaz owḍa	حجز أوضة
Halbpension (f)	wagbeteyn fel yome (du)	وجبتين في اليوم
Vollpension (f)	talat wagabāt fel yome	ثلاث وجبات في اليوم
mit Bad	bel banyo	بـ البانيو
mit Dusche	bel doʃ	بالدوش
Satellitenfernsehen (n)	televizion be qanawāt faḍā'iya (m)	تليفزيون بقنوات فضائية
Klimaanlage (f)	takyīf (m)	تكييف
Handtuch (n)	fūṭa (f)	فوطة
Schlüssel (m)	meftāḥ (m)	مفتاح
Verwalter (m)	modīr (m)	مدير
Zimmermädchen (n)	ʿāmela tandīf ɣoraf (f)	عاملة تنظيف غرف
Träger (m)	ʃayāl (m)	شيّال
Portier (m)	bawwāb (m)	بوّاب
Restaurant (n)	maṭʿam (m)	مطعم
Bar (f)	bār (m)	بار
Frühstück (n)	foṭūr (m)	فطور
Abendessen (n)	ʿaʃā' (m)	عشاء
Buffet (n)	bofeyh (m)	بوفيه
Foyer (n)	rad-ha (f)	ردهة
Aufzug (m), Fahrstuhl (m)	asanseyr (m)	اسانسير
BITTE NICHT STÖREN!	nargu ʿadam el ezʿāg	نرجو عدم الإزعاج
RAUCHEN VERBOTEN!	mamnūʿ el tadχīn	ممنوع التدخين

157. Bücher. Lesen

Buch (n)	ketāb (m)	كتاب
Autor (m)	mo'allef (m)	مؤلّف
Schriftsteller (m)	kāteb (m)	كاتب
verfassen (vt)	allaf	ألّف
Leser (m)	qāre' (m)	قارئ
lesen (vi, vt)	'ara	قرأ
Lesen (n)	qerā'a (f)	قراءة
still (~ lesen)	beṣamt	بصمت
laut (Adv)	beṣote ʿāly	بصوت عالي
verlegen (vt)	naʃar	نشر
Ausgabe (f)	naʃr (m)	نشر
Herausgeber (m)	nāʃer (m)	ناشر
Verlag (m)	dar el ṭebāʿa wel naʃr (f)	دار الطباعة والنشر

erscheinen (Buch)	ṣadar	صدر
Erscheinen (n)	ṣodūr (m)	صدور
Auflage (f)	ʿadad el nosaχ (m)	عدد النسخ
Buchhandlung (f)	maḥal kotob (m)	محل كتب
Bibliothek (f)	maktaba (f)	مكتبة
Erzählung (f)	ʾoṣṣa (f)	قصّة
Kurzgeschichte (f)	qeṣṣa ʾaṣīra (f)	قصّة قصيرة
Roman (m)	rewāya (f)	رواية
Krimi (m)	rewāya bolesiya (f)	رواية بوليسية
Memoiren (pl)	mozakkerāt (pl)	مذكّرات
Legende (f)	osṭūra (f)	أسطورة
Mythos (m)	χorāfa (f)	خرافة
Gedichte (pl)	ʃeʿr (m)	شعر
Autobiographie (f)	sīret ḥayah (f)	سيرة حياة
ausgewählte Werke (pl)	muχtarāt (pl)	مختارات
Science-Fiction (f)	χayāl ʿelmy (m)	خيال علمي
Titel (m)	ʿenwān (m)	عنوان
Einleitung (f)	moqaddema (f)	مقدّمة
Titelseite (f)	ṣafḥet ʿenwān (f)	صفحة العنوان
Kapitel (n)	faṣl (m)	فصل
Auszug (m)	χolāṣa (f)	خلاصة
Episode (f)	maʃ-had (m)	مشهد
Sujet (n)	ḥabka (f)	حبّكة
Inhalt (m)	moḥtawayāt (pl)	محتويات
Inhaltsverzeichnis (n)	gadwal el moḥtawayāt (m)	جدوّل المحتويات
Hauptperson (f)	el ʃaχṣiya el raʾesiya (f)	الشخصية الرئيسية
Band (m)	mogallad (m)	مجلّد
Buchdecke (f)	ɣelāf (m)	غلاف
Einband (m)	taglīd (m)	تجليد
Lesezeichen (n)	ʃerīʾṭ (m)	شريط
Seite (f)	ṣafḥa (f)	صفحة
blättern (vi)	ʾalleb el ṣafaḥāt	قلّب الصفحات
Ränder (pl)	hāmeʃ (m)	هامش
Notiz (f)	molaḥza (f)	ملاحظة
Anmerkung (f)	molaḥza (f)	ملاحظة
Text (m)	noṣṣ (m)	نصّ
Schrift (f)	nūʿ el χaṭṭ (m)	نوع الخطّ
Druckfehler (m)	χaṭaʾ maṭbaʿy (m)	خطأ مطبعيّ
Übersetzung (f)	targama (f)	ترجمة
übersetzen (vt)	targem	ترجم
Original (n)	aṣliya (f)	أصلية
berühmt	maʃ-hūr	مشهور
unbekannt	meʃ maʿrūf	مش معروف
interessant	moʃawweq	مشوّق

Bestseller (m)	aktar mabee'an (m)	أكثر مبيعاً
Wörterbuch (n)	qamūs (m)	قاموس
Lehrbuch (n)	ketāb ta'līm (m)	كتاب تعليم
Enzyklopädie (f)	ensayklopedia (f)	إنسيكلوبيديا

158. Jagen. Fischen

Jagd (f)	ṣeyd (m)	صيد
jagen (vi)	eṣṭād	إصطاد
Jäger (m)	ṣayād (m)	صيّاد
schießen (vi)	ḍarab bel nār	ضرب بالنار
Gewehr (n)	bondoqiya (f)	بندقيّة
Patrone (f)	roṣāṣa (f)	رصاصة
Schrot (n)	'eyār (m)	عيار
Falle (f)	maṣyada (f)	مصيّدة
Schlinge (f)	fakχ (m)	فخّ
in die Falle gehen	we'e' fe fakχ	وقع في فخّ
eine Falle stellen	naṣb fakχ	نصب فخّ
Wilddieb (m)	sāre' el ṣeyd (m)	سارق الصيد
Wild (n)	ṣeyd (m)	صيد
Jagdhund (m)	kalb ṣeyd (m)	كلب صيد
Safari (f)	safāry (m)	سفاري
ausgestopftes Tier (n)	ḥayawān moḥannaṭ (m)	حيوان محنّط
Fischer (m)	ṣayād el samak (m)	صيّاد السمك
Fischen (n)	ṣeyd el samak (m)	صيد السمك
angeln, fischen (vt)	eṣṭād samak	إصطاد سمك
Angel (f)	ṣennāra (f)	صنّارة
Angelschnur (f)	χeyṭ (m)	خيط
Haken (m)	ʃaṣ el garīma (m)	شص الصيد
Schwimmer (m)	'awwāma (f)	عوّامة
Köder (m)	ṭa'm (m)	طعم
die Angel auswerfen	ṭaraḥ el ṣennāra	طرح الصنّارة
anbeißen (vi)	'aḍḍ	عضّ
Fang (m)	el samak el moṣṭād (m)	السمك المصطاد
Eisloch (n)	fat-ḥa fel galīd (f)	فتحة في الجليد
Netz (n)	ʃabaket el ṣeyd (f)	شبكة الصيد
Boot (n)	markeb (m)	مركب
mit dem Netz fangen	eṣṭād bel ʃabaka	إصطاد بالشبكة
das Netz hineinwerfen	rama ʃabaka	رمى شبكة
das Netz einholen	aχrag ʃabaka	أخرج شبكة
ins Netz gehen	we'e' fe ʃabaka	وقع في شبكة
Walfänger (m)	ṣayād el ḥūt (m)	صيّاد الحوت
Walfangschiff (n)	safīna ṣeyd ḥitān (f)	سفينة صيد الحيتان
Harpune (f)	ḥerba (f)	حربة

159. Spiele. Billard

Billard (n)	bilyardo (m)	بلياردو
Billardzimmer (n)	qā'a bilyardo (m)	قاعة بلياردو
Billardkugel (f)	kora (f)	كرة
eine Kugel einlochen	dakχal kora	دخّل كرة
Queue (n)	'aṣāyet bilyardo (f)	عصاية بلياردو
Tasche (f), Loch (n)	geyb bilyardo (m)	جيب بلياردو

160. Spiele. Kartenspiele

Karo (n)	el dinary (m)	الديناري
Pik (n)	el bastūny (m)	البستوني
Herz (n)	el koba (f)	الكوبة
Kreuz (n)	el sebāty (m)	السباتي
As (n)	'āss (m)	آس
König (m)	malek (m)	ملك
Dame (f)	maleka (f)	ملكة
Bube (m)	walad (m)	ولد
Spielkarte (f)	wara'a (f)	ورقة
Karten (pl)	wara' (m)	ورق
Trumpf (m)	wara'a rābeḥa (f)	ورقة رابحة
Kartenspiel (abgenutztes ~)	desta wara' 'enab (f)	دستة ورق اللعب
Punkt (m)	nu'ṭa (f)	نقطة
ausgeben (vt)	farra'	فرّق
mischen (vt)	χalaṭ	خلط
Zug (m)	dore (m)	دور
Falschspieler (m)	moḥtāl fel 'omār (m)	محتال في القمار

161. Kasino. Roulette

Kasino (n)	kazino (m)	كازينو
Roulette (n)	rulett (m)	روليت
Einsatz (m)	rahān (m)	رهان
setzen (auf etwas ~)	qāmar	قامر
Rot (n)	aḥmar (m)	أحمر
Schwarz (n)	aswad (m)	أسود
auf Rot setzen	rāhen 'ala el aḥmar	راهن على الأحمر
auf Schwarz setzen	rāhen 'ala el aswad	راهن على الأسود
Croupier (m)	mowazzaf nādy el 'omār (m)	موظّف نادى القمار
das Rad drehen	dawwar el 'agala	دوّر العجلة
Spielregeln (pl)	qawā'ed (pl)	قواعد
Spielmarke (f)	fīʃa (f)	فيشة
gewinnen (vt)	keseb	كسب
Gewinn (m)	rebḥ (m)	ربح

verlieren (vt)	χeser	خسر
Verlust (m)	χesāra (f)	خسارة
Spieler (m)	lā'eb (m)	لاعب
Blackjack (n)	blɛkdʒɛk (m)	بلاك جاك
Würfelspiel (n)	le'bet el nard (f)	لعبة النرد
Würfeln (pl)	zahr el nard (m)	زهر النرد
Spielautomat (m)	'ālet qomār (f)	آلة قمار

162. Erholung. Spiele. Verschiedenes

spazieren gehen (vi)	tamasʃa	تمشّى
Spaziergang (m)	tamʃeya (f)	تمشيّة
Fahrt (im Wagen)	gawla bel sayāra (f)	جولة بالسيّارة
Abenteuer (n)	moɣamra (f)	مغامرة
Picknick (n)	nozha (f)	نزهة
Spiel (n)	le'ba (f)	لعبة
Spieler (m)	lā'eb (m)	لاعب
Partie (f)	dore (m)	دور
Sammler (m)	gāme' (m)	جامع
sammeln (vt)	gamma'	جمّع
Sammlung (f)	magmū'a (f)	مجموعة
Kreuzworträtsel (n)	kalemāt motaqaṭ'a (pl)	كلمات متقاطعة
Rennbahn (f)	ḥalabet el sebā' (f)	حلبة السباق
Diskothek (f)	disko (m)	ديسكو
Sauna (f)	sauna (f)	ساونا
Lotterie (f)	yanaṣīb (m)	يانصيب
Wanderung (f)	reḥlet taχyīm (f)	رحلة تخييم
Lager (n)	moχayam (m)	مخيّم
Zelt (n)	χeyma (f)	خيمة
Kompass (m)	boṣla (f)	بوصلة
Tourist (m)	moχayam (m)	مخيّم
fernsehen (vi)	ʃāhed	شاهد
Fernsehzuschauer (m)	moʃāhed (m)	مشاهد
Fernsehsendung (f)	barnāmeg televiziony (m)	برنامج تليفزيوني

163. Fotografie

Kamera (f)	kamera (f)	كاميرا
Foto (n)	ṣūra (f)	صورة
Fotograf (m)	moṣawwer (m)	مصوّر
Fotostudio (n)	estudio taṣwīr (m)	إستوديو تصوير
Fotoalbum (n)	albūm el ṣewar (m)	ألبوم الصور
Objektiv (n)	'adaset kamera (f)	عدسة الكاميرا
Teleobjektiv (n)	'adasa teleskopiya (f)	عدسة تلسكوبيّة

Filter (n)	filter (m)	فلتر
Linse (f)	‘adasa (f)	عدسة
Optik (f)	baṣrīāt (pl)	بصريات
Blende (f)	saddāda (f)	سدّادة
Belichtungszeit (f)	moddet el ta‘arroḍ (f)	مدّة التعرض
Sucher (m)	el ‘eyn el faḥeṣa (f)	العين الفاحصة
Digitalkamera (f)	kamera diʒital (f)	كاميرا ديجيتال
Stativ (n)	tribod (m)	ترايبود
Blitzgerät (n)	flāʃ (m)	فلاش
fotografieren (vt)	ṣawwar	صوّر
aufnehmen (vt)	ṣawwar	صوّر
sich fotografieren lassen	etṣawwar	إتصوّر
Fokus (m)	tarkīz (m)	تركيز
den Fokus einstellen	rakkez	ركّز
scharf (~ abgebildet)	ḥādda	حادّة
Schärfe (f)	ḥedda (m)	حدّة
Kontrast (m)	tabāyon (m)	تباين
kontrastreich	motabāyen	متباين
Aufnahme (f)	ṣūra (f)	صورة
Negativ (n)	el nosχa el salba (f)	النسخة السالبة
Rollfilm (m)	film (m)	فيلم
Einzelbild (n)	eṭār (m)	إطار
drucken (vt)	ṭaba‘	طبع

164. Strand. Schwimmen

Strand (m)	ʃāṭe’ (m)	شاطئ
Sand (m)	raml (m)	رمل
menschenleer	mahgūr	مهجور
Bräune (f)	esmerār el baʃra (m)	إسمرار البشرة
sich bräunen	etʃammes	إتشمّس
gebräunt	asmar	أسمر
Sonnencreme (f)	krīm wāqy men el ʃams (m)	كريم واقي من الشمس
Bikini (m)	bikini (m)	بكيني
Badeanzug (m)	mayo (m)	مايّوه
Badehose (f)	mayo regāly (m)	مايّوه رجالي
Schwimmbad (n)	ḥammām sebāḥa (m)	حمّام سباحة
schwimmen (vi)	‘ām, sabaḥ	عام, سبح
Dusche (f)	doʃ (m)	دوش
sich umkleiden	ɣayar lebso	غيّر لبسه
Handtuch (n)	fūṭa (f)	فوطة
Boot (n)	markeb (m)	مركب
Motorboot (n)	lunʃ (m)	لنش
Wasserski (m)	tazallog ‘alal mā’ (m)	تزلّج على الماء

Tretboot (n)	el baddāl (m)	البدّال
Surfen (n)	surfing (m)	سيرفينج
Surfer (m)	rākeb el amwāg (m)	راكب الأمواج
Tauchgerät (n)	gehāz el tanaffos (m)	جهاز التنفّس
Schwimmflossen (pl)	za'ānef el sebāḥa (pl)	زعانف السباحة
Maske (f)	kamāma (f)	كمامة
Taucher (m)	ɣawwāṣ (m)	غوّاص
tauchen (vi)	ɣāṣ	غاص
unter Wasser	taḥt el maya	تحت المايّة
Sonnenschirm (m)	ʃamsiya (f)	شمسيّة
Liege (f)	korsy blāʒ (m)	كرسي بلاج
Sonnenbrille (f)	naḍḍāret ʃams (f)	نضّارة شمس
Schwimmmatratze (f)	martaba hawa'iya (f)	مرتبة هوائية
spielen (vi, vt)	le'eb	لعب
schwimmen gehen	sebeḥ	سبح
Ball (m)	koret ʃaṭṭ (f)	كرة شطّ
aufblasen (vt)	nafaχ	نفخ
aufblasbar	qābel lel nafχ	قابل للنفخ
Welle (f)	mouga (f)	موجة
Boje (f)	ʃamandūra (f)	شمندورة
ertrinken (vi)	ɣere'	غرق
retten (vt)	anqaz	أنقذ
Schwimmweste (f)	sotret nagah (f)	سترة نجاة
beobachten (vt)	rāqab	راقب
Bademeister (m)	ḥāres ʃāṭe' (m)	حارس شاطئ

TECHNISCHES ZUBEHÖR. TRANSPORT

Technisches Zubehör

165. Computer

Computer (m)	kombuter (m)	كمبيوتر
Laptop (m), Notebook (n)	lab tob (m)	لابتوب
einschalten (vt)	fataḥ, ʃagɣal	فتح, شغّل
abstellen (vt)	ṭaffa	طفّى
Tastatur (f)	lawḥet el mafatīḥ (f)	لوحة المفاتيح
Taste (f)	meftāḥ (m)	مفتاح
Maus (f)	maws (m)	ماوس
Mousepad (n)	maws bād (m)	ماوس باد
Knopf (m)	zerr (m)	زرّ
Cursor (m)	mo'asʃer (m)	مؤشّر
Monitor (m)	ʃāʃa (f)	شاشة
Schirm (m)	ʃāʃa (f)	شاشة
Festplatte (f)	hard disk (m)	هارد ديسك
Festplattengröße (f)	se'et el hard disk (f)	سعة الهارد ديسك
Speicher (m)	zākera (f)	ذاكرة
Arbeitsspeicher (m)	zākerat el woṣūl el 'aʃwā'y (f)	ذاكرة الوصول العشوائي
Datei (f)	malaff (m)	ملفّ
Ordner (m)	ḥāfeza (m)	حافظة
öffnen (vt)	fataḥ	فتح
schließen (vt)	'afal	قفل
speichern (vt)	ḥafaẓ	حفظ
löschen (vt)	masaḥ	مسح
kopieren (vt)	nasaχ	نسخ
sortieren (vt)	ṣannaf	صنّف
transferieren (vt)	na'al	نقل
Programm (n)	barnāmeg (m)	برنامج
Software (f)	barmagīāt (pl)	برمجيّات
Programmierer (m)	mobarmeg (m)	مبرمج
programmieren (vt)	barmag	برمج
Hacker (m)	haker (m)	هاكر
Kennwort (n)	kelmet el serr (f)	كلمة السرّ
Virus (m, n)	virūs (m)	فيروس
entdecken (vt)	la'a	لقى
Byte (n)	byte (m)	بايت

Megabyte (n)	megabayt (m)	ميجا بايت
Daten (pl)	bayanāt (pl)	بيانات
Datenbank (f)	qa'edet bayanāt (f)	قاعدة بيانات
Kabel (n)	kabl (m)	كابل
trennen (vt)	faṣal	فصل
anschließen (vt)	waṣṣal	وصّل

166. Internet. E-Mail

Internet (n)	internet (m)	إنترنت
Browser (m)	motaṣaffeḥ (m)	متصفّح
Suchmaschine (f)	moḥarrek baḥs (m)	محرك بحث
Provider (m)	ʃerket el internet (f)	شركة الإنترنت
Webmaster (m)	modīr el mawqe' (m)	مدير الموقع
Website (f)	mawqe' elektrony (m)	موقع الكتروني
Webseite (f)	ṣafḥet web (f)	صفحة ويب
Adresse (f)	'enwān (m)	عنوان
Adressbuch (n)	daftar el 'anawīn (m)	دفتر العناوين
Mailbox (f)	ṣandū' el barīd (m)	صندوق البريد
Post (f)	barīd (m)	بريد
überfüllt (-er Briefkasten)	mumtali'	ممتلىء
Mitteilung (f)	resāla (f)	رسالة
eingehenden Nachrichten	rasa'el wārda (pl)	رسائل واردة
ausgehenden Nachrichten	rasa'el ṣādra (pl)	رسائل صادرة
Absender (m)	morsel (m)	مرسل
senden (vt)	arsal	أرسل
Absendung (f)	ersāl (m)	إرسال
Empfänger (m)	morsel elayh (m)	مرسل إليه
empfangen (vt)	estalam	إستلم
Briefwechsel (m)	morasla (f)	مراسلة
im Briefwechsel stehen	tarāsal	تراسل
Datei (f)	malaff (m)	ملفّ
herunterladen (vt)	ḥammel	حمّل
schaffen (vt)	'amal	عمل
löschen (vt)	masaḥ	مسح
gelöscht (Datei)	mamsūḥ	ممسوح
Verbindung (f)	etteṣāl (m)	إتّصال
Geschwindigkeit (f)	sor'a (f)	سرعة
Modem (n)	modem (m)	مودم
Zugang (m)	woṣūl (m)	وصول
Port (m)	maχrag (m)	مخرج
Anschluss (m)	etteṣāl (m)	إتّصال
sich anschließen	yuwṣel	يوصل
auswählen (vt)	eχtār	إختار
suchen (vt)	baḥs	بحث

167. Elektrizität

Elektrizität (f)	kahraba' (m)	كهرباء
elektrisch	kahrabā'y	كهربائي
Elektrizitätswerk (n)	maḥaṭṭa kahraba'iya (f)	محطّة كهربائيّة
Energie (f)	ṭāqa (f)	طاقة
Strom (m)	ṭāqa kahraba'iya (f)	طاقة كهربائيّة
Glühbirne (f)	lammba (f)	لمّبة
Taschenlampe (f)	kasʃāf el nūr (m)	كشّاف النور
Straßenlaterne (f)	'amūd el nūr (m)	عمود النور
Licht (n)	nūr (m)	نور
einschalten (vt)	fataḥ, ʃagɣal	فتح, شغّل
ausschalten (vt)	ṭaffa	طفّى
das Licht ausschalten	ṭaffa el nūr	طفّى النور
durchbrennen (vi)	etṭafa	إتّطفى
Kurzschluss (m)	dayra kahraba'iya 'aṣīra (f)	دائرة كهربائية قصيرة
Riß (m)	selk ma'ṭū' (m)	سلك مقطوع
Kontakt (m)	talāmos (m)	تلامس
Schalter (m)	meftāḥ el nūr (m)	مفتاح النور
Steckdose (f)	bareza el kaharaba' (f)	بريزة الكهرباء
Stecker (m)	fīʃet el kahraba' (f)	فيشة الكهرباء
Verlängerung (f)	selk tawṣīl (m)	سلك توصيل
Sicherung (f)	fetīl (m)	فتيل
Leitungsdraht (m)	selk (m)	سلك
Verdrahtung (f)	aslāk (pl)	أسلاك
Ampere (n)	ambere (m)	أمبير
Stromstärke (f)	ʃeddet el tayār (f)	شدّة التيّار
Volt (n)	volt (m)	فولت
Voltspannung (f)	el gohd el kaharab'y (m)	الجهد الكهربائي
Elektrogerät (n)	gehāz kahrabā'y (m)	جهاز كهربائي
Indikator (m)	mo'asʃer (m)	مؤشّر
Elektriker (m)	kahrabā'y (m)	كهربائي
löten (vt)	laḥam	لحم
Lötkolben (m)	adat laḥm (f)	إداة لحم
Strom (m)	tayār kahrabā'y (m)	تيّاركهربائي

168. Werkzeug

Werkzeug (n)	adah (f)	أداة
Werkzeuge (pl)	adawāt (pl)	أدوات
Ausrüstung (f)	mo'eddāt (pl)	معدّات
Hammer (m)	ʃakūʃ (m)	شاكوش
Schraubenzieher (m)	mefakk (m)	مفكّ
Axt (f)	fa's (m)	فأس

Säge (f)	monʃār (m)	منشار
sägen (vt)	naʃar	نشر
Hobel (m)	meshāg (m)	مسحاج
hobeln (vt)	saḥag	سحج
Lötkolben (m)	adat laḥm (f)	إداة لحم
löten (vt)	laḥam	لحم
Feile (f)	mabrad (m)	مبرد
Kneifzange (f)	kamʃa (f)	كمشة
Flachzange (f)	zardiya (f)	زرديّة
Stemmeisen (n)	ezmīl (m)	إزميل
Bohrer (m)	mesqāb (m)	مثقاب
Bohrmaschine (f)	drill kahrabā'y (m)	دريل كهربائي
bohren (vt)	ḥafar	حفر
Messer (n)	sekkīna (f)	سكّينة
Taschenmesser (n)	sekkīnet gīb (m)	سكّينة جيب
Klinge (f)	ʃafra (f)	شفرة
scharf (-e Messer usw.)	ḥād	حاد
stumpf	telma	تلمة
stumpf werden (vi)	kānet telma	كانت تلمة
schärfen (vt)	sann	سنّ
Bolzen (m)	mesmār 'alawoze (m)	مسمار قلاووظ
Mutter (f)	ṣamūla (f)	صامولة
Gewinde (n)	χaʃχana (f)	خشخنة
Holzschraube (f)	'alawūz (m)	قلاووظ
Nagel (m)	mesmār (m)	مسمار
Nagelkopf (m)	rās el mesmār (m)	رأس المسمار
Lineal (n)	masṭara (f)	مسطرة
Metermaß (n)	ʃerī'ṭ el 'eyās (m)	شريط القياس
Wasserwaage (f)	mizān el maya (m)	ميزان الميّة
Lupe (f)	'adasa mokabbera (f)	عدسة مكبّرة
Messinstrument (n)	gehāz 'eyās (m)	جهاز قياس
messen (vt)	'ās	قاس
Skala (f)	me'yās (m)	مقياس
Ablesung (f)	qerā'a (f)	قراءة
Kompressor (m)	kombressor (m)	كومبرسور
Mikroskop (n)	mikroskob (m)	ميكروسكوب
Pumpe (f)	ṭolommba (f)	طلمّبة
Roboter (m)	robot (m)	روبوت
Laser (m)	laser (m)	ليزر
Schraubenschlüssel (m)	meftāḥ rabṭ (m)	مفتاح ربط
Klebeband (n)	laz' (m)	لزق
Klebstoff (m)	ṣamɣ (m)	صمغ
Sandpapier (n)	wara' ṣanfara (m)	ورق صنفرة
Sprungfeder (f)	sosta (f)	سوستة

Magnet (m)	meɣnaṭīs (m)	مغنطيس
Handschuhe (pl)	gwanty (m)	جوانتي
Leine (f)	ḥabl (m)	حبل
Schnur (f)	selk (m)	سلك
Draht (m)	selk (m)	سلك
Kabel (n)	kabl (m)	كابل
schwerer Hammer (m)	marzaba (f)	مرزبة
Brecheisen (n)	ʿatala (f)	عتلة
Leiter (f)	sellem (m)	سلّم
Trittleiter (f)	sellem naʾāl (m)	سلّم نقال
zudrehen (vt)	aḥkam el ʃadd	أحكم الشدّ
abdrehen (vt)	fataḥ	فتح
zusammendrücken (vt)	kamaʃ	كمش
ankleben (vt)	alṣaq	ألصق
schneiden (vt)	ʾaṭaʿ	قطع
Störung (f)	ʿoṭl (m)	عطل
Reparatur (f)	taṣlīḥ (m)	تصليح
reparieren (vt)	ṣallaḥ	صلّح
einstellen (vt)	ḍabaṭ	ضبط
prüfen (vt)	eχtabar	إختبر
Prüfung (f)	faḥṣ (m)	فحص
Ablesung (f)	qerāʾa (f)	قراءة
sicher (zuverlässigen)	matīn	متين
kompliziert (Adj)	morakkab	مركّب
verrosten (vi)	ṣadaʾ	صدئ
rostig	meṣaddy	مصدّي
Rost (m)	ṣadaʾ (m)	صدأ

Transport

169. Flugzeug

Flugzeug (n)	ṭayāra (f)	طيّارة
Flugticket (n)	tazkara ṭayarān (f)	تذكرة طيران
Fluggesellschaft (f)	ʃerket ṭayarān (f)	شركة طيران
Flughafen (m)	maṭār (m)	مطار
Überschall-	χāreq lel ṣote	خارق للصوت
Flugkapitän (m)	kabten (m)	كابتن
Besatzung (f)	ṭa'm (m)	طقم
Pilot (m)	ṭayār (m)	طيّار
Flugbegleiterin (f)	moḍīfet ṭayarān (f)	مضيفة طيران
Steuermann (m)	mallāḥ (m)	ملاّح
Flügel (pl)	agneḥa (pl)	أجنحة
Schwanz (m)	deyl (m)	ذيل
Kabine (f)	kabīna (f)	كابينة
Motor (m)	motore (m)	موتور
Fahrgestell (n)	ʿagalāt el hobūṭ (pl)	عجلات الهبوط
Turbine (f)	torbīna (f)	توربينة
Propeller (m)	marwaḥa (f)	مروّحة
Flugschreiber (m)	mosaggel el ṭayarān (m)	مسجّل الطيران
Steuerrad (n)	moqawwed el ṭayāra (m)	مقوّد الطيّارة
Treibstoff (m)	woqūd (m)	وقود
Sicherheitskarte (f)	beṭā'et el salāma (f)	بطاقة السلامة
Sauerstoffmaske (f)	mask el oksyʒīn (m)	ماسك الاوكسيجين
Uniform (f)	zayī muwaḥḥad (m)	زيّ موحّد
Rettungsweste (f)	sotret nagah (f)	سترة نجاة
Fallschirm (m)	baraʃot (m)	باراشوت
Abflug, Start (m)	eqlāʿ (m)	إقلاع
starten (vi)	aqlaʿet	أقلعت
Startbahn (f)	modarrag el ṭa'erāṭ (m)	مدرّج الطائرات
Sicht (f)	ro'ya (f)	رؤية
Flug (m)	ṭayarān (m)	طيران
Höhe (f)	ertefāʿ (m)	إرتفاع
Luftloch (n)	geyb hawā'y (m)	جيب هوائي
Platz (m)	meqʿad (m)	مقعد
Kopfhörer (m)	sammaʿāt ra'siya (pl)	سمّاعات رأسية
Klapptisch (m)	ṣeniya qabela lel ṭayī (f)	صينية قابلة للطيّ
Bullauge (n)	ʃebbāk el ṭayāra (m)	شبّاك الطيّارة
Durchgang (m)	mamarr (m)	ممرّ

170. Zug

Zug (m)	qeṭār, ʾaṭṛ (m)	قطار
elektrischer Zug (m)	qeṭār rokkāb (m)	قطار ركّاب
Schnellzug (m)	qeṭār sareeʿ (m)	قطار سريع
Diesellok (f)	qāṭeret dīzel (f)	قاطرة ديزل
Dampflok (f)	qāṭera boχariya (f)	قاطرة بخاريّة
Personenwagen (m)	ʿaraba (f)	عربة
Speisewagen (m)	ʿarabet el ṭaʿām (f)	عربة الطعام
Schienen (pl)	qoḍbān (pl)	قضبان
Eisenbahn (f)	sekka ḥadīdiya (f)	سكّة حديديّة
Bahnschwelle (f)	ʿāreḍa sekket ḥadīd (f)	عارضة سكّة الحديد
Bahnsteig (m)	raṣīf (m)	رصيف
Gleis (n)	χaṭṭ (m)	خطّ
Eisenbahnsignal (n)	semafore (m)	سيمافور
Station (f)	maḥaṭṭa (f)	محطّة
Lokomotivführer (m)	sawwāʾ (m)	سوّاق
Träger (m)	ʃayāl (m)	شيّال
Schaffner (m)	masʾūl ʿarabet el qeṭār (m)	مسؤول عربة القطار
Fahrgast (m)	rākeb (m)	راكب
Fahrkartenkontrolleur (m)	kamsary (m)	كمسري
Flur (m)	mamarr (m)	ممرّ
Notbremse (f)	farāmel el ṭawāreʾ (pl)	فرامل الطوارئ
Abteil (n)	ɣorfa (f)	غرفة
Liegeplatz (m), Schlafkoje (f)	serīr (m)	سرير
oberer Liegeplatz (m)	serīr ʿolwy (m)	سرير علويّ
unterer Liegeplatz (m)	serīr sofly (m)	سرير سفلي
Bettwäsche (f)	aɣṭeyet el serīr (pl)	أغطية السرير
Fahrkarte (f)	tazkara (f)	تذكرة
Fahrplan (m)	gadwal (m)	جدوّل
Anzeigetafel (f)	lawḥet maʿlomāt (f)	لوحة معلومات
abfahren (der Zug)	ɣādar	غادر
Abfahrt (f)	moɣadra (f)	مغادرة
ankommen (der Zug)	weṣel	وصل
Ankunft (f)	woṣūl (m)	وصول
mit dem Zug kommen	weṣel bel qeṭār	وصل بالقطار
in den Zug einsteigen	rekeb el qeṭār	ركب القطار
aus dem Zug aussteigen	nezel men el qeṭār	نزل من القطار
Zugunglück (n)	ḥeṭām qeṭār (m)	حطام قطار
entgleisen (vi)	χarag ʿan χaṭṭ sīru	خرج عن خطّ سيره
Dampflok (f)	qāṭera boχariya (f)	قاطرة بخاريّة
Heizer (m)	ʿaṭʃagy (m)	عطشجي
Feuerbüchse (f)	forn el moḥarrek (m)	فرن المحرّك
Kohle (f)	faḥm (m)	فحم

171. Schiff

Schiff (n)	safīna (f)	سفينة
Fahrzeug (n)	safīna (f)	سفينة
Dampfer (m)	baχera (f)	باخرة
Motorschiff (n)	baχera nahriya (f)	باخرة نهرية
Kreuzfahrtschiff (n)	safīna seyaḥiya (f)	سفينة سياحيّة
Kreuzer (m)	ṭarrād safīna baḥariya (m)	طرّاد سفينة بحريّة
Jacht (f)	yaχt (m)	يخت
Schlepper (m)	qāṭera baḥariya (f)	قاطرة بحريّة
Lastkahn (m)	ṣandal (m)	صندل
Fähre (f)	'abbāra (f)	عبّارة
Segelschiff (n)	safīna ʃera'iya (m)	سفينة شراعيّة
Brigantine (f)	markeb ʃerā'y (m)	مركب شراعي
Eisbrecher (m)	moḥaṭṭemet galīd (f)	محطّمة جليد
U-Boot (n)	ɣawwāṣa (f)	غوّاصة
Boot (n)	markeb (m)	مركب
Dingi (n), Beiboot (n)	zawra' (m)	زورق
Rettungsboot (n)	qāreb nagah (m)	قارب نجاة
Motorboot (n)	lunʃ (m)	لنش
Kapitän (m)	'obṭān (m)	قبطان
Matrose (m)	baḥḥār (m)	بحّار
Seemann (m)	baḥḥār (m)	بحّار
Besatzung (f)	ṭāqem (m)	طاقم
Bootsmann (m)	rabbān (m)	ربّان
Schiffsjunge (m)	ṣaby el safīna (m)	صبي السفينة
Schiffskoch (m)	ṭabbāχ (m)	طبّاخ
Schiffsarzt (m)	ṭabīb el safīna (m)	طبيب السفينة
Deck (n)	saṭ-ḥ el safīna (m)	سطح السفينة
Mast (m)	sāreya (f)	سارية
Segel (n)	ʃerā' (m)	شراع
Schiffsraum (m)	'anbar (m)	عنبر
Bug (m)	mo'addema (m)	مقدّمة
Heck (n)	mo'aχeret el safīna (f)	مؤخّرة السفينة
Ruder (n)	megdāf (m)	مجذاف
Schraube (f)	marwaḥa (f)	مروّحة
Kajüte (f)	kabīna (f)	كابينة
Messe (f)	ɣorfet el ṭa'ām wel rāḥa (f)	غرفة الطعام والراحة
Maschinenraum (m)	qesm el 'ālāt (m)	قسم الآلات
Kommandobrücke (f)	borg el qeyāda (m)	برج القيادة
Funkraum (m)	ɣorfet el lāselky (f)	غرفة اللاسلكي
Radiowelle (f)	mouga (f)	موجة
Schiffstagebuch (n)	segel el safīna (m)	سجل السفينة
Fernrohr (n)	monzār (m)	منظار
Glocke (f)	garas (m)	جرس

Fahne (f)	ʻalam (m)	علم
Seil (n)	ḥabl (m)	حبل
Knoten (m)	ʻoʼda (f)	عقدة
Geländer (n)	drabzīn saṭ-ḥ el safīna (m)	درابزين سطح السفينة
Treppe (f)	sellem (m)	سلّم
Anker (m)	marsāh (f)	مرساة
den Anker lichten	rafaʻ morsah	رفع مرساة
Anker werfen	rasa	رسا
Ankerkette (f)	selselet morsah (f)	سلسلة مرساة
Hafen (m)	mināʼ (m)	ميناء
Anlegestelle (f)	marsa (m)	مرسى
anlegen (vi)	rasa	رسا
abstoßen (vt)	aqlaʻ	أقلع
Reise (f)	reḥla (f)	رحلة
Kreuzfahrt (f)	reḥla baḥariya (f)	رحلة بحريّة
Kurs (m), Richtung (f)	masār (m)	مسار
Reiseroute (f)	ṭarīʼ (m)	طريق
Fahrwasser (n)	magra melāḥy (m)	مجرى ملاحيّ
Untiefe (f)	meyāh ḍaḥla (f)	مياه ضحلة
stranden (vi)	ganaḥ	جنح
Sturm (m)	ʻāṣefa (f)	عاصفة
Signal (n)	eʃara (f)	إشارة
untergehen (vi)	ɣereʼ	غرق
Mann über Bord!	saʼaṭ rāgil min el sefīna!	سقط راجل من السفينة!
SOS	nedāʼ eɣāsa (m)	نداء إغاثة
Rettungsring (m)	ṭoʼe nagah (m)	طوق نجاة

172. Flughafen

Flughafen (m)	maṭār (m)	مطار
Flugzeug (n)	ṭayāra (f)	طيّارة
Fluggesellschaft (f)	ʃerket ṭayarān (f)	شركة طيران
Fluglotse (m)	marākeb el ḥaraka el gawiya (m)	مراكب الحركة الجويّة
Abflug (m)	moɣadra (f)	مغادرة
Ankunft (f)	woṣūl (m)	وصول
anfliegen (vi)	weṣel	وصل
Abflugzeit (f)	waʼt el moɣadra (m)	وقت المغادرة
Ankunftszeit (f)	waʼt el woṣūl (m)	وقت الوصول
sich verspäten	taʼakχar	تأخّر
Abflugverspätung (f)	taʼaχor el reḥla (m)	تأخّر الرحلة
Anzeigetafel (f)	lawḥet el maʻlomāt (f)	لوحة المعلومات
Information (f)	esteʻlamāt (pl)	إستعلامات
ankündigen (vt)	aʻlan	أعلن

Flug (m)	reḥlet ṭayarān (f)	رحلة طيران
Zollamt (n)	gamārek (pl)	جمارك
Zollbeamter (m)	mowazzaf el gamārek (m)	موظّف الجمارك
Zolldeklaration (f)	taṣrīḥ gomroky (m)	تصريح جمركي
ausfüllen (vt)	mala	ملا
die Zollerklärung ausfüllen	mala el taṣrīḥ	ملأ التصريح
Passkontrolle (f)	taftīʃ el gawazāt (m)	تفتيش الجوازات
Gepäck (n)	el ʃonaṭ (pl)	الشنط
Handgepäck (n)	ʃonaṭ el yad (pl)	شنط اليد
Kofferkuli (m)	ʿarabet ʃonaṭ (f)	عربة شنط
Landung (f)	hobūṭ (m)	هبوط
Landebahn (f)	mamarr el hobūṭ (m)	ممرّ الهبوط
landen (vi)	habaṭ	هبط
Fluggasttreppe (f)	sellem el ṭayāra (m)	سلّم الطيّارة
Check-in (n)	tasgīl (m)	تسجيل
Check-in-Schalter (m)	makān tasgīl (m)	مكان تسجيل
sich registrieren lassen	saggel	سجّل
Bordkarte (f)	beṭāqet el rokūb (f)	بطاقة الركوب
Abfluggate (n)	bawwābet el moɣadra (f)	بوّابة المغادرة
Transit (m)	tranzīt (m)	ترانزيت
warten (vi)	estanna	إستنّى
Wartesaal (m)	ṣālet el moɣadra (f)	صالة المغادرة
begleiten (vt)	waddaʿ	ودّع
sich verabschieden	waddaʿ	ودّع

173. Fahrrad. Motorrad

Fahrrad (n)	beskeletta (f)	بيسكلتّة
Motorroller (m)	fezba (f)	فزبة
Motorrad (n)	motosekl (m)	موتوسيكل
Rad fahren	rāḥ bel beskeletta	راح بالبسكلتّة
Lenkstange (f)	moqawwed (m)	مقوّد
Pedal (n)	dawwāsa (f)	دوّاسة
Bremsen (pl)	farāmel (pl)	فرامل
Sattel (m)	korsy (m)	كرسي
Pumpe (f)	ṭolommba (f)	طلمّبة
Gepäckträger (m)	raff el amteʿa (m)	رفّ الأمتعة
Scheinwerfer (m)	el meṣbāḥ el amāmy (m)	المصباح الأمامي
Helm (m)	χawza (f)	خوذة
Rad (n)	ʿagala (f)	عجلة
Schutzblech (n)	refrāf (m)	رفراف
Felge (f)	eṭār (m)	إطار
Speiche (f)	mekbaḥ el ʿagala (m)	مكبح العجلة

Autos

174. Autotypen

Auto (n)	sayāra (f)	سيّارة
Sportwagen (m)	sayāra reyāḍiya (f)	سيّارة رياضيّة
Limousine (f)	limozīn (m)	ليموزين
Geländewagen (m)	sayāret ṭoro' wa'ra (f)	سيّارة طرق وعرة
Kabriolett (n)	kabryoleyh (m)	كابريوليه
Kleinbus (m)	mikrobāṣ (m)	ميكروباص
Krankenwagen (m)	es'āf (m)	إسعاف
Schneepflug (m)	garrāfet talg (f)	جرّافة ثلج
Lastkraftwagen (m)	ʃāḥena (f)	شاحنة
Tankwagen (m)	nāqelet betrūl (f)	ناقلة بترول
Kastenwagen (m)	'arabiyet na'l (f)	عربيّة نقل
Sattelzug (m)	garrār (m)	جرّار
Anhänger (m)	ma'ṭūra (f)	مقطورة
komfortabel	morīḥ	مريح
gebraucht	mosta'mal	مستعمل

175. Autos. Karosserie

Motorhaube (f)	kabbūt (m)	كبّوت
Kotflügel (m)	refrāf (m)	رفراف
Dach (n)	sa'f (m)	سقف
Windschutzscheibe (f)	ezāz amāmy (f)	إزاز أمامي
Rückspiegel (m)	merāya daχeliya (f)	مراية داخليّة
Scheibenwaschanlage (f)	monazzef el ezāz el amāmy (m)	منظّف الإزاز الأمامي
Scheibenwischer (m)	massāḥāt (pl)	مسّاحات
Seitenscheibe (f)	ʃebbāk gāneby (m)	شبّاك جانبي
Fensterheber (m)	ezāz kahrabā'y (m)	إزاز كهربائي
Antenne (f)	hawā'y (m)	هوائي
Schiebedach (n)	fat-ḥet el sa'f (f)	فتحة السقف
Stoßstange (f)	ekṣedām (m)	اكصدام
Kofferraum (m)	ʃanṭet el 'arabiya (f)	شنطة العربيّة
Dachgepäckträger (m)	raff sa'f el 'arabiya (m)	رفّ سقف العربيّة
Wagenschlag (m)	bāb (m)	باب
Türgriff (m)	okret el bāb (f)	اوكرة الباب
Türschloss (n)	'efl el bāb (m)	قفل الباب
Nummernschild (n)	lawḥet raqam el sayāra (f)	لوحة رقم السيارة

Auspufftopf (m)	kātem lel ṣote (m)	كاتم للصوت
Benzintank (m)	χazzān el banzīn (m)	خزّان البنزين
Auspuffrohr (n)	anbūb el ʿādem (m)	أنبوب العادم
Gas (n)	ɣāz (m)	غاز
Pedal (n)	dawwāsa (f)	دوّاسة
Gaspedal (n)	dawwāset el banzīn (f)	دوّاسة البنزين
Bremse (f)	farāmel (pl)	فرامل
Bremspedal (n)	dawwāset el farāmel (m)	دوّاسة الفرامل
bremsen (vi)	farmel	فرمل
Handbremse (f)	farāmel el enteẓār (pl)	فرامل الإنتظار
Kupplung (f)	klatʃ (m)	كلتش
Kupplungspedal (n)	dawwāset el klatʃ (f)	دوّاسة الكلتش
Kupplungsscheibe (f)	ʾorṣ el klatʃ (m)	قرص الكلتش
Stoßdämpfer (m)	momtaṣṣ lel ṣadamāt (m)	ممتصّ للصدمات
Rad (n)	ʿagala (f)	عجلة
Reserverad (n)	ʿagala eḥteyāṭy (f)	عجلة إحتياطية
Reifen (m)	eṭār (m)	إطار
Radkappe (f)	ṭīs (m)	طيس
Triebräder (pl)	ʿagalāt el qeyāda (pl)	عجلات القيادة
mit Vorderantrieb	dafʿ amāmy (m)	دفع أمامي
mit Hinterradantrieb	dafʿ χalfy (m)	دفع خلفي
mit Allradantrieb	dafʿ kāmel (m)	دفع كامل
Getriebe (n)	gearboks (m)	جير بوكس
Automatik-	otomatīky	أوتوماتيكي
Schalt-	mikanīky	ميكانيكي
Schalthebel (m)	meqbaḍ nāqel lel ḥaraka (m)	مقبض ناقل الحركة
Scheinwerfer (m)	el meṣbāḥ el amāmy (m)	المصباح الأمامي
Scheinwerfer (pl)	el maṣabīḥ el amamiya (pl)	المصابيح الأمامية
Abblendlicht (n)	nūr moʾaʃer monχafeḍ (pl)	نور مؤشر منخفض
Fernlicht (n)	nūr moʾasʃer ʿāly (m)	نور مؤشر عالي
Stopplicht (n)	nūr el farāmel (m)	نور الفرامل
Standlicht (n)	lambet el enteẓār (f)	لمبة الإنتظار
Warnblinker (m)	eʃārāt el taḥzīr (pl)	إشارات التحذير
Nebelscheinwerfer (pl)	kasʃāf el ḍabāb (m)	كشّاف الضباب
Blinker (m)	eʃāret el enʿeṭāf (f)	إشارة الإنعطاف
Rückfahrscheinwerfer (m)	ḍūʾ el rogūʿ lel χalf (m)	ضوء الرجوع للخلف

176. Autos. Fahrgastraum

Wageninnere (n)	ṣalone el sayāra (m)	صالون السيارة
Leder-	men el geld	من الجلد
aus Velours	men el moχmal	من المخمل
Polster (n)	tangīd (m)	تنجيد
Instrument (n)	gehāz (m)	جهاز
Armaturenbrett (n)	lawḥet ag-heza (f)	لوحة أجهزة

Tachometer (m)	me'yās sor'a (m)	مقياس سرعة
Nadel (f)	mo'asʃer (m)	مؤشّر
Kilometerzähler (m)	'addād el mesafāt (m)	عدّاد المسافات
Anzeige (Temperatur-)	'addād (m)	عدّاد
Pegel (m)	mostawa (m)	مستوى
Kontrollleuchte (f)	lammbet enzār (f)	لمّبة إنذار
Steuerrad (n)	moqawwed (m)	مقوّد
Hupe (f)	kalaks (m)	كلاكس
Knopf (m)	zerr (m)	زرّ
Umschalter (m)	nāqel, meftāḥ (m)	ناقل, مفتاح
Sitz (m)	korsy (m)	كرسي
Rückenlehne (f)	masnad el ḍahr (m)	مسند الظهر
Kopfstütze (f)	masnad el ra's (m)	مسند الرأس
Sicherheitsgurt (m)	ḥezām el amān (m)	حزام الأمان
sich anschnallen	rabaṭ el ḥezām	ربط الحزام
Einstellung (f)	ḍabṭ (m)	ضبط
Airbag (m)	wesāda hawa'iya (f)	وسادة هوائية
Klimaanlage (f)	takyīf (m)	تكييف
Radio (n)	radio (m)	راديو
CD-Spieler (m)	moʃagɣel sidi (m)	مشغّل سي دي
einschalten (vt)	fataḥ, ʃagɣal	فتح, شغّل
Antenne (f)	hawā'y (m)	هوائي
Handschuhfach (n)	dorg (m)	درج
Aschenbecher (m)	ṭa'ṭū'a (f)	طقطوقة

177. Autos. Motor

Triebwerk (n)	moḥarrek (m)	محرّك
Motor (m)	motore (m)	موتور
Diesel-	'alal diesel	على الديزل
Benzin-	'alal banzīn	على البنزين
Hubraum (m)	ḥagm el moḥarrek (m)	حجم المحرّك
Leistung (f)	'owwa (f)	قوّة
Pferdestärke (f)	ḥoṣān (m)	حصان
Kolben (m)	mekbas (m)	مكبس
Zylinder (m)	esṭewāna (f)	أسطوانة
Ventil (n)	ṣamām (m)	صمام
Injektor (m)	baχāχa (f)	بخّاخة
Generator (m)	mowalled (m)	مولّد
Vergaser (m)	karburetor (m)	كاربراتير
Motoröl (n)	zeyt el moḥarrek (m)	زيت المحرّك
Kühler (m)	radiator (m)	رادياتير
Kühlflüssigkeit (f)	mobarred (m)	مبرّد
Ventilator (m)	marwaḥa (f)	مروحة
Autobatterie (f)	baṭṭariya (f)	بطّاريّة
Anlasser (m)	meftāḥ el taʃɣīl (m)	مفتاح التشغيل

Zündung (f)	nezām taʃɣīl (m)	نظام تشغيل
Zündkerze (f)	ʃam'et el eḥterāq (f)	شمعة الإحتراق
Klemme (f)	ṭaraf tawṣīl (m)	طرف توصيل
Pluspol (m)	ṭaraf muwgeb (m)	طرف موجب
Minuspol (m)	ṭaraf sāleb (m)	طرف سالب
Sicherung (f)	fetīl (m)	فتيل
Luftfilter (m)	ṣaffāyet el hawā' (f)	صفّاية الهواء
Ölfilter (m)	ṣaffāyet el zeyt (f)	صفّاية الزيت
Treibstofffilter (m)	ṣaffāyet el banzīn (f)	صفّاية البنزين

178. Autos. Unfall. Reparatur

Unfall (m)	ḥadset sayāra (f)	حادثة سيارة
Verkehrsunfall (m)	ḥādes morūry (m)	حادث مروري
fahren gegen ...	χabaṭ	خبط
verunglücken (vi)	daʃdaʃ	دشدش
Schaden (m)	χesāra (f)	خسارة
heil (Adj)	salīm	سليم
kaputtgehen (vi)	ta'aṭṭal	تعطّل
Abschleppseil (n)	ḥabl el saḥb	حبل السحب
Reifenpanne (f)	soqb (m)	ثقب
platt sein	fasʃ	فشّ
pumpen (vt)	nafaχ	نفخ
Reifendruck (m)	ḍaɣṭ (m)	ضغط
prüfen (vt)	eχtabar	إختبر
Reparatur (f)	taṣlīḥ (m)	تصليح
Reparaturwerkstatt (f)	warʃet taṣlīḥ 'arabīāt (f)	ورشة تصليح عربيات
Ersatzteil (n)	'eṭ'et ɣeyār (f)	قطعة غيار
Einzelteil (n)	'eṭ'a (f)	قطعة
Bolzen (m)	mesmār 'alawoze (m)	مسمار قلاووظ
Schraube (f)	mesmār (m)	مسمار
Schraubenmutter (f)	ṣamūla (f)	صامولة
Scheibe (f)	warda (f)	وردة
Lager (n)	maḥmal (m)	محمل
Rohr (Abgas-)	anbūba (f)	أنبوبة
Dichtung (f)	'az'a (f)	عزقة
Draht (m)	selk (m)	سلك
Wagenheber (m)	'afrīṭa (f)	عفريطة
Schraubenschlüssel (m)	meftāḥ rabṭ (m)	مفتاح ربط
Hammer (m)	ʃakūʃ (m)	شاكوش
Pumpe (f)	ṭolommba (f)	طلمّبة
Schraubenzieher (m)	mefakk (m)	مفكّ
Feuerlöscher (m)	ṭaffayet ḥarī' (f)	طفّاية حريق
Warndreieck (n)	eʃāret taḥzīr (f)	إشارة تحذير
abwürgen (Motor)	et'aṭṭal	إتعطّل

Anhalten (~ des Motors)	tawaqqof (m)	توقّف
kaputt sein	kān maksūr	كان مكسور
überhitzt werden (Motor)	soχn aktar men el lāzem	سخن أكثر من اللازم
verstopft sein	kān masdūd	كان مسدود
einfrieren (Schloss, Rohr)	etgammed	إتجمّد
zerplatzen (vi)	enqaṭa' - ett'aṭṭa'	إنقطع
Druck (m)	ḍaɣṭ (m)	ضغط
Pegel (m)	mostawa (m)	مستوى
schlaff (z.B. -e Riemen)	ḍa'īf	ضعيف
Delle (f)	ṭa'ga (f)	طعجة
Klopfen (n)	da'' (m)	دقّ
Riß (m)	ʃa'' (m)	شقّ
Kratzer (m)	χadʃ (m)	خدش

179. Autos. Straßen

Fahrbahn (f)	ṭarī' (m)	طريق
Schnellstraße (f)	ṭarī' saree' (m)	طريق سريع
Autobahn (f)	otostrad (m)	اوتوستراد
Richtung (f)	ettegāh (m)	إتّجاه
Entfernung (f)	masāfa (f)	مسافة
Brücke (f)	kobry (m)	كبري
Parkplatz (m)	maw'ef el 'arabeyāt (m)	موقف العربيات
Platz (m)	medān (m)	ميدان
Autobahnkreuz (n)	taqāṭo' ṭoro' (m)	تقاطع طرق
Tunnel (m)	nafa' (m)	نفق
Tankstelle (f)	maḥaṭṭet banzīn (f)	محطّة بنزين
Parkplatz (m)	maw'ef el 'arabeyāt (m)	موقف العربيات
Zapfsäule (f)	maḍaχet banzīn (f)	مضخّة بنزين
Reparaturwerkstatt (f)	warʃet taṣlīḥ 'arabīāt (f)	ورشة تصليح عربيات
tanken (vt)	mala banzīn	ملى بنزين
Treibstoff (m)	woqūd (m)	وقود
Kanister (m)	ʒerken (m)	جركن
Asphalt (m)	asfalt (m)	اسفلت
Markierung (f)	'alamāt el ṭarī' (pl)	علامات الطريق
Bordstein (m)	bardora (f)	بردورة
Leitplanke (f)	sūr (m)	سور
Graben (m)	ter'a (f)	ترعة
Straßenrand (m)	ḥaffet el ṭarī' (f)	حافّة الطريق
Straßenlaterne (f)	'amūd nūr (m)	عمود نور
fahren (vt)	sā'	ساق
abbiegen (nach links ~)	ḥād	حاد
umkehren (vi)	laff fe u-turn	لفّ في يو تيرن
Rückwärtsgang (m)	ḥaraka ela al warā' (f)	حركة إلى الوراء
hupen (vi)	zammar	زمّر
Hupe (f)	kalaks (m)	كلاكس

stecken (im Schlamm ~)	ɣaraz	غرّز
durchdrehen (Räder)	dawwar	دوّر
abstellen (Motor ~)	awqaf	أوقف
Geschwindigkeit (f)	sorʿa (f)	سرعة
Geschwindigkeit überschreiten	ʿadda el sorʿa	عدّى السرعة
bestrafen (vt)	farad ɣarāma	فرض غرامة
Ampel (f)	eʃārāt el morūr (pl)	إشارات المرور
Führerschein (m)	roxṣet el qeyāda (f)	رخصة قيادة
Bahnübergang (m)	maʿbar (m)	معبر
Straßenkreuzung (f)	taqāṭoʿ (m)	تقاطع
Fußgängerüberweg (m)	maʿbar (m)	معبر
Kehre (f)	monʿaṭaf (m)	منعطف
Fußgängerzone (f)	manteʾa lel moʃāh (f)	منطقة للمشاة

180. Verkehrszeichen

Verkehrsregeln (pl)	qawāʿed el ṭarīʾ (pl)	قواعد الطريق
Verkehrszeichen (n)	ʿalāma (f)	علامة
Überholen (n)	tagāwuz (m)	تجاوز
Kurve (f)	monʿaṭaf (m)	منعطف
Wende (f)	malaff (m)	ملفّ
Kreisverkehr (m)	dawarān morūry (m)	دوّران مروري
Einfahrt verboten	mamnūʿ el doxūl	ممنوع الدخول
Verkehr verboten	mamnūʿ morūr el sayārāt	ممنوع مرور السيارات
Überholverbot	mamnūʿ el morūr	ممنوع المرور
Parken verboten	mamnūʿ el woʾūf	ممنوع الوقوف
Halteverbot	mamnūʿ el woʾūf	ممنوع الوقوف
gefährliche Kurve (f)	monʿaṭaf xaṭar (m)	منعطف خطر
Gefälle (n)	monḥadar ʃedīd (m)	منحدر شديد
Einbahnstraße (f)	ṭarīʾ etegāh wāḥed	طريق إتجاه واحد
Fußgängerüberweg (m)	maʿbar (m)	معبر
Schleudergefahr	ṭarīʾ zaleq (m)	طريق زلق
Vorfahrt gewähren!	eʃāret el awlawiya	إشارة الأولوية

MENSCHEN. LEBENSEREIGNISSE

Lebensereignisse

181. Feiertage. Ereignis

Fest (n)	ʿīd (m)	عيد
Nationalfeiertag (m)	ʿīd waṭany (m)	عيد وطني
Feiertag (m)	agāza rasmiya (f)	أجازة رسميّة
feiern (vt)	eḥtafal be zekra	إحتفل بذكرى
Ereignis (n)	ḥadass (m)	حدث
Veranstaltung (f)	monasba (f)	مناسبة
Bankett (n)	walīma (f)	وليمة
Empfang (m)	ḥaflet este'bāl (f)	حفلة إستقبال
Festmahl (n)	walīma (f)	وليمة
Jahrestag (m)	zekra sanawiya (f)	ذكرى سنوية
Jubiläumsfeier (f)	yobeyl (m)	يوبيل
begehen (vt)	eḥtafal	إحتفل
Neujahr (n)	ra's el sanna (m)	رأس السنة
Frohes Neues Jahr!	koll sana wenta ṭayeb!	كلّ سنة وأنت طيّب!
Weihnachtsmann (m)	baba neweyl (m)	بابا نويل
Weihnachten (n)	ʿīd el melād (m)	عيد الميلاد
Frohe Weihnachten!	ʿīd melād saʿīd!	عيد ميلاد سعيد!
Tannenbaum (m)	ʃagaret el kresmas (f)	شجرة الكريسمس
Feuerwerk (n)	alʿāb nāriya (pl)	ألعاب ناريّة
Hochzeit (f)	faraḥ (m)	فرح
Bräutigam (m)	ʿarīs (m)	عريس
Braut (f)	ʿarūsa (f)	عروسة
einladen (vt)	ʿazam	عزم
Einladung (f)	beṭā'et daʿwa (f)	بطاقة دعوة
Gast (m)	ḍeyf (m)	ضيف
besuchen (vt)	zār	زار
Gäste empfangen	esta'bal ḍoyūf	إستقبل ضيوف
Geschenk (n)	hediya (f)	هديّة
schenken (vt)	edda	إدّى
Geschenke bekommen	estalam hadāya	إستلم هدايا
Blumenstrauß (m)	bokeyh (f)	بوكيه
Glückwunsch (m)	tahne'a (f)	تهنئة
gratulieren (vi)	hanna	هنّأ
Glückwunschkarte (f)	beṭā'et tahne'a (f)	بطاقة تهنئة

eine Karte abschicken	baʿat beṭāʾet tahneʾa	بعت بطاقة تهنئة
eine Karte erhalten	estalam beṭāʾa tahneʾa	استلم بطاقة تهنئة
Trinkspruch (m)	naχab (m)	نخب
anbieten (vt)	ḍayaf	ضيّف
Champagner (m)	ʃambania (f)	شمبانيا
sich amüsieren	estamtaʿ	إستمتع
Fröhlichkeit (f)	bahga (f)	بهجة
Freude (f)	saʿāda (f)	سعادة
Tanz (m)	raʾṣa (f)	رقصة
tanzen (vi, vt)	raʾaṣ	رقص
Walzer (m)	valles (m)	فالس
Tango (m)	tango (m)	تانجو

182. Bestattungen. Begräbnis

Friedhof (m)	maqbara (f)	مقبرة
Grab (n)	ʾabr (m)	قبر
Kreuz (n)	ṣalīb (m)	صليب
Grabstein (m)	ḥagar el maʾʾbara (m)	حجر المقبرة
Zaun (m)	sūr (m)	سور
Kapelle (f)	kenīsa saɣīra (f)	كنيسة صغيرة
Tod (m)	mote (m)	موت
sterben (vi)	māt	مات
Verstorbene (m)	el motawaffy (m)	المتوّفي
Trauer (f)	ḥedād (m)	حداد
begraben (vt)	dafan	دفن
Bestattungsinstitut (n)	maktab motaʿahhed el dafn (m)	مكتب متعهّد الدفن
Begräbnis (n)	ganāza (f)	جنازة
Kranz (m)	eklīl (m)	إكليل
Sarg (m)	tabūt (m)	تابوت
Katafalk (m)	naʿʃ (m)	نعش
Totenhemd (n)	kafan (m)	كفن
Trauerzug (m)	ganāza (f)	جنازة
Urne (f)	garra ganaʾeziya (f)	جرّة جنائزية
Krematorium (n)	maḥraʾet gosas el mawta (f)	محرقة جثث الموتى
Nachruf (m)	segel el wafīāt (m)	سجل الوفيات
weinen (vi)	baka	بكى
schluchzen (vi)	nawwaḥ	نوّح

183. Krieg. Soldaten

Zug (m)	faṣīla (f)	فصيلة
Kompanie (f)	serriya (f)	سريّة

Regiment (n)	foge (m)	فوج
Armee (f)	geyʃ (m)	جيش
Division (f)	fer'a (f)	فرقة
Abteilung (f)	weḥda (f)	وحدة
Heer (n)	geyʃ (m)	جيش
Soldat (m)	gondy (m)	جنّدي
Offizier (m)	ḍābeṭ (m)	ضابط
Soldat (m)	gondy (m)	جنّدي
Feldwebel (m)	raqīb tāny (m)	رقيب تاني
Leutnant (m)	molāzem tāny (m)	ملازم تاني
Hauptmann (m)	naqīb (m)	نقيب
Major (m)	rā'ed (m)	رائد
Oberst (m)	'aqīd (m)	عقيد
General (m)	ʒenerāl (m)	جنرال
Matrose (m)	baḥḥār (m)	بحّار
Kapitän (m)	'obṭān (m)	قبطان
Bootsmann (m)	rabbān (m)	ربّان
Artillerist (m)	gondy fe selāḥ el madfa'iya (m)	جنّدي في سلاح المدفعيّة
Fallschirmjäger (m)	selāḥ el maẓallāt (m)	سلاح المظلّلات
Pilot (m)	ṭayār (m)	طيّار
Steuermann (m)	mallāḥ (m)	ملّاح
Mechaniker (m)	mikanīky (m)	ميكانيكي
Pionier (m)	mohandes 'askary (m)	مهندس عسكري
Fallschirmspringer (m)	gondy el baraʃot (m)	جنّدي الباراشوت
Aufklärer (m)	kaʃāfet el esteṭlā' (f)	كشّافة الإستطلاع
Scharfschütze (m)	qannāṣ (m)	قنّاص
Patrouille (f)	dawriya (f)	دوّريّة
patrouillieren (vi)	'ām be dawriya	قام بدوريّة
Wache (f)	ḥāres (m)	حارس
Krieger (m)	muḥāreb (m)	محارب
Patriot (m)	waṭany (m)	وطني
Held (m)	baṭal (m)	بطل
Heldin (f)	baṭala (f)	بطلة
Verräter (m)	χāyen (m)	خاين
verraten (vt)	χān	خان
Deserteur (m)	hāreb men el gondiya (m)	هارب من الجنديّة
desertieren (vi)	farr men el geyʃ	فرّ من الجيش
Söldner (m)	ma'gūr (m)	مأجور
Rekrut (m)	gondy gedīd (m)	جنّدي جديد
Freiwillige (m)	motaṭawwe' (m)	متطوّع
Getoetete (m)	'atīl (m)	قتيل
Verwundete (m)	garīḥ (m)	جريح
Kriegsgefangene (m)	asīr ḥarb (m)	أسير حرب

184. Krieg. Militärische Aktionen. Teil 1

Krieg (m)	ḥarb (f)	حرب
Krieg führen	ḥārab	حارب
Bürgerkrieg (m)	ḥarb ahliya (f)	حرب أهليّة
heimtückisch (Adv)	ɣadran	غدراً
Kriegserklärung (f)	e'lān ḥarb (m)	إعلان حرب
erklären (den Krieg ~)	a'lan	أعلن
Aggression (f)	'edwān (m)	عدوان
einfallen (Staat usw.)	hagam	هجم
einfallen (in ein Land ~)	eḥtall	إحتلّ
Invasoren (pl)	moḥtell (m)	محتلّ
Eroberer (m), Sieger (m)	fāteḥ (m)	فاتح
Verteidigung (f)	defā' (m)	دفاع
verteidigen (vt)	dāfa'	دافع
sich verteidigen	dāfa' 'an ...	دافع عن ...
Feind (m)	'adeww (m)	عدوّ
Gegner (m)	χeṣm (m)	خصم
Feind-	'adeww	عدوّ
Strategie (f)	estrateʒiya (f)	إستراتيجيّة
Taktik (f)	taktīk (m)	تكتيك
Befehl (m)	amr (m)	أمر
Anordnung (f)	amr (m)	أمر
befehlen (vt)	amar	أمر
Auftrag (m)	mohemma (f)	مهمّة
geheim (Adj)	serry	سرّي
Schlacht (f)	ma'raka (f)	معركة
Kampf (m)	'etāl (m)	قتال
Angriff (m)	hogūm (m)	هجوم
Sturm (m)	enqeḍāḍ (m)	إنقضاض
stürmen (vt)	enqaḍḍ	إنقضّ
Belagerung (f)	ḥeṣār (m)	حصار
Angriff (m)	hogūm (m)	هجوم
angreifen (vt)	hagam	هجم
Rückzug (m)	enseḥāb (m)	إنسحاب
sich zurückziehen	ensaḥab	إنسحب
Einkesselung (f)	eḥāṭa (f)	إحاطة
einkesseln (vt)	aḥāṭ	أحاط
Bombenangriff (m)	'aṣf (m)	قصف
eine Bombe abwerfen	asqaṭ qonbola	أسقط قنبلة
bombardieren (vt)	'aṣaf	قصف
Explosion (f)	enfegār (m)	إنفجار
Schuss (m)	ṭal'a (f)	طلقة

schießen (vt)	aṭlaq el nār	أطلق النار
Schießerei (f)	eṭlāq nār (m)	إطلاق نار
zielen auf ...	ṣawwab 'ala ...	صوّب على ...
richten (die Waffe)	ṣawwab	صوّب
treffen (ins Schwarze ~)	aṣāb el hadaf	أصاب الهدف
versenken (vt)	aɣra'	أغرق
Loch (im Schiffsrumpf)	soqb (m)	ثقب
versinken (Schiff)	ɣere'	غرق
Front (f)	gabha (f)	جبهة
Evakuierung (f)	eχlā' (m)	إخلاء
evakuieren (vt)	aχla	أخلى
Schützengraben (m)	χondoq (m)	خندق
Stacheldraht (m)	aslāk ʃā'eka (pl)	أسلاك شائكة
Sperre (z.B. Panzersperre)	ḥāgez (m)	حاجز
Wachtturm (m)	borg mora'ba (m)	برج مراقبة
Lazarett (n)	mostaʃfa 'askary (m)	مستشفى عسكري
verwunden (vt)	garaḥ	جرح
Wunde (f)	garḥ (m)	جرح
Verwundete (m)	garīḥ (m)	جريح
verletzt sein	oṣīb bel garḥ	أصيب بالجرح
schwer (-e Verletzung)	χaṭīr	خطير

185. Krieg. Militärische Aktionen. Teil 2

Gefangenschaft (f)	asr (m)	أسر
gefangen nehmen (vt)	asar	أسر
in Gefangenschaft sein	et'asar	أتأسر
in Gefangenschaft geraten	we'e' fel asr	وقع في الأسر
Konzentrationslager (n)	mo'askar e'teqāl (m)	معسكر إعتقال
Kriegsgefangene (m)	asīr ḥarb (m)	أسير حرب
fliehen (vi)	hereb	هرب
verraten (vt)	χān	خان
Verräter (m)	χāyen (m)	خاين
Verrat (m)	χeyāna (f)	خيانة
erschießen (vt)	a'dam ramyan bel roṣāṣ	أعدم رمياً بالرصاص
Erschießung (f)	e'dām ramyan bel roṣāṣ (m)	إعدام رمياً بالرصاص
Ausrüstung (persönliche ~)	el 'etād el 'askary (m)	العتاد العسكري
Schulterstück (n)	kattāfa (f)	كتافة
Gasmaske (f)	qenā' el ɣāz (m)	قناع الغاز
Funkgerät (n)	gehāz lāselky (m)	جهاز لاسلكي
Chiffre (f)	ʃafra (f)	شفرة
Geheimhaltung (f)	serriya (f)	سريّة
Kennwort (n)	kelmet el morūr (f)	كلمة مرور
Mine (f)	loɣz arāḍy (m)	لغم أرضي

Minen legen	lagɣam	لغّم
Minenfeld (n)	ḥaql alɣām (m)	حقل ألغام
Luftalarm (m)	enzār gawwy (m)	إنذار جوّي
Alarm (m)	enzār (m)	إنذار
Signal (n)	eʃara (f)	إشارة
Signalrakete (f)	eʃāra moḍī'a (f)	إشارة مضيئة
Hauptquartier (n)	maqarr (m)	مقرّ
Aufklärung (f)	kaʃāfet el esteṭlāʿ (f)	كشّافة الإستطلاع
Lage (f)	ḥāla (f), waḍʿ (m)	حالة, وضع
Bericht (m)	ta'rīr (m)	تقرير
Hinterhalt (m)	kamīn (m)	كمين
Verstärkung (f)	emdadāt ʿaskariya (pl)	إمدادات عسكريّة
Zielscheibe (f)	hadaf (m)	هدف
Schießplatz (m)	arḍ eχtebār (m)	أرض إختبار
Manöver (n)	monawrāt ʿaskariya (pl)	مناورات عسكريّة
Panik (f)	zoʿr (m)	ذعر
Verwüstung (f)	damār (m)	دمار
Trümmer (pl)	ḥeṭām (pl)	حطام
zerstören (vt)	dammar	دمّر
überleben (vi)	negy	نجي
entwaffnen (vt)	garrad men el selāḥ	جرّد من السلاح
handhaben (vt)	estaʿmel	إستعمل
Stillgestanden!	entebāh!	إنتباه!
Rühren!	estareḥ!	إسترح!
Heldentat (f)	ma'sara (f)	مأثرة
Eid (m), Schwur (m)	qasam (m)	قسم
schwören (vi, vt)	aqsam	أقسم
Lohn (Orden, Medaille)	wesām (m)	وسام
auszeichnen (mit Orden)	manaḥ	منح
Medaille (f)	medalya (f)	ميدالية
Orden (m)	wesām ʿaskary (m)	وسام عسكري
Sieg (m)	enteṣār - foze (m)	إنتصار, فوز
Niederlage (f)	hazīma (f)	هزيمة
Waffenstillstand (m)	hodna (f)	هدنة
Fahne (f)	rāyet el maʿraka (f)	راية المعركة
Ruhm (m)	magd (m)	مجد
Parade (f)	mawkeb (m)	موكب
marschieren (vi)	sār	سار

186. Waffen

Waffe (f)	asleḥa (pl)	أسلحة
Schusswaffe (f)	asleḥa nāriya (pl)	أسلحة ناريّة
blanke Waffe (f)	asleḥa bayḍā' (pl)	أسلحة بيضاء

chemischen Waffen (pl)	asleḥa kemawiya (pl)	أسلحة كيماويّة
Kern-, Atom-	nawawy	نوويّ
Kernwaffe (f)	asleḥa nawawiya (pl)	أسلحة نوويّة
Bombe (f)	qonbela (f)	قنبلة
Atombombe (f)	qonbela nawawiya (f)	قنبلة نوويّة
Pistole (f)	mosaddas (m)	مسدّس
Gewehr (n)	bondoqiya (f)	بندقيّة
Maschinenpistole (f)	mosaddas rasʃāʃ (m)	مسدّس رشّاش
Maschinengewehr (n)	rasʃāʃ (m)	رشّاش
Mündung (f)	fawha (f)	فوهة
Lauf (Gewehr-)	anbūba (f)	أنبوبة
Kaliber (n)	ʿeyār (m)	عيار
Abzug (m)	zanād (m)	زناد
Visier (n)	moṣawweb (m)	مصوّب
Magazin (n)	maχzan (m)	مخزن
Kolben (m)	ʿaqab el bondoʾiya (m)	عقب البندقيّة
Handgranate (f)	qonbela yadawiya (f)	قنبلة يدويّة
Sprengstoff (m)	mawād motafaggera (pl)	مواد متفجّرة
Kugel (f)	roṣāṣa (f)	رصاصة
Patrone (f)	χarṭūʃa (f)	خرطوشة
Ladung (f)	ḥaʃwa (f)	حشوة
Munition (f)	zaχīra (f)	ذخيرة
Bomber (m)	qazefet qanābel (f)	قاذفة قنابل
Kampfflugzeug (n)	ṭayāra muqātela (f)	طيّارة مقاتلة
Hubschrauber (m)	heliokobter (m)	هليكوبتر
Flugabwehrkanone (f)	madfaʿ moḍād lel ṭaʾerāṭ (m)	مدفع مضاد للطائرات
Panzer (m)	dabbāba (f)	دبّابة
Panzerkanone (f)	madfaʿ el dabbāba (m)	مدفع الدبّابة
Artillerie (f)	madfaʿiya (f)	مدفعيّة
Kanone (f)	madfaʿ (m)	مدفع
richten (die Waffe)	ṣawwab	صوّب
Geschoß (n)	qazīfa (f)	قذيفة
Wurfgranate (f)	qonbela hawn (f)	قنبلة هاون
Granatwerfer (m)	hawn (m)	هاون
Splitter (m)	ʃazya (f)	شظية
U-Boot (n)	ɣawwāṣa (f)	غوّاصة
Torpedo (m)	ṭorbīd (m)	طوربيد
Rakete (f)	ṣarūχ (m)	صاروخ
laden (Gewehr)	ʿammar	عمّر
schießen (vi)	ḍarab bel nār	ضرب بالنار
zielen auf ...	ṣawwab ʿala ...	صوّب على ...
Bajonett (n)	ḥerba (f)	حربة
Degen (m)	seyf zu ḥaddeyn (m)	سيف ذو حدّين
Säbel (m)	seyf monḥany (m)	سيف منحني

Speer (m)	remḥ (m)	رمح
Bogen (m)	qose (m)	قوس
Pfeil (m)	sahm (m)	سهم
Muskete (f)	musket (m)	مسكيت
Armbrust (f)	qose mostaʿraḍ (m)	قوس مستعرض

187. Menschen der Antike

vorzeitlich	bedāʾy	بدائي
prähistorisch	ma qabl el tarīχ	ما قبل التاريخ
alt (antik)	ʾadīm	قديم
Steinzeit (f)	el ʿaṣr el ḥagary (m)	العصر الحجري
Bronzezeit (f)	el ʿaṣr el bronzy (m)	العصر البرونزي
Eiszeit (f)	el ʿaṣr el galīdy (m)	العصر الجليدي
Stamm (m)	qabīla (f)	قبيلة
Kannibale (m)	ʾākel loḥūm el baʃar (m)	آكل لحوم البشر
Jäger (m)	ṣayād (m)	صيّاد
jagen (vi)	eṣṭād	إصطاد
Mammut (n)	mamūθ (m)	ماموث
Höhle (f)	kahf (m)	كهف
Feuer (n)	nār (f)	نار
Lagerfeuer (n)	nār moχayem (m)	نار مخيّم
Höhlenmalerei (f)	rasm fel kahf (m)	رسم في الكهف
Werkzeug (n)	adah (f)	أداة
Speer (m)	remḥ (m)	رمح
Steinbeil (n), Steinaxt (f)	faʾs ḥagary (m)	فأس حجري
Krieg führen	ḥārab	حارب
domestizieren (vt)	estaʾnas	استئنس
Idol (n)	ṣanam (m)	صنم
anbeten (vt)	ʿabad	عبد
Aberglaube (m)	χorāfa (f)	خرافة
Brauch (m), Ritus (m)	mansak (m)	منسك
Evolution (f)	taṭṭawwor (m)	تطوّر
Entwicklung (f)	nomoww (m)	نموّ
Verschwinden (n)	enqerāḍ (m)	إنقراض
sich anpassen	takayaf (maʿ)	تكيّف (مع)
Archäologie (f)	ʿelm el ʾāsār (m)	علم الآثار
Archäologe (m)	ʿālem āsār (m)	عالم آثار
archäologisch	asary	أثري
Ausgrabungsstätte (f)	mawqeʿ ḥafr (m)	موّقع حفر
Ausgrabungen (pl)	tanqīb (m)	تنقيب
Fund (m)	ekteʃāf (m)	إكتشاف
Fragment (n)	ʾeṭʿa (f)	قطعة

188. Mittelalter

Volk (n)	ʃaʿb (m)	شعب
Völker (pl)	ʃoʿūb (pl)	شعوب
Stamm (m)	qabīla (f)	قبيلة
Stämme (pl)	qabāʾel (pl)	قبائل
Barbaren (pl)	el barabra (pl)	البرابرة
Gallier (pl)	el ɣaliyūn (pl)	الغاليّون
Goten (pl)	el qūṭiyūn (pl)	القوطيون
Slawen (pl)	el selāf (pl)	السلاف
Wikinger (pl)	el viking (pl)	الفايكينج
Römer (pl)	el romān (pl)	الرومان
römisch	romāny	روماني
Byzantiner (pl)	bizanṭiyūn (pl)	بيزنطيون
Byzanz (n)	bīzanṭa (f)	بيزنطة
byzantinisch	bīzanṭy	بيزنطي
Kaiser (m)	embraṭore (m)	إمبراطور
Häuptling (m)	zaʿīm (m)	زعيم
mächtig (Kaiser usw.)	gabbār	جبّار
König (m)	malek (m)	ملك
Herrscher (Monarch)	ḥākem (m)	حاكم
Ritter (m)	fāres (m)	فارس
Feudalherr (m)	eqṭāʿy (m)	إقطاعي
feudal, Feudal-	eqṭāʿy	إقطاعي
Vasall (m)	ḥākem tābeʿ (m)	حاكم تابع
Herzog (m)	dūʾ (m)	دوق
Graf (m)	earl (m)	ايرل
Baron (m)	barūn (m)	بارون
Bischof (m)	asqof (m)	أسقف
Rüstung (f)	derʿ (m)	درع
Schild (m)	derʿ (m)	درع
Schwert (n)	seyf (m)	سيف
Visier (n)	ḥaffa amamiya lel χoza (f)	حافة أماميّة للخوذة
Panzerhemd (n)	derʿ el zard (m)	درع الزرد
Kreuzzug (m)	ḥamla ṣalībiya (f)	حملة صليبيّة
Kreuzritter (m)	ṣalīby (m)	صليبي
Territorium (n)	arḍ (f)	أرض
einfallen (vt)	hagam	هجم
erobern (vt)	fataḥ	فتح
besetzen (Land usw.)	eḥtall	إحتلّ
Belagerung (f)	ḥeṣār (m)	حصار
belagert	moḥāṣar	محاصر
belagern (vt)	ḥāṣar	حاصر
Inquisition (f)	maḥākem el taftīʃ (pl)	محاكم التفتيش
Inquisitor (m)	mofatteʃ (m)	مفتّش

Folter (f)	ta'zīb (m)	تعذيب
grausam (-e Folter)	waḥʃy	وحشي
Häretiker (m)	moharṭeq (m)	مهرطق
Häresie (f)	harṭa'a (f)	هرطقة
Seefahrt (f)	el safar bel baḥr (m)	السفر بالبحر
Seeräuber (m)	'orṣān (m)	قرصان
Seeräuberei (f)	'arṣana (f)	قرصنة
Enterung (f)	mohagmet safīna (f)	مهاجمة سفينة
Beute (f)	ɣanīma (f)	غنيمة
Schätze (pl)	konūz (pl)	كنوز
Entdeckung (f)	ekteʃāf (m)	إكتشاف
entdecken (vt)	ektaʃaf	إكتشف
Expedition (f)	be'sa (f)	بعثة
Musketier (m)	fāres (m)	فارس
Kardinal (m)	kardinal (m)	كاردينال
Heraldik (f)	ʃe'ārāt el nabāla (pl)	شعارات النبالة
heraldisch	χāṣṣ be ʃe'arāt el nebāla	خاصّ بشعارات النبالة

189. Führungspersonen. Chef. Behörden

König (m)	malek (m)	ملك
Königin (f)	maleka (f)	ملكة
königlich	malaky	ملكي
Königreich (n)	mamlaka (f)	مملكة
Prinz (m)	amīr (m)	أمير
Prinzessin (f)	amīra (f)	أميرة
Präsident (m)	ra'īs (m)	رئيس
Vizepräsident (m)	nā'eb el ra'īs (m)	نائب الرئيس
Senator (m)	'oḍw magles el ʃoyūχ (m)	عضو مجلس الشيوخ
Monarch (m)	'āhel (m)	عاهل
Herrscher (m)	ḥākem (m)	حاكم
Diktator (m)	dektatore (m)	ديكتاتور
Tyrann (m)	ṭāɣeya (f)	طاغية
Magnat (m)	ra'smāly kebīr (m)	رأسمالي كبير
Direktor (m)	modīr (m)	مدير
Chef (m)	ra'īs (m)	رئيس
Leiter (einer Abteilung)	modīr (m)	مدير
Boss (m)	ra'īs (m)	رئيس
Eigentümer (m)	ṣāḥeb (m)	صاحب
Führer (m)	za'īm (m)	زعيم
Leiter (Delegations-)	ra'īs (m)	رئيس
Behörden (pl)	solṭāt (pl)	سلطات
Vorgesetzten (pl)	ro'asā' (pl)	رؤساء
Gouverneur (m)	muḥāfeẓ (m)	محافظ
Konsul (m)	qonṣol (m)	قنصل

Diplomat (m)	deblomāsy (m)	دبلوماسي
Bürgermeister (m)	ra'īs el baladiya (m)	رئيس البلديّة
Sheriff (m)	ʃerīf (m)	شريف
Kaiser (m)	embraṭore (m)	إمبراطور
Zar (m)	qayṣar (m)	قيصر
Pharao (m)	fer'one (m)	فرعون
Khan (m)	χān (m)	خان

190. Straße. Weg. Richtungen

Fahrbahn (f)	ṭarī' (m)	طريق
Weg (m)	ṭarī' (m)	طريق
Autobahn (f)	otostrad (m)	اوتوستراد
Schnellstraße (f)	ṭarī' saree' (m)	طريق سريع
Bundesstraße (f)	ṭarī' waṭany (m)	طريق وطني
Hauptstraße (f)	ṭarī' ra'īsy (m)	طريق رئيسي
Feldweg (m)	ṭarī' torāby (m)	طريق ترابي
Pfad (m)	mamarr (m)	ممرّ
Fußweg (m)	mamarr (m)	ممرّ
Wo?	feyn?	فين؟
Wohin?	feyn?	فين؟
Woher?	meneyn?	منين؟
Richtung (f)	ettegāh (m)	إتّجاه
zeigen (vt)	ʃāwer	شاور
nach links	lel ʃemāl	للشمال
nach rechts	lel yemīn	لليمين
geradeaus	'ala ṭūl	على طول
zurück	wara'	وراء
Kurve (f)	mon'aṭaf (m)	منعطف
abbiegen (nach links ~)	ḥād	حاد
umkehren (vi)	laff fe u-turn	لفّ في يو تيرن
sichtbar sein	ẓahar	ظهر
erscheinen (vi)	ẓahar	ظهر
Aufenthalt (m)	estrāḥa ṭawīla (f)	إستراحة طويلة
sich erholen	rayaḥ	ريّح
Erholung (f)	rāḥa (f)	راحة
sich verirren	tāh	تاه
führen nach ... (Straße usw.)	adda ela ...	أدّى إلى...
ankommen in ...	weṣel ela ...	وصل إلى...
Strecke (f)	emtedād (m)	إمتداد
Asphalt (m)	asfalt (m)	اسفلت
Bordstein (m)	bardora (f)	بردورة

Graben (m)	ter'a (f)	ترعة
Gully (m)	fat-ḥa (f)	فتحة
Straßenrand (m)	ḥaffet el ṭarī' (f)	حافّة الطريق
Schlagloch (n)	ḥofra (f)	حفرة
gehen (zu Fuß gehen)	meʃy	مشي
überholen (vt)	egtāz	إجتاز
Schritt (m)	χaṭwa (f)	خطوة
zu Fuß	maʃyī	مشيّ
blockieren (Straße usw.)	sadd	سدّ
Schlagbaum (m)	ḥāgez ṭarī' (m)	حاجز طريق
Sackgasse (f)	ṭarī' masdūd (m)	طريق مسدود

191. Gesetzesverstoß Verbrecher. Teil 1

Bandit (m)	qāṭe' ṭarī' (m)	قاطع طريق
Verbrechen (n)	garīma (f)	جريمة
Verbrecher (m)	mogrem (m)	مجرم
Dieb (m)	sāre' (m)	سارق
stehlen (vt)	sara'	سرق
Diebstahl (m), Stehlen (n)	ser'a (f)	سرقة
kidnappen (vt)	χaṭaf	خطف
Kidnapping (n)	χaṭf (m)	خطف
Kidnapper (m)	χāṭef (m)	خاطف
Lösegeld (n)	fedya (f)	فدية
Lösegeld verlangen	ṭalab fedya	طلب فدية
rauben (vt)	nahab	نهب
Raub (m)	nahb (m)	نهب
Räuber (m)	nahhāb (m)	نهّاب
erpressen (vt)	balṭag	بلطج
Erpresser (m)	balṭagy (m)	بلطجي
Erpressung (f)	balṭaga (f)	بلطجة
morden (vt)	'atal	قتل
Mord (m)	'atl (m)	قتل
Mörder (m)	qātel (m)	قاتل
Schuss (m)	ṭal'et nār (f)	طلقة نار
schießen (vt)	aṭlaq el nār	أطلق النار
erschießen (vt)	'atal bel roṣāṣ	قتل بالرصاص
feuern (vi)	ḍarab bel nār	ضرب بالنار
Schießerei (f)	ḍarb nār (m)	ضرب نار
Vorfall (m)	ḥādes (m)	حادث
Schlägerei (f)	χenā'a (f)	خناقة
Hilfe!	sā'idni	ساعدني!
Opfer (n)	ḍaḥiya (f)	ضحيّة

beschädigen (vt)	χarrab	خرّب
Schaden (m)	χesāra (f)	خسارة
Leiche (f)	gossa (f)	جثّة
schwer (-es Verbrechen)	χaṭīra	خطيرة
angreifen (vt)	hagam	هجم
schlagen (vt)	ḍarab	ضرب
verprügeln (vt)	ḍarab	ضرب
wegnehmen (vt)	salab	سلب
erstechen (vt)	ṭa'an ḥatta el mote	طعن حتّى الموت
verstümmeln (vt)	ʃawwah	شوّه
verwunden (vt)	garaḥ	جرح
Erpressung (f)	ebtezāz (m)	إبتزاز
erpressen (vt)	ebtazz	إبتزّ
Erpresser (m)	mobtazz (m)	مبتزّ
Schutzgelderpressung (f)	balṭaga (f)	بلطجة
Erpresser (Racketeer)	mobtazz (m)	مبتزّ
Gangster (m)	ragol 'eṣāba (m)	رجل عصابة
Mafia (f)	mafia (f)	مافيا
Taschendieb (m)	nasʃāl (m)	نشّال
Einbrecher (m)	leṣṣ beyūt (m)	لص بيوت
Schmuggel (m)	tahrīb (m)	تهريب
Schmuggler (m)	moharreb (m)	مهرّب
Fälschung (f)	tazwīr (m)	تزوّير
fälschen (vt)	zawwar	زوّر
gefälscht	mozawwara	مزوّرة

192. Gesetzesbruch. Verbrecher. Teil 2

Vergewaltigung (f)	eɣteṣāb (m)	إغتصاب
vergewaltigen (vt)	eɣtaṣab	إغتصب
Gewalttäter (m)	moɣtaṣeb (m)	مغتصب
Besessene (m)	mahwūs (m)	مهووس
Prostituierte (f)	mommos (f)	مومّس
Prostitution (f)	da'āra (f)	دعارة
Zuhälter (m)	qawwād (m)	قوّاد
Drogenabhängiger (m)	modmen moχaddarāt (m)	مدمن مخدّرات
Drogenhändler (m)	tāger moχaddarāt (m)	تاجر مخدّرات
sprengen (vt)	faggar	فجّر
Explosion (f)	enfegār (m)	إنفجار
in Brand stecken	aʃ'al el nār	أشعل النار
Brandstifter (m)	moʃ'el ḥarīq 'an 'amd (m)	مشعل حريق عن عمد
Terrorismus (m)	erhāb (m)	إرهاب
Terrorist (m)	erhāby (m)	إرهابي
Geisel (m, f)	rahīna (m)	رهينة
betrügen (vt)	eḥtāl	إحتال

Betrug (m)	eḥteyāl (m)	إحتيال
Betrüger (m)	moḥtāl (m)	محتال
bestechen (vt)	raʃa	رشا
Bestechlichkeit (f)	erteʃāʾ (m)	إرتشاء
Bestechungsgeld (n)	raʃwa (f)	رشوة
Gift (n)	semm (m)	سمّ
vergiften (vt)	sammem	سمّم
sich vergiften	sammem nafsoh	سمّم نفسه
Selbstmord (m)	enteḥār (m)	إنتحار
Selbstmörder (m)	montaḥer (m)	منتحر
drohen (vi)	hadded	هدّد
Drohung (f)	tahdīd (m)	تهديد
versuchen (vt)	ḥāwel eɣteyāl	حاول إغتيال
Attentat (n)	moḥawlet eɣteyāl (f)	محاولة إغتيال
stehlen (Auto ~)	saraʾ	سرق
entführen (Flugzeug ~)	eχtaṭaf	إختطف
Rache (f)	enteqām (m)	إنتقام
sich rächen	entaqam	إنتقم
foltern (vt)	ʿazzeb	عذّب
Folter (f)	taʿzīb (m)	تعذيب
quälen (vt)	ʿazzeb	عذّب
Seeräuber (m)	ʾorṣān (m)	قرصان
Rowdy (m)	wabaʃ (m)	وبش
bewaffnet	mosallaḥ	مسلّح
Gewalt (f)	ʿonf (m)	عنف
ungesetzlich	meʃ qanūniy	مش قانونيّ
Spionage (f)	tagassas (m)	تجسّس
spionieren (vi)	tagassas	تجسّس

193. Polizei Recht. Teil 1

Justiz (f)	qaḍāʾ (m)	قضاء
Gericht (n)	maḥkama (f)	محكمة
Richter (m)	qāḍy (m)	قاضي
Geschworenen (pl)	moḥallafīn (pl)	محلّفين
Geschworenengericht (n)	qaḍāʾ el muḥallafīn (m)	قضاء المحلّفين
richten (vt)	ḥakam	حكم
Rechtsanwalt (m)	muḥāmy (m)	محامي
Angeklagte (m)	moddaʿy ʿaleyh (m)	مدّعي عليه
Anklagebank (f)	ʾafaṣ el ettehām (m)	قفص الإتّهام
Anklage (f)	ettehām (m)	إتّهام
Beschuldigte (m)	mottaham (m)	متّهم

Urteil (n)	ḥokm (m)	حكم
verurteilen (vt)	ḥakam	حكم
Schuldige (m)	gāny (m)	جاني
bestrafen (vt)	ʿāqab	عاقب
Strafe (f)	ʿeqāb (m)	عقاب
Geldstrafe (f)	ɣarāma (f)	غرامة
lebenslange Haft (f)	segn mada el ḥayah (m)	سجن مدى الحياة
Todesstrafe (f)	ʿoqūbet ʾeʿdām (f)	عقوبة إعدام
elektrischer Stuhl (m)	el korsy el kaharabāʾy (m)	الكرسي الكهربائي
Galgen (m)	maʃnaʾa (f)	مشنقة
hinrichten (vt)	aʿdam	أعدم
Hinrichtung (f)	eʿdām (m)	إعدام
Gefängnis (n)	segn (m)	سجن
Zelle (f)	zenzāna (f)	زنزانة
Eskorte (f)	ḥerāsa (f)	حراسة
Gefängniswärter (m)	ḥāres segn (m)	حارس سجن
Gefangene (m)	sagīn (m)	سجين
Handschellen (pl)	kalabʃāt (pl)	كلابشات
Handschellen anlegen	kalbeʃ	كلبش
Ausbruch (Flucht)	horūb men el segn (m)	هروب من السجن
ausbrechen (vi)	hereb	هرب
verschwinden (vi)	eχtafa	إختفى
aus ... entlassen	aχla sabīl	أخلى سبيل
Amnestie (f)	ʿafw ʿām (m)	عفو عام
Polizei (f)	ʃorṭa (f)	شرطة
Polizist (m)	ʃorṭy (m)	شرطي
Polizeiwache (f)	qesm ʃorṭa (m)	قسم شرطة
Gummiknüppel (m)	ʿaṣāya maṭṭāṭiya (f)	عصاية مطّاطية
Sprachrohr (n)	būʾ (m)	بوق
Streifenwagen (m)	ʿarabiyet dawrīāt (f)	عربيّة دوريات
Sirene (f)	sarīna (f)	سرينة
die Sirene einschalten	wallaʿ el sarīna	ولّع السرينة
Sirenengeheul (n)	ṣote sarīna (m)	صوت سرينة
Tatort (m)	masraḥ el garīma (m)	مسرح الجريمة
Zeuge (m)	ʃāhed (m)	شاهد
Freiheit (f)	ḥorriya (f)	حرّيّة
Komplize (m)	ʃerīk fel garīma (m)	شريك في الجريمة
verschwinden (vi)	hereb	هرب
Spur (f)	asar (m)	أثر

194. Polizei. Recht. Teil 2

Fahndung (f)	baḥs (m)	بحث
suchen (vt)	dawwar ʿala	دوّر على

Verdacht (m)	ʃobha (f)	شبهة
verdächtig (Adj)	maʃbūh	مشبوه
anhalten (Polizei)	awqaf	أوقّف
verhaften (vt)	eʿtaqal	إعتقل
Fall (m), Klage (f)	ʾaḍiya (f)	قضيّة
Untersuchung (f)	taḥʾī (m)	تحقيق
Detektiv (m)	moḥaqqeq (m)	محقّق
Ermittlungsrichter (m)	mofatteʃ (m)	مفتّش
Version (f)	rewāya (f)	رواية
Motiv (n)	dāfeʿ (m)	دافع
Verhör (n)	estegwāb (m)	إستجواب
verhören (vt)	estagweb	إستجوّب
vernehmen (vt)	estanṭaʾ	إستنطق
Kontrolle (Personen-)	faḥṣ (m)	فحص
Razzia (f)	gamʿ (m)	جمع
Durchsuchung (f)	taftīʃ (m)	تفتيش
Verfolgung (f)	moṭarda (f)	مطاردة
nachjagen (vi)	ṭārad	طارد
verfolgen (vt)	tatabbaʿ	تتبّع
Verhaftung (f)	eʿteqāl (m)	إعتقال
verhaften (vt)	eʿtaqal	اعتقل
fangen (vt)	ʾabaḍ ʿala	قبض على
Festnahme (f)	ʾabḍ (m)	قبض
Dokument (n)	wasīqa (f)	وثيقة
Beweis (m)	dalīl (m)	دليل
beweisen (vt)	asbat	أثبت
Fußspur (f)	baṣma (f)	بصّمة
Fingerabdrücke (pl)	baṣamāt el aṣābeʿ (pl)	بصمات الأصابع
Beweisstück (n)	ʾeṭʿa men el adella (f)	قطعة من الأدلّة
Alibi (n)	ḥegget ɣeyāb (f)	حجّة غياب
unschuldig	barīʾ	بريء
Ungerechtigkeit (f)	ẓolm (m)	ظلم
ungerecht	meʃ ʿādel	مش عادل
Kriminal-	mogrem	مجرم
beschlagnahmen (vt)	ṣādar	صادر
Droge (f)	moxaddarāt (pl)	مخدّرات
Waffe (f)	selāḥ (m)	سلاح
entwaffnen (vt)	garrad men el selāḥ	جرّد من السلاح
befehlen (vt)	amar	أمر
verschwinden (vi)	extafa	إختفى
Gesetz (n)	qanūn (m)	قانون
gesetzlich	qanūny	قانوني
ungesetzlich	meʃ qanūny	مش قانوني
Verantwortlichkeit (f)	masʾoliya (f)	مسؤوليّة
verantwortlich	masʾūl (m)	مسؤول

NATUR

Die Erde. Teil 1

195. Weltall

Kosmos (m)	faḍā' (m)	فضاء
kosmisch, Raum-	faḍā'y	فضائي
Weltraum (m)	el faḍā' el χāregy (m)	الفضاء الخارجي
All (n)	'ālam (m)	عالم
Universum (n)	el kōn (m)	الكون
Galaxie (f)	el magarra (f)	المجرّة
Stern (m)	negm (m)	نجم
Gestirn (n)	borg (m)	برج
Planet (m)	kawwkab (m)	كوكب
Satellit (m)	'amar ṣenā'y (m)	قمر صناعي
Meteorit (m)	nayzek (m)	نيزك
Komet (m)	mozannab (m)	مذنّب
Asteroid (m)	kowaykeb (m)	كويكب
Umlaufbahn (f)	madār (m)	مدار
sich drehen	dār	دار
Atmosphäre (f)	el ɣelāf el gawwy (m)	الغلاف الجوّي
Sonne (f)	el ʃams (f)	الشمس
Sonnensystem (n)	el magmū'a el ʃamsiya (f)	المجموعة الشمسيّة
Sonnenfinsternis (f)	kosūf el ʃams (m)	كسوف الشمس
Erde (f)	el arḍ (f)	الأرض
Mond (m)	el 'amar (m)	القمر
Mars (m)	el marrīχ (m)	المرّيخ
Venus (f)	el zahra (f)	الزهرة
Jupiter (m)	el moʃtary (m)	المشتري
Saturn (m)	zoḥḥol (m)	زحل
Merkur (m)	'aṭāred (m)	عطارد
Uran (m)	uranus (m)	اورانوس
Neptun (m)	nibtūn (m)	نبتون
Pluto (m)	bluto (m)	بلوتو
Milchstraße (f)	darb el tebbāna (m)	درب التبّانة
Der Große Bär	el dobb el akbar (m)	الدب الأكبر
Polarstern (m)	negm el 'oṭb (m)	نجم القطب
Marsbewohner (m)	sāken el marrīχ (m)	ساكن المرّيخ
Außerirdischer (m)	faḍā'y (m)	فضائي

außerirdisches Wesen (n)	kā'en faḍā'y (m)	كائن فضائي
fliegende Untertasse (f)	ṭaba' ṭā'er (m)	طبق طائر
Raumschiff (n)	markaba faḍa'iya (f)	مركبة فضائية
Raumstation (f)	maḥaṭṭet faḍā' (f)	محطّة فضاء
Raketenstart (m)	enṭelāq (m)	إنطلاق
Triebwerk (n)	motore (m)	موتور
Düse (f)	manfaθ (m)	منفث
Treibstoff (m)	woqūd (m)	وقود
Kabine (f)	kabīna (f)	كابينة
Antenne (f)	hawā'y (m)	هوائي
Bullauge (n)	kowwa mostadīra (f)	كوّة مستديرة
Sonnenbatterie (f)	lawḥa ʃamsiya (f)	لوحة شمسيّة
Raumanzug (m)	badlet el faḍā' (f)	بدّلة الفضاء
Schwerelosigkeit (f)	en'edām wazn (m)	إنعدام الوزن
Sauerstoff (m)	oksiʒīn (m)	أوكسجين
Ankopplung (f)	rasw (m)	رسو
koppeln (vi)	rasa	رسى
Observatorium (n)	marṣad (m)	مرصد
Teleskop (n)	teleskop (m)	تلسكوب
beobachten (vt)	rāqab	راقب
erforschen (vt)	estakʃef	إستكشف

196. Die Erde

Erde (f)	el arḍ (f)	الأرض
Erdkugel (f)	el kora el arḍiya (f)	الكرة الأرضيّة
Planet (m)	kawwkab (m)	كوكب
Atmosphäre (f)	el ɣelāf el gawwy (m)	الغلاف الجوّي
Geographie (f)	goɣrafia (f)	جغرافيا
Natur (f)	ṭabee'a (f)	طبيعة
Globus (m)	namūzag lel kora el arḍiya (m)	نموذج للكرة الأرضيّة
Landkarte (f)	χarīṭa (f)	خريطة
Atlas (m)	aṭlas (m)	أطلس
Europa (n)	orobba (f)	أوروبّا
Asien (n)	asya (f)	آسيا
Afrika (n)	afreqia (f)	أفريقيا
Australien (n)	ostorālya (f)	أستراليا
Amerika (n)	amrīka (f)	أمريكا
Nordamerika (n)	amrīka el ʃamaliya (f)	أمريكا الشماليّة
Südamerika (n)	amrīka el ganūbiya (f)	أمريكا الجنوبيّة
Antarktis (f)	el qoṭb el ganūby (m)	القطب الجنوبي
Arktis (f)	el qoṭb el ʃamāly (m)	القطب الشمالي

197. Himmelsrichtungen

Norden (m)	ʃemāl (m)	شمال
nach Norden	lel ʃamāl	للشمال
im Norden	fel ʃamāl	في الشمال
nördlich	ʃamāly	شمالي
Süden (m)	ganūb (m)	جنوب
nach Süden	lel ganūb	للجنوب
im Süden	fel ganūb	في الجنوب
südlich	ganūby	جنوبي
Westen (m)	ɣarb (m)	غرب
nach Westen	lel ɣarb	للغرب
im Westen	fel ɣarb	في الغرب
westlich, West-	ɣarby	غربي
Osten (m)	ʃarʾ (m)	شرق
nach Osten	lel ʃarʾ	للشرق
im Osten	fel ʃarʾ	في الشرق
östlich	ʃarʾy	شرقي

198. Meer. Ozean

Meer (n), See (f)	baḥr (m)	بحر
Ozean (m)	moḥīṭ (m)	محيط
Golf (m)	χalīg (m)	خليج
Meerenge (f)	maḍīq (m)	مضيق
Festland (n)	barr (m)	برّ
Kontinent (m)	qārra (f)	قارّة
Insel (f)	gezīra (f)	جزيرة
Halbinsel (f)	ʃebh gezeyra (f)	شبه جزيرة
Archipel (m)	magmūʿet gozor (f)	مجموعة جزر
Bucht (f)	χalīg (m)	خليج
Hafen (m)	mināʾ (m)	ميناء
Lagune (f)	lagūn (m)	لاجون
Kap (n)	raʾs (m)	رأس
Atoll (n)	gezīra morganiya estwaʾiya (f)	جزيزة مرجانيةّ إستوائيّة
Riff (n)	ʃoʿāb (pl)	شعاب
Koralle (f)	morgān (m)	مرجان
Korallenriff (n)	ʃoʿāb morganiya (pl)	شعاب مرجانية
tief (Adj)	ʿamīq	عميق
Tiefe (f)	ʿomq (m)	عمق
Abgrund (m)	el ʿomq el saḥīq (m)	العمق السحيق
Graben (m)	χondoq (m)	خندق
Strom (m)	tayār (m)	تيّار
umspülen (vt)	ḥāṭ	حاط
Ufer (n)	sāḥel (m)	ساحل

Küste (f)	sāḥel (m)	ساحل
Flut (f)	tayār (m)	تيّار
Ebbe (f)	gozor (m)	جزر
Sandbank (f)	meyāh ḍaḥla (f)	مياه ضحلة
Boden (m)	qāʿ (m)	قاع
Welle (f)	mouga (f)	موجة
Wellenkamm (m)	qemma (f)	قمّة
Schaum (m)	zabad el baḥr (m)	زبد البحر
Sturm (m)	ʿāṣefa (f)	عاصفة
Orkan (m)	eʿṣār (m)	إعصار
Tsunami (m)	tsunāmy (m)	تسونامي
Windstille (f)	hodūʾ (m)	هدوء
ruhig	hady	هادئ
Pol (m)	ʾoṭb (m)	قطب
Polar-	ʾoṭby	قطبي
Breite (f)	ʿarḍ (m)	عرض
Länge (f)	χaṭṭ ṭūl (m)	خطّ طول
Breitenkreis (m)	motawāz (m)	متواز
Äquator (m)	χaṭṭ el estewāʾ (m)	خطّ الإستواء
Himmel (m)	samāʾ (f)	سماء
Horizont (m)	ofoq (m)	أفق
Luft (f)	hawāʾ (m)	هواء
Leuchtturm (m)	manāra (f)	منارة
tauchen (vi)	ɣāṣ	غاص
versinken (vi)	ɣereʾ	غرق
Schätze (pl)	konūz (pl)	كنوز

199. Namen der Meere und Ozeane

Atlantischer Ozean (m)	el moḥeyṭ el aṭlanṭy (m)	المحيط الأطلنطي
Indischer Ozean (m)	el moḥeyṭ el hendy (m)	المحيط الهندي
Pazifischer Ozean (m)	el moḥeyṭ el hādy (m)	المحيط الهادي
Arktischer Ozean (m)	el moḥeyṭ el motagammed el ʃamāly (m)	المحيط المتجمّد الشمالي
Schwarzes Meer (n)	el baḥr el aswad (m)	البحر الأسود
Rotes Meer (n)	el baḥr el aḥmar (m)	البحر الأحمر
Gelbes Meer (n)	el baḥr el aṣfar (m)	البحر الأصفر
Weißes Meer (n)	el baḥr el abyaḍ (m)	البحر الأبيض
Kaspisches Meer (n)	baḥr qazwīn (m)	بحر قزوين
Totes Meer (n)	el baḥr el mayet (m)	البحر الميّت
Mittelmeer (n)	el baḥr el abyaḍ el motawasseṭ (m)	البحر الأبيض المتوسّط
Ägäisches Meer (n)	baḥr eygah (m)	بحر إيجة
Adriatisches Meer (n)	el baḥr el adreyatīky (m)	البحر الأدرياتيكي
Arabisches Meer (n)	baḥr el ʿarab (m)	بحر العرب

Japanisches Meer (n)	baḥr el yabān (m)	بحر اليابان
Beringmeer (n)	baḥr bering (m)	بحر بيرينغ
Südchinesisches Meer (n)	baḥr el ṣeyn el ganūby (m)	بحر الصين الجنوبي
Korallenmeer (n)	baḥr el morgān (m)	بحر المرجان
Tasmansee (f)	baḥr tazman (m)	بحر تسمان
Karibisches Meer (n)	el baḥr el karīby (m)	البحر الكاريبي
Barentssee (f)	baḥr barents (m)	بحر بارنتس
Karasee (f)	baḥr kara (m)	بحر كارا
Nordsee (f)	baḥr el ʃamāl (m)	بحر الشمال
Ostsee (f)	baḥr el balṭīq (m)	بحر البلطيق
Nordmeer (n)	baḥr el nerwīg (m)	بحر النرويج

200. Berge

Berg (m)	gabal (m)	جبل
Gebirgskette (f)	selselet gebāl (f)	سلسلة جبال
Bergrücken (m)	notū' el gabal (m)	نتوء الجبل
Gipfel (m)	qemma (f)	قمّة
Spitze (f)	qemma (f)	قمّة
Bergfuß (m)	asfal (m)	أسفل
Abhang (m)	monḥadar (m)	منحدر
Vulkan (m)	borkān (m)	بركان
tätiger Vulkan (m)	borkān naʃeṭ (m)	بركان نشط
schlafender Vulkan (m)	borkān χāmed (m)	بركان خامد
Ausbruch (m)	sawarān (m)	ثوّران
Krater (m)	fawhet el borkān (f)	فوهة البركان
Magma (n)	magma (f)	ماجما
Lava (f)	ḥomam borkāniya (pl)	حمم بركانية
glühend heiß (-e Lava)	monṣahera	منصهرة
Cañon (m)	wādy ḍaye' (m)	وادي ضيّق
Schlucht (f)	mamarr ḍaye' (m)	ممرّ ضيّق
Spalte (f)	ʃa'' (m)	شقّ
Abgrund (m) (steiler ~)	hāwya (f)	هاوية
Gebirgspass (m)	mamarr gabaly (m)	ممرّ جبلي
Plateau (n)	haḍaba (f)	هضبة
Fels (m)	garf (m)	جرف
Hügel (m)	tall (m)	تلّ
Gletscher (m)	nahr galīdy (m)	نهر جليدي
Wasserfall (m)	ʃallāl (m)	شلّال
Geiser (m)	nab' maya ḥāra (m)	نبع ميّة حارة
See (m)	boḥeyra (f)	بحيرة
Ebene (f)	sahl (m)	سهل
Landschaft (f)	manzar ṭabee'y (m)	منظر طبيعي
Echo (n)	ṣada (m)	صدى

Bergsteiger (m)	motasalleq el gebāl (m)	متسلّق الجبال
Kletterer (m)	motasalleq ṣoχūr (m)	متسلّق صخور
bezwingen (vt)	taɣallab ʿala	تغلّب على
Aufstieg (m)	tasalloq (m)	تسلّق

201. Namen der Berge

Alpen (pl)	gebāl el alb (pl)	جبال الألب
Montblanc (m)	mōn blōn (m)	مون بلون
Pyrenäen (pl)	gebāl el barānes (pl)	جبال البرانس
Karpaten (pl)	gebāl el karbāt (pl)	جبال الكاربات
Uralgebirge (n)	gebāl el urāl (pl)	جبال الأورال
Kaukasus (m)	gebāl el qoqāz (pl)	جبال القوقاز
Elbrus (m)	gabal elbrus (m)	جبل إلبروس
Altai (m)	gebāl altāy (pl)	جبال ألتاي
Tian Shan (m)	gebāl tian ʃan (pl)	جبال تيان شان
Pamir (m)	gebāl bamir (pl)	جبال بامير
Himalaja (m)	himalāya (pl)	هيمالايا
Everest (m)	gabal everest (m)	جبل افرست
Anden (pl)	gebāl el andīz (pl)	جبال الأنديز
Kilimandscharo (m)	gabal kilimanʒaro (m)	جبل كليمنجارو

202. Flüsse

Fluss (m)	nahr (m)	نهر
Quelle (f)	ʿeyn (m)	عين
Flussbett (n)	magra el nahr (m)	مجرى النهر
Stromgebiet (n)	ḥoḍe (m)	حوض
einmünden in ...	ṣabb fe ...	صبّ في...
Nebenfluss (m)	rāfed (m)	رافد
Ufer (n)	ḍaffa (f)	ضفّة
Strom (m)	tayār (m)	تيّار
stromabwärts	maʿ ettigāh magra el nahr	مع إتّجاه مجرى النهر
stromaufwärts	ḍed el tayār	ضد التيار
Überschwemmung (f)	ɣamr (m)	غمر
Hochwasser (n)	fayaḍān (m)	فيضان
aus den Ufern treten	fāḍ	فاض
überfluten (vt)	ɣamar	غمر
Sandbank (f)	meyāh ḍaḥla (f)	مياه ضحلة
Stromschnelle (f)	monḥadar el nahr (m)	منحدر النهر
Damm (m)	sadd (m)	سدّ
Kanal (m)	qanah (f)	قناة
Stausee (m)	χazzān māʾy (m)	خزّان مائي
Schleuse (f)	bawwāba qanṭara (f)	بوّابة قنطرة

Gewässer (n)	berka (f)	بركة
Sumpf (m), Moor (n)	mostanqaʿ (m)	مستنقع
Marsch (f)	mostanqaʿ (m)	مستنقع
Strudel (m)	dawwāma (f)	دوّامة
Bach (m)	gadwal (m)	جدوّل
Trink- (z.B. Trinkwasser)	el ʃorb	الشرب
Süß- (Wasser)	ʿazb	عذب
Eis (n)	galīd (m)	جليد
zufrieren (vi)	etgammed	إتجمّد

203. Namen der Flüsse

Seine (f)	el seyn (m)	السين
Loire (f)	el lua:r (m)	اللوار
Themse (f)	el teymz (m)	التيمز
Rhein (m)	el rayn (m)	الراين
Donau (f)	el danūb (m)	الدانوب
Wolga (f)	el volga (m)	الفولغا
Don (m)	el done (m)	الدون
Lena (f)	lena (m)	لينا
Gelber Fluss (m)	el nahr el aṣfar (m)	النهر الأصفر
Jangtse (m)	el yangesty (m)	اليانغستي
Mekong (m)	el mekong (m)	الميكونغ
Ganges (m)	el ɣang (m)	الغانج
Nil (m)	el nīl (m)	النيل
Kongo (m)	el kongo (m)	الكونغو
Okavango (m)	okavango (m)	أوكافانجو
Sambesi (m)	el zambizi (m)	الزمبيزي
Limpopo (m)	limbobo (m)	ليمبوبو
Mississippi (m)	el mississibbi (m)	الميسيسيبي

204. Wald

Wald (m)	ɣāba (f)	غابة
Wald-	ɣāba	غابة
Dickicht (n)	ɣāba kasīfa (f)	غابة كثيفة
Gehölz (n)	bostān (m)	بستان
Lichtung (f)	ezālet el ɣābāt (f)	إزالة الغابات
Dickicht (n)	agama (f)	أجمة
Gebüsch (n)	arāḍy el ʃogayrāt (pl)	أراضي الشجيرات
Fußweg (m)	mamarr (m)	ممرّ
Erosionsrinne (f)	wādy ḍayeʾ (m)	وادي ضيّق
Baum (m)	ʃagara (f)	شجرة

Blatt (n)	wara'a (f)	ورقة
Laub (n)	wara' (m)	ورق
Laubfall (m)	tasā'oṭ el awrā' (m)	تساقط الأوراق
fallen (Blätter)	saqaṭ	سقط
Wipfel (m)	ra's (m)	رأس
Zweig (m)	ɣoṣn (m)	غصن
Ast (m)	ɣoṣn ra'īsy (m)	غصن رئيسي
Knospe (f)	bor'om (m)	برعم
Nadel (f)	ʃawka (f)	شوكة
Zapfen (m)	kūz el ṣnowbar (m)	كوز الصنوبر
Höhlung (f)	gofe (m)	جوف
Nest (n)	'eʃ (m)	عشّ
Höhle (f)	goḥr (m)	جحر
Stamm (m)	gez' (m)	جذع
Wurzel (f)	gezr (m)	جذر
Rinde (f)	leḥā' (m)	لحاء
Moos (n)	ṭaḥlab (m)	طحلب
entwurzeln (vt)	eqtala'	إقتلع
fällen (vt)	'aṭṭa'	قطّع
abholzen (vt)	azāl el ɣabāt	أزال الغابات
Baumstumpf (m)	gez' el ʃagara (m)	جذع الشجرة
Lagerfeuer (n)	nār moχayem (m)	نار مخيّم
Waldbrand (m)	ḥarī' ɣāba (m)	حريق غابة
löschen (vt)	ṭaffa	طفّى
Förster (m)	ḥāres el ɣāba (m)	حارس الغابة
Schutz (m)	ḥemāya (f)	حماية
beschützen (vt)	ḥama	حمى
Wilddieb (m)	sāre' el ṣeyd (m)	سارق الصيد
Falle (f)	maṣyada (f)	مصيدة
sammeln, pflücken (vt)	gamma'	جمّع
sich verirren	tāh	تاه

205. natürliche Lebensgrundlagen

Naturressourcen (pl)	sarawāt ṭabi'iya (pl)	ثروات طبيعيّة
Bodenschätze (pl)	ma'āden (pl)	معادن
Vorkommen (n)	rawāseb (pl)	رواسب
Feld (Ölfeld usw.)	ḥaql (m)	حقل
gewinnen (vt)	estaχrag	إستخرج
Gewinnung (f)	esteχrāg (m)	إستخراج
Erz (n)	χām (m)	خام
Bergwerk (n)	mangam (m)	منجم
Schacht (m)	mangam (m)	منجم
Bergarbeiter (m)	'āmel mangam (m)	عامل منجم
Erdgas (n)	ɣāz (m)	غاز

Gasleitung (f)	χaṭṭ anabīb γāz (m)	خطّ أنابيب غاز
Erdöl (n)	nafṭ (m)	نفط
Erdölleitung (f)	anabīb el nafṭ (pl)	أنابيب النفط
Ölquelle (f)	bīr el nafṭ (m)	بير النفط
Bohrturm (m)	ḥaffāra (f)	حفّارة
Tanker (m)	nāqelet betrūl (f)	ناقلة بترول
Sand (m)	raml (m)	رمل
Kalkstein (m)	ḥagar el kals (m)	حجر الكلس
Kies (m)	ḥaṣa (m)	حصى
Torf (m)	χaθ faḥm nabāty (m)	خث فحم نباتي
Ton (m)	ṭīn (m)	طين
Kohle (f)	faḥm (m)	فحم
Eisen (n)	ḥadīd (m)	حديد
Gold (n)	dahab (m)	ذهب
Silber (n)	faḍḍa (f)	فضّة
Nickel (n)	nikel (m)	نيكل
Kupfer (n)	neḥās (m)	نحاس
Zink (n)	zink (m)	زنك
Mangan (n)	manganīz (m)	منجنيز
Quecksilber (n)	ze'baq (m)	زئبق
Blei (n)	roṣāṣ (m)	رصاص
Mineral (n)	ma'dan (m)	معدن
Kristall (m)	kristāl (m)	كريستال
Marmor (m)	roχām (m)	رخام
Uran (n)	yuranuim (m)	يورانيوم

Die Erde. Teil 2

206. Wetter

Wetter (n)	ṭa's (m)	طقس
Wetterbericht (m)	naʃra gawiya (f)	نشرة جويّة
Temperatur (f)	ḥarāra (f)	حرارة
Thermometer (n)	termometr (m)	ترمومتر
Barometer (n)	barometr (m)	بارومتر
feucht	roṭob	رطب
Feuchtigkeit (f)	roṭūba (f)	رطوبة
Hitze (f)	ḥarāra (f)	حرارة
glutheiß	ḥarr	حارّ
ist heiß	el gaww ḥarr	الجّو حرّ
ist warm	el gaww dafa	الجوّ دفا
warm (Adj)	dāfe'	دافئ
ist kalt	el gaww bāred	الجوّ بارد
kalt (Adj)	bāred	بارد
Sonne (f)	ʃams (f)	شمس
scheinen (vi)	nawwar	نوّر
sonnig (Adj)	moʃmes	مشمس
aufgehen (vi)	ʃara'	شرق
untergehen (vi)	ɣarab	غرب
Wolke (f)	saḥāba (f)	سحابة
bewölkt, wolkig	meɣayem	مغيّم
Regenwolke (f)	saḥābet maṭar (f)	سحابة مطر
trüb (-er Tag)	meɣayem	مغيّم
Regen (m)	maṭar (m)	مطر
Es regnet	el donia betmaṭṭar	الدنيا بتمطّر
regnerisch (-er Tag)	momṭer	ممطر
nieseln (vi)	maṭṭaret razāz	مطّرت رذاذ
strömender Regen (m)	maṭar monhamer (f)	مطر منهمر
Regenschauer (m)	maṭar ɣazīr (m)	مطر غزير
stark (-er Regen)	ʃedīd	شديد
Pfütze (f)	berka (f)	بركة
nass werden (vi)	ettbal	إتّبل
Nebel (m)	ʃabbūra (f)	شبّورة
neblig (-er Tag)	fih ʃabbūra	فيه شبّورة
Schnee (m)	talg (m)	ثلج
Es schneit	fih talg	فيه ثلج

207. Unwetter Naturkatastrophen

Gewitter (n)	ʿāṣefa raʿdiya (f)	عاصفة رعدية
Blitz (m)	barʾ (m)	برق
blitzen (vi)	baraq	برق
Donner (m)	raʿd (m)	رعد
donnern (vi)	dawa	دوّى
Es donnert	el samāʾ dawat raʿd (f)	السماء دوّت رعد
Hagel (m)	maṭar bard (m)	مطر برد
Es hagelt	maṭṭaret bard	مطّرت برد
überfluten (vt)	ɣamar	غمر
Überschwemmung (f)	fayaḍān (m)	فيضان
Erdbeben (n)	zelzāl (m)	زلزال
Erschütterung (f)	hazza arḍiya (f)	هزّة أرضية
Epizentrum (n)	markaz el zelzāl (m)	مركز الزلزال
Ausbruch (m)	sawarān (m)	ثوّران
Lava (f)	ḥomam borkāniya (pl)	حمم بركانية
Wirbelsturm (m), Tornado (m)	eʿṣār (m)	إعصار
Taifun (m)	tyfūn (m)	طوفان
Orkan (m)	eʿṣār (m)	إعصار
Sturm (m)	ʿāṣefa (f)	عاصفة
Tsunami (m)	tsunāmy (m)	تسونامي
Zyklon (m)	eʿṣār (m)	إعصار
Unwetter (n)	ṭaʾs sayeʾ (m)	طقس سئ
Brand (m)	ḥarīʾ (m)	حريق
Katastrophe (f)	karsa (f)	كارثة
Meteorit (m)	nayzek (m)	نيزك
Lawine (f)	enheyār talgy (m)	إنهيار ثلجي
Schneelawine (f)	enheyār talgy (m)	إنهيار ثلجي
Schneegestöber (n)	ʿāṣefa talgiya (f)	عاصفة ثلجيّة
Schneesturm (m)	ʿāṣefa talgiya (f)	عاصفة ثلجيّة

208. Geräusche. Klänge

Stille (f)	ṣamt (m)	صمت
Laut (m)	ṣote (m)	صوت
Lärm (m)	dawʃa (f)	دوشة
lärmen (vi)	ʿamal dawʃa	عمل دوشة
lärmend (Adj)	mozʿeg	مزعج
laut (in lautemTon)	beṣote ʿāly	بصوت عالي
laut (eine laute Stimme)	ʿāly	عالي
ständig (Adj)	mostamerr	مستمّر
Schrei (m)	ṣarxa (f)	صرخة

schreien (vi)	ṣarraχ	صرّخ
Flüstern (n)	hamsa (f)	همسة
flüstern (vt)	hamas	همس
Gebell (n)	nebāḥ (m)	نباح
bellen (vi)	nabaḥ	نبح
Stöhnen (n)	anīn (m)	أنين
stöhnen (vi)	ann	أنّ
Husten (m)	koḥḥa (f)	كحّة
husten (vi)	kaḥḥ	كحّ
Pfiff (m)	taṣfīr (m)	تصفير
pfeifen (vi)	ṣaffar	صفّر
Klopfen (n)	ṭar', da'' (m)	طرق, دقّ
klopfen (vi)	da''	دقّ
krachen (Laut)	far'a'	فرقع
Krachen (n)	far'a'a (f)	فرقعة
Sirene (f)	sarīna (f)	سرينة
Pfeife (Zug usw.)	ṣafīr (m)	صفير
pfeifen (vi)	ṣaffar	صفّر
Hupe (f)	tazmīr (m)	تزمير
hupen (vi)	zammar	زمّر

209. Winter

Winter (m)	ʃetā' (m)	شتاء
Winter-	ʃetwy	شتوي
im Winter	fel ʃetā'	في الشتاء
Schnee (m)	talg (m)	ثلج
Es schneit	fih talg	فيه ثلج
Schneefall (m)	tasā'oṭ el tolūg (m)	تساقط الثلوج
Schneewehe (f)	rokma talgiya (f)	ركمة ثلجية
Schneeflocke (f)	nadfet talg (f)	ندفة ثلج
Schneeball (m)	koret talg (f)	كرة ثلج
Schneemann (m)	rāgel men el talg (m)	راجل من الثلج
Eiszapfen (m)	'eṭ'et galīd (f)	قطعة جليد
Dezember (m)	desember (m)	ديسمبر
Januar (m)	yanāyer (m)	يناير
Februar (m)	febrāyer (m)	فبراير
Frost (m)	ṣaqee' (m)	صقيع
frostig, Frost-	ṣā'e'	صاقع
unter Null	taḥt el ṣefr	تحت الصفر
leichter Frost (m)	ṣaqee' (m)	صقيع
Reif (m)	ṣaqee' motagammed (m)	صقيع متجمّد
Kälte (f)	bard (m)	برد
Es ist kalt	el gaww bāred	الجوّ بارد

Pelzmantel (m)	balṭo farww (m)	بالطو فروّ
Fausthandschuhe (pl)	gwanty men ɣeyr aṣābe' (m)	جوانتي من غير أصابع
erkranken (vi)	mereḍ	مرض
Erkältung (f)	zokām (m)	زكام
sich erkälten	gālo bard	جاله برد
Eis (n)	galīd (m)	جليد
Glatteis (n)	ɣaṭā' galīdy 'lal arḍ (m)	غطاء جليدي على الأرض
zufrieren (vi)	etgammed	إتجمّد
Eisscholle (f)	roqāqet galīd (f)	رقاقة جليد
Ski (pl)	zallagāt (pl)	زلّاجات
Skiläufer (m)	motazaḥleq 'alal galīd (m)	متزحلق على الجليد
Ski laufen	tazallag	تزلّج
Schlittschuh laufen	tazallag	تزلّج

Fauna

210. Säugetiere. Raubtiere

Raubtier (n)	moftares (m)	مفترس
Tiger (m)	nemr (m)	نمر
Löwe (m)	asad (m)	أسد
Wolf (m)	ze'b (m)	ذئب
Fuchs (m)	ta'lab (m)	ثعلب
Jaguar (m)	nemr amrīky (m)	نمر أمريكي
Leopard (m)	fahd (m)	فهد
Gepard (m)	fahd ṣayād (m)	فهد صيّاد
Panther (m)	nemr aswad (m)	نمر أسوّد
Puma (m)	asad el gebāl (m)	أسد الجبال
Schneeleopard (m)	nemr el tolūg (m)	نمر الثلوج
Luchs (m)	waʃaq (m)	وشق
Kojote (m)	qayūṭ (m)	قيوط
Schakal (m)	ebn 'āwy (m)	ابن آوى
Hyäne (f)	ḍeb' (m)	ضبع

211. Tiere in freier Wildbahn

Tier (n)	ḥayawān (m)	حيوان
Bestie (f)	waḥʃ (m)	وحش
Eichhörnchen (n)	sengāb (m)	سنجاب
Igel (m)	qonfoz (m)	قنفذ
Hase (m)	arnab barry (m)	أرنب برّي
Kaninchen (n)	arnab (m)	أرنب
Dachs (m)	ɣarīr (m)	غرير
Waschbär (m)	rakūn (m)	راكون
Hamster (m)	hamster (m)	هامستر
Murmeltier (n)	marmoṭ (m)	مرموط
Maulwurf (m)	χold (m)	خلد
Maus (f)	fār (m)	فأر
Ratte (f)	gerz (m)	جرذ
Fledermaus (f)	χoffāʃ (m)	خفّاش
Hermelin (n)	qāqem (m)	قاقم
Zobel (m)	sammūr (m)	سمّور
Marder (m)	fara'īāt (m)	فرائيات
Wiesel (n)	ebn 'ers (m)	ابن عرس
Nerz (m)	mink (m)	منك

Biber (m)	qondos (m)	قندس
Fischotter (m)	ta'lab maya (m)	ثعلب الميّة
Pferd (n)	ḥoṣān (m)	حصان
Elch (m)	eyl el mūz (m)	أيّل الموظ
Hirsch (m)	ayl (m)	أيل
Kamel (n)	gamal (m)	جمل
Bison (m)	bison (m)	بيسون
Wisent (m)	byson orobby (m)	بيسون أوروبي
Büffel (m)	gamūs (m)	جاموس
Zebra (n)	ḥomār waḥʃy (m)	حمار وحشي
Antilope (f)	ẓaby (m)	ظبي
Reh (n)	yaḥmūr orobby (m)	يحمورأوروبيّ
Damhirsch (m)	eyl asmar orobby (m)	أيّل أسمر أوروبي
Gämse (f)	ʃamwah (f)	شاموا ه
Wildschwein (n)	χenzīr barry (m)	خنزير برّي
Wal (m)	ḥūt (m)	حوت
Seehund (m)	foqma (f)	فقمة
Walroß (n)	el kab' (m)	الكبع
Seebär (m)	foqmet el farā' (f)	فقمة الفراء
Delfin (m)	dolfīn (m)	دولفين
Bär (m)	dobb (m)	دبّ
Eisbär (m)	dobb 'oṭṭby (m)	دبّ قطبي
Panda (m)	banda (m)	باندا
Affe (m)	'erd (m)	قرد
Schimpanse (m)	ʃimbanzy (m)	شيمبانزي
Orang-Utan (m)	orangutan (m)	أورنغوتان
Gorilla (m)	ɣorella (f)	غوريلا
Makak (m)	'erd el makāk (m)	قرد المكاك
Gibbon (m)	gibbon (m)	جيبون
Elefant (m)	fīl (m)	فيل
Nashorn (n)	χartīt (m)	خرتيت
Giraffe (f)	zarāfa (f)	زرافة
Flusspferd (n)	faras el nahr (m)	فرس النهر
Känguru (n)	kangarū (m)	كانجّارو
Koala (m)	el koala (m)	الكوالا
Manguste (f)	nems (m)	نمس
Chinchilla (n)	ʃenʃila (f)	شنشيلة
Stinktier (n)	ẓerbān (m)	ظربان
Stachelschwein (n)	nīṣ (m)	نيص

212. Haustiere

Katze (f)	'oṭṭa (f)	قطّة
Kater (m)	'oṭṭ (m)	قطّ
Hund (m)	kalb (m)	كلب

Pferd (n)	ḥoṣān (m)	حصان
Hengst (m)	χeyl faḥl (m)	خيل فحل
Stute (f)	faras (f)	فرس
Kuh (f)	ba'ara (f)	بقرة
Stier (m)	sore (m)	ثور
Ochse (m)	sore (m)	ثور
Schaf (n)	χarūf (f)	خروف
Widder (m)	kebʃ (m)	كبش
Ziege (f)	me'za (f)	معزة
Ziegenbock (m)	mā'ez zakar (m)	ماعز ذكر
Esel (m)	ḥomār (m)	حمار
Maultier (n)	baɣl (m)	بغل
Schwein (n)	χenzīr (m)	خنزير
Ferkel (n)	χannūṣ (m)	خنّوص
Kaninchen (n)	arnab (m)	أرنب
Huhn (n)	farχa (f)	فرخة
Hahn (m)	dīk (m)	ديك
Ente (f)	baṭṭa (f)	بطّة
Enterich (m)	dakar el baṭṭ (m)	ذكر البط
Gans (f)	wezza (f)	وزّة
Puter (m)	dīk rūmy (m)	ديك رومي
Pute (f)	dīk rūmy (m)	ديك رومي
Haustiere (pl)	ḥayawānāt dawāgen (pl)	حيوانات دواجن
zahm	alīf	أليف
zähmen (vt)	rawweḍ	روّض
züchten (vt)	rabba	ربّى
Farm (f)	mazra'a (f)	مزرعة
Geflügel (n)	dawāgen (pl)	دواجن
Vieh (n)	māʃeya (f)	ماشية
Herde (f)	qaṭee' (m)	قطيع
Pferdestall (m)	esṭabl χeyl (m)	إسطبل خيل
Schweinestall (m)	ḥazīret χanazīr (f)	حظيرة الخنازير
Kuhstall (m)	zerībet el ba'ar (f)	زريبة البقر
Kaninchenstall (m)	qan el arāneb (m)	قن الأرانب
Hühnerstall (m)	qan el ferāχ (m)	قن الفراخ

213. Hunde. Hunderassen

Hund (m)	kalb (m)	كلب
Schäferhund (m)	kalb rā'y (m)	كلب رعي
Deutsche Schäferhund (m)	kalb rā'y almāny (m)	كلب راعي ألمانيّ
Pudel (m)	būdle (m)	بودل
Dachshund (m)	daʃhund (m)	داشهند
Bulldogge (f)	bulldog (m)	بولدوج

Boxer (m)	bokser (m)	بوكسر
Mastiff (m)	mastiff (m)	ماستيف
Rottweiler (m)	rottfeyler (m)	روت فايلر
Dobermann (m)	doberman (m)	دوبرمان
Basset (m)	basset (m)	باسيت
Bobtail (m)	bobtayl (m)	بوبتيل
Dalmatiner (m)	delmāṭy (m)	دلماطي
Cocker-Spaniel (m)	kokker spaniel (m)	كوكر سبانييل
Neufundländer (m)	nyu faundland (m)	نيوفاوندلاند
Bernhardiner (m)	sant bernard (m)	سانت بيرنارد
Eskimohund (m)	hasky (m)	هاسكي
Chow-Chow (m)	tʃaw tʃaw (m)	تشاوتشاو
Spitz (m)	esbitz (m)	إسبتز
Mops (m)	bug (m)	بج

214. Tierlaute

Gebell (n)	nebāḥ (m)	نباح
bellen (vi)	nabaḥ	نبح
miauen (vi)	mawmaw	موّمو
schnurren (Katze)	χarχar	خرخر
muhen (vi)	χār	خار
brüllen (Stier)	χār	خار
knurren (Hund usw.)	damdam	دمدم
Heulen (n)	ʿawāʾ (m)	عواء
heulen (vi)	ʿawa	عوى
winseln (vi)	ann	أنّ
meckern (Ziege)	maʾmaʾ	مأمأ
grunzen (vi)	qabaʿ	قبع
kreischen (vi)	qabaʿ	قبع
quaken (vi)	naʾʾ	نقّ
summen (Insekt)	ṭann	طنّ
zirpen (vi)	ʿarʿar	عرعر

215. Jungtiere

Tierkind (n)	ḥayawān ṣaɣīr (m)	حيوان صغير
Kätzchen (n)	ʾoṭṭa saɣīra (f)	قطّة صغيرة
Mausjunge (n)	fār ṣaɣīr (m)	فار صغير
Hündchen (n), Welpe (m)	garww (m)	جروّ
Häschen (n)	χarnaʾ (m)	خرنق
Kaninchenjunge (n)	arnab saɣīr (m)	أرنب صغير
Wolfsjunge (n)	garmūza (m)	جرموزا
Fuchsjunge (n)	hagras (m)	هجرس

Bärenjunge (n)	daysam (m)	ديّسم
Löwenjunge (n)	ʃebl el asad (m)	شبل الأسد
junger Tiger (m)	farz (m)	فرز
Elefantenjunge (n)	daɣfal (m)	دغفل
Ferkel (n)	χannūṣ (m)	خنّوص
Kalb (junge Kuh)	ʻegl (m)	عجل
Ziegenkitz (n)	gady (m)	جدي
Lamm (n)	ḥaml (m)	حمل
Hirschkalb (n)	el raʃa (m)	الرشا
Kamelfohlen (n)	ṣaɣīr el gamal (m)	صغير الجمل
junge Schlange (f)	ḥerbeʃ (m)	حربش
Fröschlein (n)	ḍeffḍaʻ saɣīr (m)	ضفدع صغير
junger Vogel (m)	farχ (m)	فرخ
Küken (n)	katkūt (m)	كتكوت
Entlein (n)	baṭṭa ṣaɣīra (f)	بطّة صغيرة

216. Vögel

Vogel (m)	ṭā'er (m)	طائر
Taube (f)	ḥamāma (f)	حمامة
Spatz (m)	ʻaṣfūr dawri (m)	عصفور دوري
Meise (f)	qarqaf (m)	قرقف
Elster (f)	ʻa'ʻa' (m)	عقعق
Rabe (m)	ɣorāb aswad (m)	غراب أسود
Krähe (f)	ɣorāb (m)	غراب
Dohle (f)	zāɣ zarʻy (m)	زاغ زرعي
Saatkrähe (f)	ɣorāb el qeyẓ (m)	غراب القيظ
Ente (f)	baṭṭa (f)	بطّة
Gans (f)	wezza (f)	وزّة
Fasan (m)	tadarrog (m)	تدرج
Adler (m)	ʻeqāb (m)	عقاب
Habicht (m)	el bāz (m)	الباز
Falke (m)	ṣa'r (m)	صقر
Greif (m)	nesr (m)	نسر
Kondor (m)	kondor (m)	كندور
Schwan (m)	el temm (m)	التّم
Kranich (m)	karkiya (m)	كركية
Storch (m)	loqloq (m)	لقلق
Papagei (m)	babaɣā' (m)	ببغاء
Kolibri (m)	ṭannān (m)	طنّان
Pfau (m)	ṭawūs (m)	طاووس
Strauß (m)	naʻāma (f)	نعامة
Reiher (m)	belʃone (m)	بلشون
Flamingo (m)	flamingo (m)	فلامينجو
Pelikan (m)	bagʻa (f)	بجعة

Nachtigall (f)	ʻandalīb (m)	عندليب
Schwalbe (f)	el sonūnū (m)	السنونو
Drossel (f)	somnet el ḥoqūl (m)	سمنة الحقول
Singdrossel (f)	somna moɣarreda (m)	سمنة مغرّدة
Amsel (f)	ʃaḥrūr aswad (m)	شحرور أسود
Segler (m)	semmāma (m)	سمّامة
Lerche (f)	qabra (f)	قبرة
Wachtel (f)	semmān (m)	سمّان
Specht (m)	na'ār el χaʃab (m)	نقار الخشب
Kuckuck (m)	weqwāq (m)	وقواق
Eule (f)	būma (f)	بومة
Uhu (m)	būm orāsy (m)	بوم أوراسي
Auerhahn (m)	dīk el χalang (m)	ديك الخلنج
Birkhahn (m)	ṭyhūg aswad (m)	طيهوج أسوّد
Rebhuhn (n)	el ḥagal (m)	الحجل
Star (m)	zerzūr (m)	زرزور
Kanarienvogel (m)	kanāry (m)	كناري
Haselhuhn (n)	ṭyhūg el bondo' (m)	طيهوج البندق
Buchfink (m)	ʃarʃūr (m)	شرشور
Gimpel (m)	deɣnāʃ (m)	دغناش
Möwe (f)	nawras (m)	نورس
Albatros (m)	el qoṭros (m)	القطرس
Pinguin (m)	beṭrīq (m)	بطريق

217. Vögel. Gesang und Laute

singen (vt)	ɣanna	غنّى
schreien (vi)	nāda	نادى
kikeriki schreien	ṣāḥ	صاح
kikeriki	kokokūko	كوكوكوكو
gackern (vi)	kāky	كاكي
krächzen (vi)	na'aq	نعق
schnattern (Ente)	baṭbaṭ	بطبط
piepsen (vi)	ṣawṣaw	صوّصوّ
zwitschern (vi)	za'za'	زقزق

218. Fische. Meerestiere

Brachse (f)	abramīs (m)	أبراميس
Karpfen (m)	ʃabbūṭ (m)	شبّوط
Barsch (m)	farχ (m)	فرخ
Wels (m)	'armūṭ (m)	قرموط
Hecht (m)	karāky (m)	كراكي
Lachs (m)	salamon (m)	سلمون
Stör (m)	ḥafʃ (m)	حفش

Hering (m)	renga (f)	رنجة
atlantische Lachs (m)	salamon aṭlasy (m)	سلمون أطلسي
Makrele (f)	makerel (m)	ماكريل
Scholle (f)	samak mefalṭah (f)	سمك مفلطح
Zander (m)	samak sandar (m)	سمك سندر
Dorsch (m)	el qadd (m)	القد
Tunfisch (m)	tuna (f)	تونة
Forelle (f)	salamon mera''aṭ (m)	سلمون مرقّط
Aal (m)	ḥankalīs (m)	حنكليس
Zitterrochen (m)	ra'ād (m)	رعاد
Muräne (f)	moraya (f)	موراية
Piranha (m)	bīrana (f)	بيرانا
Hai (m)	'erʃ (m)	قرش
Delfin (m)	dolfīn (m)	دولفين
Wal (m)	ḥūt (m)	حوت
Krabbe (f)	kaboria (m)	كابوريا
Meduse (f)	'andīl el baḥr (m)	قنديل البحر
Krake (m)	aχṭabūṭ (m)	أخطبوط
Seestern (m)	negmet el baḥr (f)	نجمة البحر
Seeigel (m)	qonfoz el baḥr (m)	قنفذ البحر
Seepferdchen (n)	ḥoṣān el baḥr (m)	حصان البحر
Auster (f)	maḥār (m)	محار
Garnele (f)	gammbary (m)	جمّبري
Hummer (m)	estakoza (f)	استكوزا
Languste (f)	estakoza (m)	استاكوزا

219. Amphibien Reptilien

Schlange (f)	te'bān (m)	ثعبان
Gift-, giftig	sām	سام
Viper (f)	af'a (f)	أفعى
Kobra (f)	kobra (m)	كوبرا
Python (m)	te'bān byton (m)	ثعبان بايثون
Boa (f)	bawā' el 'aṣera (f)	بواء العاصرة
Ringelnatter (f)	te'bān el 'oʃb (m)	ثعبان العشب
Klapperschlange (f)	af'a megalgela (f)	أفعى مجلجلة
Anakonda (f)	anakonda (f)	أناكوندا
Eidechse (f)	seḥliya (f)	سحليّة
Leguan (m)	eɣwana (f)	إغوانة
Waran (m)	warl (m)	ورل
Salamander (m)	salamander (m)	سلمندر
Chamäleon (n)	ḥerbāya (f)	حرباية
Skorpion (m)	'a'rab (m)	عقرب
Schildkröte (f)	solḥefah (f)	سلحفاة
Frosch (m)	ḍeffḍa' (m)	ضفدع

Kröte (f)	ḍeffḍa' el ṭeyn (m)	ضفدع الطين
Krokodil (n)	temsāḥ (m)	تمساح

220. Insekten

Insekt (n)	ḥaʃara (f)	حشرة
Schmetterling (m)	farāʃa (f)	فراشة
Ameise (f)	namla (f)	نملة
Fliege (f)	debbāna (f)	دبّانة
Mücke (f)	namūsa (f)	ناموسة
Käfer (m)	χonfesa (f)	خنفسة
Wespe (f)	dabbūr (m)	دبّور
Biene (f)	naḥla (f)	نحلة
Hummel (f)	naḥla ṭannāna (f)	نحلة طنّانة
Bremse (f)	na'ra (f)	نعرة
Spinne (f)	'ankabūt (m)	عنكبوت
Spinnennetz (n)	nasīg 'ankabūt (m)	نسيج عنكبوت
Libelle (f)	ya'sūb (m)	يعسوب
Grashüpfer (m)	garād (m)	جراد
Schmetterling (m)	'etta (f)	عثّة
Schabe (f)	ṣarṣūr (m)	صرصور
Zecke (f)	qarāda (f)	قرادة
Floh (m)	barɣūt (m)	برغوث
Kriebelmücke (f)	ba'ūḍa (f)	بعوضة
Heuschrecke (f)	garād (m)	جراد
Schnecke (f)	ḥalazōn (m)	حلزون
Heimchen (n)	ṣarṣūr el ḥaql (m)	صرصور الحقل
Leuchtkäfer (m)	yarā'a (f)	يراعة
Marienkäfer (m)	χonfesa mena'ṭṭa (f)	خنفسة منقّطة
Maikäfer (m)	χonfesa motlefa lel nabāt (f)	خنفسة متلّفة للنبات
Blutegel (m)	'alaqa (f)	علقة
Raupe (f)	yasrū' (m)	يسروع
Wurm (m)	dūda (f)	دودة
Larve (f)	yaraqa (f)	يرقة

221. Tiere. Körperteile

Schnabel (m)	monqār (m)	منقار
Flügel (pl)	agneḥa (pl)	أجنحة
Fuß (m)	regl (f)	رجل
Gefieder (n)	rīʃ (m)	ريش
Feder (f)	rīʃa (f)	ريشة
Haube (f)	'orf el dīk (m)	عرف الديك
Kiemen (pl)	χāyaʃīm (pl)	خياشيم
Laich (m)	beyḍ el samak (pl)	بيض السمك

Larve (f)	yaraqa (f)	يرقة
Flosse (f)	zaʿnafa (f)	زعنفة
Schuppe (f)	ḥarāfeʃ (pl)	حرافش
Stoßzahn (m)	nāb (m)	ناب
Pfote (f)	yad (f)	يد
Schnauze (f)	χaṭm (m)	خطم
Rachen (m)	boʾ (m)	بوء
Schwanz (m)	deyl (m)	ذيل
Barthaar (n)	ʃawāreb (pl)	شوارب
Huf (m)	ḥāfer (m)	حافر
Horn (n)	ʾarn (m)	قرن
Panzer (m)	derʿ (m)	درع
Muschel (f)	maḥāra (f)	محارة
Schale (f)	ʾeʃret beyḍa (f)	قشرة بيضة
Fell (n)	ʃaʿr (m)	شعر
Haut (f)	geld (m)	جلد

222. Tierverhalten

fliegen (vi)	ṭār	طار
herumfliegen (vi)	ḥallaq	حلّق
wegfliegen (vi)	ṭār	طار
schlagen (mit den Flügeln ~)	rafraf	رفرف
picken (vt)	naʾar	نقر
bebrüten (vt)	ʾaʿad ʿalal beyḍ	قعد على البيض
ausschlüpfen (vi)	faʾas	فقس
ein Nest bauen	bana ʿesʃa	بنى عشّة
kriechen (vi)	zaḥaf	زحف
stechen (Insekt)	lasaʿ	لسع
beißen (vt)	ʿaḍḍ	عضّ
schnüffeln (vt)	taʃammam	تشمّم
bellen (vi)	nabaḥ	نبح
zischen (vi)	has-hes	هسهس
erschrecken (vt)	χawwef	خوّف
angreifen (vt)	hagam	هجم
nagen (vi)	ʾaraḍ	قرض
kratzen (vt)	χarbeʃ	خربش
sich verstecken	estaχabba	إستخبّى
spielen (vi)	leʿeb	لعب
jagen (vi)	eṣṭād	إصطاد
Winterschlaf halten	kān di sobār el ʃetāʾ	كان في سبات الشتاء
aussterben (vi)	enqaraḍ	إنقرض

223. Tiere. Lebensräume

Lebensraum (f)	mawṭen (m)	موّطن
Wanderung (f)	hegra (f)	هجرة
Berg (m)	gabal (m)	جبل
Riff (n)	ʃo'āb (pl)	شعاب
Fels (m)	garf (m)	جرف
Wald (m)	ɣāba (f)	غابة
Dschungel (m, n)	adɣāl (pl)	أدغال
Savanne (f)	savanna (f)	سافانّا
Tundra (f)	tundra (f)	تندرا
Steppe (f)	barāry (pl)	براري
Wüste (f)	ṣaḥra' (f)	صحراء
Oase (f)	wāḥa (f)	واحة
Meer (n), See (f)	baḥr (m)	بحر
See (m)	boḥeyra (f)	بحيرة
Ozean (m)	moḥīṭ (m)	محيط
Sumpf (m)	mostanqa' (m)	مستنقع
Süßwasser-	maya 'azba	ميّة عذبة
Teich (m)	berka (f)	بركة
Fluss (m)	nahr (m)	نهر
Höhle (f), Bau (m)	wekr (m)	وكر
Nest (n)	'eʃ (m)	عشّ
Höhlung (f)	gofe (m)	جوف
Loch (z.B. Wurmloch)	goḥr (m)	جحر
Ameisenhaufen (m)	'eʃ naml (m)	عش نمل

224. Tierpflege

Zoo (m)	ḥadīqet el ḥayawān (f)	حديقة حيوان
Schutzgebiet (n)	maḥmiya ṭabe'iya (f)	محمية طبيعية
Zucht (z.B. Hunde~)	morabby (m)	مربّي
Freigehege (n)	'afaṣ fel hawā' el ṭal' (m)	قفص في الهواء الطلق
Käfig (m)	'afaṣ (m)	قفص
Hundehütte (f)	beyt el kalb (m)	بيت الكلب
Taubenschlag (m)	borg el ḥamām (m)	برج الحمام
Aquarium (n)	ḥoḍe samak (m)	حوض سمك
Delphinarium (n)	ḥoḍe dolfīn (m)	حوض دولفين
züchten (vt)	rabba	ربّى
Wurf (m)	zorriya (f)	ذريّة
zähmen (vt)	rawweḍ	روّض
dressieren (vt)	darrab	درّب
Futter (n)	'alaf (m)	علف
füttern (vt)	akkel	أكّل

Zoohandlung (f)	maḥal ḥayawanāt (m)	محل حيوانات
Maulkorb (m)	kamāma (f)	كمامة
Halsband (n)	ṭo'e (m)	طوق
Rufname (m)	esm (m)	اسم
Stammbaum (m)	selselet el nasab (f)	سلسلة النسب

225. Tiere. Verschiedenes

Rudel (Wölfen)	qaṭee' (m)	قطيع
Vogelschwarm (m)	serb (m)	سرب
Schwarm (~ Heringe usw.)	serb (m)	سرب
Pferdeherde (f)	qaṭee' (m)	قطيع
Männchen (n)	dakar (m)	ذكر
Weibchen (n)	onsa (f)	أنثى
hungrig	ge'ān	جعان
wild	barry	برّي
gefährlich	χaṭīr	خطير

226. Pferde

Pferd (n)	ḥoṣān (m)	حصان
Rasse (f)	solāla (f)	سلالة
Fohlen (n)	mahr (m)	مهر
Stute (f)	faras (f)	فرس
Mustang (m)	mustān (m)	موستان
Pony (n)	ḥoṣān qazam (m)	حصان قزم
schweres Zugpferd (n)	ḥoṣān el na'l (m)	حصان النقل
Mähne (f)	'orf (m)	عرف
Schwanz (m)	deyl (m)	ذيل
Huf (m)	ḥāfer (m)	حافر
Hufeisen (n)	na'l (m)	نعل
beschlagen (vt)	na''al	نعّل
Schmied (m)	ḥaddād (m)	حدّاد
Sattel (m)	serg (m)	سرج
Steigbügel (m)	rekāb (m)	ركاب
Zaum (m)	legām (m)	لجام
Zügel (pl)	'anān (m)	عنان
Peitsche (f)	korbāg (m)	كرباج
Reiter (m)	fāres (m)	فارس
satteln (vt)	asrag	أسرج
besteigen (vt)	rekeb ḥoṣān	ركب حصان
Galopp (m)	ramāḥa (f)	رماحة
galoppieren (vi)	gery bel ḥoṣān	جري بالحصان

Trab (m)	harwala (f)	هروّلة
im Trab	harwel	هروّل
traben (vi)	harwel	هروّل
Rennpferd (n)	ḥoṣān sebā' (m)	حصان سباق
Rennen (n)	sebā' el χeyl (m)	سباق الخيل
Pferdestall (m)	esṭabl χeyl (m)	إسطبل خيل
füttern (vt)	akkel	أكّل
Heu (n)	'asʃ (m)	قشّ
tränken (vt)	sa'a	سقى
striegeln (vt)	naḍḍaf	نظّف
Pferdewagen (m)	'arabet χayl (f)	عربة خيل
weiden (vi)	erta'a	إرتعى
wiehern (vi)	ṣahal	صهل
ausschlagen (Pferd)	rafas	رفس

Flora

227. Bäume

Baum (m)	ʃagara (f)	شجرة
Laub-	nafḍiya	نفضيّة
Nadel-	ṣonoberiya	صنوبرية
immergrün	dā'emet el χoḍra	دائمة الخضرة
Apfelbaum (m)	ʃagaret toffāḥ (f)	شجرة تفّاح
Birnbaum (m)	ʃagaret komettra (f)	شجرة كمثّرى
Kirschbaum (m)	ʃagaret karaz (f)	شجرة كرز
Pflaumenbaum (m)	ʃagaret bar'ū' (f)	شجرة برقوق
Birke (f)	batola (f)	بتولا
Eiche (f)	ballūṭ (f)	بلّوط
Linde (f)	zayzafūn (f)	زيزفون
Espe (f)	ḥūr rāgef	حور راجف
Ahorn (m)	qayqab (f)	قيقب
Fichte (f)	rateng (f)	راتينج
Kiefer (f)	ṣonober (f)	صنوبر
Lärche (f)	arziya (f)	أرزية
Tanne (f)	tanūb (f)	تنوب
Zeder (f)	el orz (f)	الأرز
Pappel (f)	ḥūr (f)	حور
Vogelbeerbaum (m)	ɣobayrā' (f)	غبيراء
Weide (f)	ṣefsāf (f)	صفصاف
Erle (f)	gār el mā' (m)	جار الماء
Buche (f)	el zān (f)	الزان
Ulme (f)	derdar (f)	دردار
Esche (f)	marān (f)	مران
Kastanie (f)	kastanā' (f)	كستناء
Magnolie (f)	maɣnolia (f)	ماغنوليا
Palme (f)	naχla (f)	نخلة
Zypresse (f)	el soro (f)	السرو
Mangrovenbaum (m)	mangrūf (f)	مانجروف
Baobab (m)	baobab (f)	باوباب
Eukalyptus (m)	eukalyptus (f)	أوكالبتوس
Mammutbaum (m)	sequoia (f)	سيكويا

228. Büsche

Strauch (m)	ʃogeyra (f)	شجيرة
Gebüsch (n)	ʃogayrāt (pl)	شجيرات

Weinstock (m)	karma (f)	كرمة
Weinberg (m)	karam (m)	كرم
Himbeerstrauch (m)	zar‘et tūt el ‘alī’ el aḥmar (f)	زرعة توت العليق الأحمر
rote Johannisbeere (f)	keʃmeʃ aḥmar (m)	كشمش أحمر
Stachelbeerstrauch (m)	‘enab el sa‘lab (m)	عنب الثعلب
Akazie (f)	aqaqia (f)	أقاقيا
Berberitze (f)	berbarīs (m)	بربارِيس
Jasmin (m)	yasmīn (m)	ياسمين
Wacholder (m)	‘ar‘ar (m)	عرعر
Rosenstrauch (m)	ʃogeyret ward (f)	شجيرة ورد
Heckenrose (f)	ward el seyāg (pl)	ورد السياج

229. Pilze

Pilz (m)	feṭr (f)	فطر
essbarer Pilz (m)	feṭr ṣāleḥ lel akl (m)	فطر صالح للأكل
Giftpilz (m)	feṭr sām (m)	فطر سام
Hut (m)	ṭarbūʃ el feṭr (m)	طربوش الفطر
Stiel (m)	sāq el feṭr (m)	ساق الفطر
Steinpilz (m)	feṭr boleṭe ma’kūl (m)	فطر بوليط مأكول
Rotkappe (f)	feṭr aḥmar (m)	فطر أحمر
Birkenpilz (m)	feṭr boleṭe (m)	فطر بوليط
Pfifferling (m)	feṭr el ʃanterel (m)	فطر الشانتريل
Täubling (m)	feṭr russula (m)	فطر روسولا
Morchel (f)	feṭr el ɣoʃna (m)	فطر الغوشنة
Fliegenpilz (m)	feṭr amanīt el ṭā’er (m)	فطر أمانيت الطائر
Grüner Knollenblätterpilz	feṭr amanīt falusyāny el sām (m)	فطر أمانيت فالوسياني السام

230. Obst. Beeren

Frucht (f)	tamra (f)	تمرة
Früchte (pl)	tamr (m)	تمر
Apfel (m)	toffāḥa (f)	تفّاحة
Birne (f)	komettra (f)	كمّثرى
Pflaume (f)	bar’ū’ (m)	برقوق
Erdbeere (f)	farawla (f)	فراولة
Kirsche (f)	karaz (m)	كرز
Weintrauben (pl)	‘enab (m)	عنب
Himbeere (f)	tūt el ‘alī’ el aḥmar (m)	توت العليق الأحمر
schwarze Johannisbeere (f)	keʃmeʃ aswad (m)	كشمش أسود
rote Johannisbeere (f)	keʃmeʃ aḥmar (m)	كشمش أحمر
Stachelbeere (f)	‘enab el sa‘lab (m)	عنب الثعلب
Moosbeere (f)	‘enabiya ḥāda el χebā’ (m)	عنبية حادة الخباء
Apfelsine (f)	bortoqāl (m)	برتقال

Mandarine (f)	yosfy (m)	يوسفي
Ananas (f)	ananās (m)	أناناس
Banane (f)	moze (m)	موز
Dattel (f)	tamr (m)	تمر
Zitrone (f)	lymūn (m)	ليمون
Aprikose (f)	meʃmeʃ (f)	مشمش
Pfirsich (m)	χawχa (f)	خوخة
Kiwi (f)	kiwi (m)	كيوي
Grapefruit (f)	grabe frūt (m)	جريب فروت
Beere (f)	tūt (m)	توت
Beeren (pl)	tūt (pl)	توت
Preiselbeere (f)	ʻenab el sore (m)	عنب الثور
Walderdbeere (f)	farawla barriya (f)	فراولة بريّة
Heidelbeere (f)	ʻenab al aḥrāg (m)	عنب الأحراج

231. Blumen. Pflanzen

Blume (f)	zahra (f)	زهرة
Blumenstrauß (m)	bokeyh (f)	بوكيه
Rose (f)	warda (f)	وردة
Tulpe (f)	tolīb (f)	توليب
Nelke (f)	ʼoronfol (m)	قرنفل
Gladiole (f)	el dalbūs (f)	الدَلَبُوث
Kornblume (f)	qanṭeryūn ʻanbary (m)	قنطريون عنبري
Glockenblume (f)	garīs mostadīr el awrāʼ (m)	جريس مستدير الأوراق
Löwenzahn (m)	handabāʼ (f)	هندباء
Kamille (f)	kamomile (f)	كاموميل
Aloe (f)	el alowa (m)	الألوّة
Kaktus (m)	ṣabbār (m)	صبّار
Gummibaum (m)	faykas (m)	فيكس
Lilie (f)	zanbaq (f)	زنبق
Geranie (f)	ɣarnūqy (f)	غرنوقي
Hyazinthe (f)	el lavender (f)	اللافندر
Mimose (f)	mimoza (f)	ميموزا
Narzisse (f)	nerges (f)	نرجس
Kapuzinerkresse (f)	abo χangar (f)	أبو خنجر
Orchidee (f)	orkid (f)	أوركيد
Pfingstrose (f)	fawnia (f)	فاوانيا
Veilchen (n)	el banafseg (f)	البنفسج
Stiefmütterchen (n)	bansy (f)	بانسي
Vergissmeinnicht (n)	ʼāzān el faʼr (pl)	آذان الفأر
Gänseblümchen (n)	aqwaḥān (f)	أقحوان
Mohn (m)	el χoʃχāʃ (f)	الخشخاش
Hanf (m)	qanb (m)	قنب

Minze (f)	ne'nā' (m)	نعناع
Maiglöckchen (n)	zanbaq el wādy (f)	زنبق الوادي
Schneeglöckchen (n)	zahrat el laban (f)	زهرة اللبن
Brennnessel (f)	'arrāṣ (m)	قرّاص
Sauerampfer (m)	ḥammāḍ bostāny (m)	حمّاض بستاني
Seerose (f)	niloferiya (f)	نيلوفرية
Farn (m)	sarχas (m)	سرخس
Flechte (f)	aʃna (f)	أشنة
Gewächshaus (n)	ṣoba (f)	صوبة
Rasen (m)	'oʃb aχḍar (m)	عشب أخضر
Blumenbeet (n)	geneynet zohūr (f)	جنينة زهور
Pflanze (f)	nabāt (m)	نبات
Gras (n)	'oʃb (m)	عشب
Grashalm (m)	'oʃba (f)	عشبة
Blatt (n)	wara'a (f)	ورقة
Blütenblatt (n)	wara'et el zahra (f)	ورقة الزهرة
Stiel (m)	sāq (f)	ساق
Knolle (f)	darna (f)	درنة
Jungpflanze (f)	nabta saɣīra (f)	نبتة صغيرة
Dorn (m)	ʃawka (f)	شوكة
blühen (vi)	fattaḥet	فتّحت
welken (vi)	debel	ذبل
Geruch (m)	rīḥa (f)	ريحة
abschneiden (vt)	'aṭa'	قطع
pflücken (vt)	'aṭaf	قطف

232. Getreide, Körner

Getreide (n)	ḥobūb (pl)	حبوب
Getreidepflanzen (pl)	maḥaṣīl el ḥubūb (pl)	محاصيل الحبوب
Ähre (f)	sonbola (f)	سنبلة
Weizen (m)	'amḥ (m)	قمح
Roggen (m)	ʃelm mazrū' (m)	شيلم مزروع
Hafer (m)	ʃofān (m)	شوفان
Hirse (f)	el deχn (m)	الدُخن
Gerste (f)	ʃe'īr (m)	شعير
Mais (m)	dora (f)	ذرة
Reis (m)	rozz (m)	رزّ
Buchweizen (m)	ḥanṭa soda' (f)	حنطة سوداء
Erbse (f)	besella (f)	بسلّة
weiße Bohne (f)	faṣolya (f)	فاصوليا
Sojabohne (f)	fūl el ṣoya (m)	فول الصويا
Linse (f)	'ads (m)	عدس
Bohnen (pl)	fūl (m)	فول

233. Gemüse. Grünzeug

Gemüse (n)	χoḍār (pl)	خضار
grünes Gemüse (pl)	χoḍrawāt waraqiya (pl)	خضروات ورقية
Tomate (f)	ṭamāṭem (f)	طماطم
Gurke (f)	χeyār (m)	خيار
Karotte (f)	gazar (m)	جزر
Kartoffel (f)	baṭāṭes (f)	بطاطس
Zwiebel (f)	baṣal (m)	بصل
Knoblauch (m)	tūm (m)	ثوم
Kohl (m)	koronb (m)	كرنب
Blumenkohl (m)	'arnabīṭ (m)	قرنبيط
Rosenkohl (m)	koronb broksel (m)	كرنب بروكسل
Brokkoli (m)	brūkuli (m)	بروكلي
Rote Bete (f)	bangar (m)	بنجر
Aubergine (f)	bātengān (m)	باذنجان
Zucchini (f)	kōsa (f)	كوسة
Kürbis (m)	qar' 'asaly (m)	قرع عسلي
Rübe (f)	left (m)	لفت
Petersilie (f)	ba'dūnes (m)	بقدونس
Dill (m)	ʃabat (m)	شبت
Kopf Salat (m)	χass (m)	خسّ
Sellerie (m)	karfas (m)	كرفس
Spargel (m)	helione (m)	هليون
Spinat (m)	sabāneχ (m)	سبانخ
Erbse (f)	besella (f)	بسلّة
Bohnen (pl)	fūl (m)	فول
Mais (m)	dora (f)	ذرة
weiße Bohne (f)	faṣolya (f)	فاصوليا
Pfeffer (m)	felfel (m)	فلفل
Radieschen (n)	fegl (m)	فجل
Artischocke (f)	χarʃūf (m)	خرشوف

REGIONALE GEOGRAPHIE

Länder. Nationalitäten

234. Westeuropa

Europa (n)	orobba (f)	أوروبّا
Europäische Union (f)	el etteḥād el orobby (m)	الإتّحاد الأوروبّي
Europäer (m)	orobby (m)	أوروبّي
europäisch	orobby	أوروبّي
Österreich	el nemsa (f)	النمسا
Österreicher (m)	nemsāwy (m)	نمساوي
Österreicherin (f)	nemsāwiya (f)	نمساويّة
österreichisch	nemsāwy	نمساوي
Großbritannien	briṭaniya el ʿozma (f)	بريطانيا العظمى
England	engeltera (f)	إنجلّترا
Brite (m)	briṭāny (m)	بريطاني
Britin (f)	briṭaniya (f)	بريطانيّة
englisch	englīzy	إنجليزي
Belgien	balʒīka (f)	بلجيكا
Belgier (m)	balʒīky (m)	بلجيكي
Belgierin (f)	balʒīkiya (f)	بلجيكيّة
belgisch	balʒīky	بلجيكي
Deutschland	almānya (f)	ألمانيا
Deutsche (m)	almāny (m)	ألماني
Deutsche (f)	almaniya (f)	ألمانيّة
deutsch	almāniya	ألمانية
Niederlande (f)	holanda (f)	هولندا
Holland (n)	holanda (f)	هولندا
Holländer (m)	holandy (m)	هولندي
Holländerin (f)	holandiya (f)	هولنديّة
holländisch	holandy	هولندي
Griechenland	el yunān (f)	اليونان
Grieche (m)	yunāny (m)	يوناني
Griechin (f)	yunaniya (f)	يونانيّة
griechisch	yunāny	يوناني
Dänemark	el denmark (f)	الدنمارك
Däne (m)	denmarky (m)	دنماركي
Dänin (f)	denmarkiya (f)	دانماركيّة
dänisch	denemarky	دانماركي
Irland	irelanda (f)	أيرلندا
Ire (m)	irelandy (m)	أيرلندي

Irin (f)	irelandiya (f)	أيرلنديّة
irisch	irelandy	أيرلندي
Island	'āyslanda (f)	آيسلندا
Isländer (m)	'āyslandy (m)	آيسلندي
Isländerin (f)	'āyslandiya (f)	آيسلنديّة
isländisch	'āyslandy	آيسلندي
Spanien	asbānya (f)	إسبانيا
Spanier (m)	asbāny (m)	إسباني
Spanierin (f)	asbaniya (f)	إسبانيّة
spanisch	asbāny	إسباني
Italien	eṭālia (f)	إيطاليا
Italiener (m)	eṭāly (m)	إيطالي
Italienerin (f)	eṭaliya (f)	إيطاليّة
italienisch	eṭāly	إيطالي
Zypern	'obroṣ (f)	قبرص
Zypriot (m)	'obroṣy (m)	قبرصي
Zypriotin (f)	'obroṣiya (f)	قبرصية
zyprisch	'obroṣy	قبرصي
Malta	malṭa (f)	مالطا
Malteser (m)	malṭy (m)	مالطي
Malteserin (f)	malṭiya (f)	مالطيّة
maltesisch	malṭy	مالطي
Norwegen	el nerwīg (f)	النرويج
Norweger (m)	nerwīgy (m)	نرويجي
Norwegerin (f)	nerwīgiya (f)	نرويجية
norwegisch	nerwīgy	نرويجي
Portugal	el bortoɣāl (f)	البرتغال
Portugiese (m)	bortoɣāly (m)	برتغالي
Portugiesin (f)	bortoɣaliya (f)	برتغاليّة
portugiesisch	bortoɣāly	برتغالي
Finnland	finlanda (f)	فنّلندا
Finne (m)	finlandy (m)	فنّلندي
Finnin (f)	finlandiya (f)	فنّلنديّة
finnisch	finlandy	فنّلندي
Frankreich	faransa (f)	فرنسا
Franzose (m)	faransāwy (m)	فرنساوي
Französin (f)	faransawiya (f)	فرنساويّة
französisch	faransāwy	فرنساوي
Schweden	el sweyd (f)	السويد
Schwede (m)	sweydy (m)	سويدي
Schwedin (f)	sweydiya (f)	سويديّة
schwedisch	sweydy	سويدي
Schweiz (f)	swesra (f)	سويسرا
Schweizer (m)	swesry (m)	سويسري
Schweizerin (f)	swesriya (f)	سويسريّة

schweizerisch	swesry	سويسري
Schottland	oskotlanda (f)	اسكتّلندا
Schotte (m)	oskotlandy (m)	اسكتّلندي
Schottin (f)	oskotlandiya (f)	اسكتّلنديّة
schottisch	oskotlandy	اسكتلندي
Vatikan (m)	el vatikān (m)	الفاتيكان
Liechtenstein	liʃtenʃtayn (m)	ليشتنشتاين
Luxemburg	luksemburg (f)	لوكسمبورج
Monaco	monako (f)	موناكو

235. Mittel- und Osteuropa

Albanien	albānia (f)	ألبانيا
Albaner (m)	albāny (m)	ألباني
Albanerin (f)	albaniya (f)	ألبانيّة
albanisch	albāny	ألباني
Bulgarien	bolɣāria (f)	بلغاريا
Bulgare (m)	bolɣāry (m)	بلغاري
Bulgarin (f)	bolɣariya (f)	بلغاريّة
bulgarisch	bolɣāry	بلغاري
Ungarn	el magar (f)	المجر
Ungar (m)	magary (m)	مجري
Ungarin (f)	magariya (f)	مجريّة
ungarisch	magary	مجري
Lettland	latvia (f)	لاتفيا
Lette (m)	latvy (m)	لاتفي
Lettin (f)	latviya (f)	لاتفية
lettisch	latvy	لاتفي
Litauen	litwānia (f)	ليتوانيا
Litauer (m)	litwāny (m)	لتواني
Litauerin (f)	litwaniya (f)	لتوانيّة
litauisch	litwāny	لتواني
Polen	bolanda (f)	بولّندا
Pole (m)	bolandy (m)	بولندي
Polin (f)	bolandiya (f)	بولّنديّة
polnisch	bolanndy	بولّندي
Rumänien	romānia (f)	رومانيا
Rumäne (m)	romāny (m)	روماني
Rumänin (f)	romaniya (f)	رومانيّة
rumänisch	romāny	روماني
Serbien	ṣerbia (f)	صربيا
Serbe (m)	ṣerby (m)	صربي
Serbin (f)	ṣerbiya (f)	صربية
serbisch	ṣarby	صربي
Slowakei (f)	slovākia (f)	سلوفاكيا
Slowake (m)	slovāky (m)	سلوفاكي

Slowakin (f)	slovakiya (f)	سلوفاكيّة
slowakisch	slovāky	سلوفاكي
Kroatien	kroātya (f)	كرواتيا
Kroate (m)	kroāty (m)	كرواتي
Kroatin (f)	kroatiya (f)	كرواتيّة
kroatisch	kroāty	كرواتي
Tschechien	gomhoriya el tʃīk (f)	جمهورية التشيك
Tscheche (m)	tʃīky (m)	تشيكي
Tschechin (f)	tʃīkiya (f)	تشيكيّة
tschechisch	tʃīky	تشيكي
Estland	estūnia (f)	إستونيا
Este (m)	estūny (m)	إستوني
Estin (f)	estuniya (f)	إستونيّة
estnisch	estūny	إستوني
Bosnien und Herzegowina	el bosna wel harsek (f)	البوسنة والهرسك
Makedonien	maqdūnia (f)	مقدونيا
Slowenien	slovenia (f)	سلوفينيا
Montenegro	el gabal el aswad (m)	الجبل الأسوّد

236. Frühere UdSSR Republiken

Aserbaidschan	azrabiʒān (m)	أذربيجان
Aserbaidschaner (m)	azrabiʒāny (m)	أذربيجاني
Aserbaidschanerin (f)	azrabiʒaniya (f)	أذربيجانيّة
aserbaidschanisch	azrabiʒāny	أذربيجاني
Armenien	armīnia (f)	أرمينيا
Armenier (m)	armīny (m)	أرميني
Armenierin (f)	arminiya (f)	أرمينيّة
armenisch	armīny	أرميني
Weißrussland	belarūsia (f)	بيلاروسيا
Weißrusse (m)	belarūsy (m)	بيلاروسي
Weißrussin (f)	belarūsiya (f)	بيلاروسيّة
weißrussisch	belarūsy	بيلاروسي
Georgien	ʒorʒia (f)	جورجيا
Georgier (m)	ʒorʒy (m)	جورجي
Georgierin (f)	ʒorʒiya (f)	جورجيّة
georgisch	ʒorʒy	جورجي
Kasachstan	kazaχistān (f)	كازاخسّتان
Kasache (m)	kazaχistāny (m)	كازاخسّتاني
Kasachin (f)	kazaχistaniya (f)	كازاخسّتانيّة
kasachisch	kazaχistāny	كازاخسّتاني
Kirgisien	qirɣizestān (f)	قيرغيزستان
Kirgise (m)	qirɣizestāny (m)	قيرغيزستاني
Kirgisin (f)	qirɣizestaniya (f)	قيرغيزستانيّة
kirgisisch	qirɣizestāny	قيرغيزستاني

Moldawien	moldāvia (f)	مولدافيا
Moldauer (m)	moldāvy (m)	مولدافي
Moldauerin (f)	moldaviya (f)	مولدافية
moldauisch	moldāvy	مولدافي
Russland	rūsya (f)	روسيا
Russe (m)	rūsy (m)	روسي
Russin (f)	rusiya (f)	روسية
russisch	rūsy	روسي
Tadschikistan	ṭaʒīkistan (f)	طاجيكستان
Tadschike (m)	ṭaʒīky (m)	طاجيكي
Tadschikin (f)	ṭaʒikiya (f)	طاجيكية
tadschikisch	ṭaʒīky	طاجيكي
Turkmenistan	turkmānistān (f)	تركمانستان
Turkmene (m)	turkmāny (m)	تركماني
Turkmenin (f)	turkmaniya (f)	تركمانية
turkmenisch	turkmāny	تركماني
Usbekistan	uzbakistān (f)	أوزبكستان
Usbeke (m)	uzbaky (m)	أوزبكي
Usbekin (f)	uzbakiya (f)	أوزبكية
usbekisch	uzbaky	أوزبكي
Ukraine (f)	okrānia (f)	أوكرانيا
Ukrainer (m)	okrāny (m)	أوكراني
Ukrainerin (f)	okraniya (f)	أوكرانية
ukrainisch	okrāny	أوكراني

237. Asien

Asien	asya (f)	آسيا
asiatisch	ʾāsyawy	آسيوي
Vietnam	vietnām (f)	فيتنام
Vietnamese (m)	vietnāmy (m)	فيتنامي
Vietnamesin (f)	vietnāmiya (f)	فيتنامية
vietnamesisch	vietnāmy	فيتنامي
Indien	el hend (f)	الهند
Inder (m)	hendy (m)	هندي
Inderin (f)	hendiya (f)	هندية
indisch	hendy	هندي
Israel	israʾīl (f)	إسرائيل
Israeli (m)	israʾīly (m)	إسرائيلي
Israeli (f)	isra'iliya (f)	إسرائيلية
israelisch	israīly	إسرائيلي
Jude (m)	yahūdy (m)	يهودي
Jüdin (f)	yahudiya (f)	يهودية
jüdisch	yahūdy	يهودي
China	el ṣīn (f)	الصين

Chinese (m)	ṣīny (m)	صيني
Chinesin (f)	ṣīniya (f)	صينية
chinesisch	ṣīny	صيني
Koreaner (m)	kūry (m)	كوري
Koreanerin (f)	kuriya (f)	كوريّة
koreanisch	kūry	كوري
Libanon (m)	lebnān (f)	لبنان
Libanese (m)	lebnāny (m)	لبناني
Libanesin (f)	lebnāniya (f)	لبنانيّة
libanesisch	lebnāny	لبناني
Mongolei (f)	manɣūlia (f)	منغوليا
Mongole (m)	manɣūly (m)	منغولي
Mongolin (f)	manɣuliya (f)	منغوليّة
mongolisch	manɣūly	منغولي
Malaysia	malīzya (f)	ماليزيا
Malaie (m)	malīzy (m)	ماليزي
Malaiin (f)	maliziya (f)	ماليزيّة
malaiisch	malīzy	ماليزي
Pakistan	bakistān (f)	باكستان
Pakistaner (m)	bakistāny (m)	باكستاني
Pakistanerin (f)	bakistaniya (f)	باكستانيّة
pakistanisch	bakistāny	باكستاني
Saudi-Arabien	el so'odiya (f)	السعوديّة
Araber (m)	'araby (m)	عربي
Araberin (f)	'arabiya (f)	عربيّة
arabisch	'araby	عربي
Thailand	tayland (f)	تايلاند
Thailänder (m)	taylandy (m)	تايلاندي
Thailänderin (f)	taylandiya (f)	تايلانديّة
thailändisch	taylandy	تايلاندي
Taiwan	taywān (f)	تايوان
Taiwaner (m)	taywāny (m)	تايواني
Taiwanerin (f)	taywaniya (f)	تايوانيّة
taiwanisch	taywāny	تايواني
Türkei (f)	turkia (f)	تركيا
Türke (m)	turky (m)	تركي
Türkin (f)	turkiya (f)	تركيّة
türkisch	turky	تركي
Japan	el yabān (f)	اليابان
Japaner (m)	yabāny (m)	ياباني
Japanerin (f)	yabaniya (f)	يابانيّة
japanisch	yabāny	ياباني
Afghanistan	afɣanistan (f)	أفغانستان
Bangladesch	bangladeʃ (f)	بنجلاديش
Indonesien	indonisya (f)	إندونيسيا

Jordanien	el ordon (m)	الأردن
Irak	el ʿerāq (m)	العراق
Iran	iran (f)	إيران
Kambodscha	kambodya (f)	كمبوديا
Kuwait	el kuweyt (f)	الكويت
Laos	laos (f)	لاوس
Myanmar	myanmar (f)	ميانمار
Nepal	nebāl (f)	نيبال
Vereinigten Arabischen Emirate	el emārāt el ʿarabiya el mottaḥeda (pl)	الإمارات العربية المتّحدة
Syrien	soria (f)	سوريا
Palästina	felesṭīn (f)	فلسطين
Südkorea	korea el ganūbiya (f)	كوريا الجنوبيّة
Nordkorea	korea el ʃamāliya (f)	كوريا الشماليّة

238. Nordamerika

Die Vereinigten Staaten	el welayāt el mottaḥda el amrīkiya (pl)	الولايات المتّحدة الأمريكيّة
Amerikaner (m)	amrīky (m)	أمريكي
Amerikanerin (f)	amrīkiya (f)	أمريكيّة
amerikanisch	amrīky	أمريكي
Kanada	kanada (f)	كندا
Kanadier (m)	kanady (m)	كندي
Kanadierin (f)	kanadiya (f)	كنديّة
kanadisch	kanady	كندي
Mexiko	el maksīk (f)	المكسيك
Mexikaner (m)	maksīky (m)	مكسيكي
Mexikanerin (f)	maksīkiya (f)	مكسيكيّة
mexikanisch	maksīky	مكسيكي

239. Mittel- und Südamerika

Argentinien	arʒantīn (f)	الأرجنتين
Argentinier (m)	arʒantīny (m)	أرجنتيني
Argentinierin (f)	arʒantiniya (f)	أرجنتينيّة
argentinisch	arʒantīny	أرجنتيني
Brasilien	el barazīl (f)	البرازيل
Brasilianer (m)	barazīly (m)	برازيلي
Brasilianerin (f)	baraziliya (f)	برازيليّة
brasilianisch	barazīly	برازيلي
Kolumbien	kolombia (f)	كولومبيا
Kolumbianer (m)	kolomby (m)	كولومبي
Kolumbianerin (f)	kolombiya (f)	كولومبيّة
kolumbianisch	kolomby	كولومبي
Kuba	kūba (f)	كوبا

Kubaner (m)	kūby (m)	كوبي
Kubanerin (f)	kūbiya (f)	كوبيّة
kubanisch	kūby	كوبي
Chile	tʃīly (f)	تشيلي
Chilene (m)	tʃīly (m)	تشيلي
Chilenin (f)	tʃīliya (f)	تشيليّة
chilenisch	tʃīly	تشيلي
Bolivien	bolivia (f)	بوليفيا
Venezuela	venzweyla (f)	فنزويلا
Paraguay	baraguay (f)	باراجواي
Peru	beru (f)	بيرو
Suriname	surinam (f)	سورينام
Uruguay	uruguay (f)	أوروجواي
Ecuador	el equador (f)	الإكوادور
Die Bahamas	gozor el bahāmas (pl)	جزر البهاماس
Haiti	haīti (f)	هايتي
Dominikanische Republik	gomhoriya el dominikan (f)	جمهوريّة الدومينيكان
Panama	banama (f)	بنما
Jamaika	ʒamayka (f)	جامايكا

240. Afrika

Ägypten	maṣr (f)	مصر
Ägypter (m)	maṣry (m)	مصري
Ägypterin (f)	maṣriya (f)	مصريّة
ägyptisch	maṣry	مصري
Marokko	el maɣreb (m)	المغرب
Marokkaner (m)	maɣreby (m)	مغربي
Marokkanerin (f)	maɣrebiya (f)	مغربية
marokkanisch	maɣreby	مغربي
Tunesien	tunis (f)	تونس
Tunesier (m)	tunsy (m)	تونسي
Tunesierin (f)	tunesiya (f)	تونسية
tunesisch	tunsy	تونسي
Ghana	ɣana (f)	غانا
Sansibar	zanʒibār (f)	زنجبار
Kenia	kenya (f)	كينيا
Libyen	libya (f)	ليبيا
Madagaskar	madaɣaʃkar (f)	مدغشقر
Namibia	namibia (f)	ناميبيا
Senegal	el senɣāl (f)	السنغال
Tansania	tanznia (f)	تنزانيا
Republik Südafrika	afreqia el ganūbiya (f)	أفريقيا الجنوبيّة
Afrikaner (m)	afrīqy (m)	أفريقي
Afrikanerin (f)	afriqiya (f)	أفريقيّة
afrikanisch	afrīqy	أفريقي

241. Australien. Ozeanien

Australien	ostorālya (f)	أستراليا
Australier (m)	ostorāly (m)	أسترالي
Australierin (f)	ostoraleya (f)	أستراليّة
australisch	ostorāly	أسترالي
Neuseeland	nyu zelanda (f)	نيوزيلنّدا
Neuseeländer (m)	nyu zelandy (m)	نيوزيلنّدي
Neuseeländerin (f)	nyu zelandiya (f)	نيوزيلنّديّة
neuseeländisch	nyu zelandy	نيوزيلنّدي
Tasmanien	tasmania (f)	تاسمانيا
Französisch-Polynesien	bolenezia el faransiya (f)	بولينزيا الفرنسيّة

242. Städte

Amsterdam	amesterdam (f)	امستردام
Ankara	ankara (f)	أنقرة
Athen	atīna (f)	أثينا
Bagdad	baɣdād (f)	بغداد
Bangkok	bangkok (f)	بانكوك
Barcelona	barʃelona (f)	برشلونة
Beirut	beyrut (f)	بيروت
Berlin	berlin (f)	برلين
Bombay	bombay (f)	بومباى
Bonn	bonn (f)	بون
Bordeaux	bordu (f)	بوردو
Bratislava	bratislava (f)	براتيسلافا
Brüssel	broksel (f)	بروكسل
Budapest	budabest (f)	بودابست
Bukarest	buχarest (f)	بوخارست
Chicago	ʃikāgo (f)	شيكاجو
Daressalam	dar el salām (f)	دار السلام
Delhi	delhi (f)	دلهي
Den Haag	lahāy (f)	لاهاى
Dubai	dubaī (f)	دبي
Dublin	dablin (f)	دبلن
Düsseldorf	dusseldorf (f)	دوسلدورف
Florenz	florensa (f)	فلورنسا
Frankfurt	frankfurt (f)	فرانكفورت
Genf	ʒenive (f)	جنيف
Hamburg	hamburg (m)	هامبورج
Hanoi	hanoy (f)	هانوى
Havanna	havana (f)	هافانا
Helsinki	helsinki (f)	هلسنكي
Hiroshima	hiroʃima (f)	هيروشيما
Hongkong	hong kong (f)	هونج كونج

Istanbul	isṭanbul (f)	إسطنبول
Jerusalem	el qods (f)	القدس
Kairo	el qahera (f)	القاهرة
Kalkutta	kalkutta (f)	كلكتا
Kiew	kyiv (f)	كييف
Kopenhagen	kobenhāgen (f)	كوبنهاجن
Kuala Lumpur	kuala lumpur (f)	كوالالمبور
Lissabon	laʃbūna (f)	لشبونة
London	london (f)	لندن
Los Angeles	los anʒeles (f)	لوس أنجلوس
Lyon	lyon (f)	ليون
Madrid	madrīd (f)	مدريد
Marseille	marsilia (f)	مرسيليا
Mexiko-Stadt	madīnet meksiko (f)	مدينة مكسيكو
Miami	mayami (f)	ميامي
Montreal	montreal (f)	مونتريال
Moskau	moskū (f)	موسكو
München	munix (f)	ميونخ
Nairobi	nayrobi (f)	نيروبي
Neapel	naboli (f)	نابولي
New York	nyu york (f)	نيويورك
Nizza	nīs (f)	نيس
Oslo	oslo (f)	أوسلو
Ottawa	ottawa (f)	أوتاوا
Paris	baris (f)	باريس
Peking	bekīn (f)	بيكين
Prag	braɣ (f)	براغ
Rio de Janeiro	rio de ʒaneyro (f)	ريو دي جانيرو
Rom	roma (f)	روما
Sankt Petersburg	sant betersburɣ (f)	سانت بطرسبرغ
Schanghai	ʃanghay (f)	شنجهاي
Seoul	seūl (f)	سيول
Singapur	sinɣafūra (f)	سنغافورة
Stockholm	stokxolm (f)	ستوكهولم
Sydney	sydney (f)	سيدني
Taipeh	taybey (f)	تايبيه
Tokio	ṭokyo (f)	طوكيو
Toronto	toronto (f)	تورونتو
Venedig	venesya (f)	فينيسيا
Warschau	warsaw (f)	وارسو
Washington	waʃinṭon (f)	واشنطن
Wien	vienna (f)	فيينا

243. Politik. Regierung. Teil 1

Politik (f)	seyāsa (f)	سياسة
politisch	seyāsy	سياسي

Politiker (m)	seyāsy (m)	سياسي
Staat (m)	dawla (f)	دولة
Bürger (m)	mowāṭen (m)	مواطن
Staatsbürgerschaft (f)	mewaṭna (f)	مواطنة
Staatswappen (n)	ʃe'ār waṭany (m)	شعار وطني
Nationalhymne (f)	naʃīd waṭany (m)	نشيد وطني
Regierung (f)	ḥokūma (f)	حكومة
Staatschef (m)	ra's el dawla (m)	رأس الدولة
Parlament (n)	barlamān (m)	برلمان
Partei (f)	ḥezb (m)	حزب
Kapitalismus (m)	ra'smaliya (f)	رأسماليّة
kapitalistisch	ra'smāly	رأسمالي
Sozialismus (m)	eʃterakiya (f)	إشتراكيّة
sozialistisch	eʃterāky	إشتراكي
Kommunismus (m)	ʃeyū'iya (f)	شيوعيّة
kommunistisch	ʃeyū'y	شيوعي
Kommunist (m)	ʃeyū'y (m)	شيوعي
Demokratie (f)	dīmoqraṭiya (f)	ديموقراطيّة
Demokrat (m)	demoqrāṭy (m)	ديموقراطي
demokratisch	demoqrāṭy	ديموقراطي
demokratische Partei (f)	el ḥezb el demokrāṭy (m)	الحزب الديموقراطي
Liberale (m)	librāly (m)	ليبيرالي
liberal	librāly	ليبيرالي
Konservative (m)	moḥāfeẓ (m)	محافظ
konservativ	moḥāfeẓ	محافظ
Republik (f)	gomhoriya (f)	جمهورية
Republikaner (m)	gomhūry (m)	جمهوري
Republikanische Partei (f)	el ḥezb el gomhūry (m)	الحزب الجمهوري
Wahlen (pl)	entaχabāt (pl)	إنتخابات
wählen (vt)	entaχab	إنتخب
Wähler (m)	nāχeb (m)	ناخب
Wahlkampagne (f)	ḥamla enteχabiya (f)	حملة إنتخابيّة
Abstimmung (f)	taṣwīt (m)	تصويت
abstimmen (vi)	ṣawwat	صوّت
Abstimmungsrecht (n)	ḥa' el enteχāb (m)	حق الإنتخاب
Kandidat (m)	morasʃaḥ (m)	مرشّح
kandidieren (vi)	rasʃaḥ nafsoh	رشّح نفسه
Kampagne (f)	ḥamla (f)	حملة
Oppositions-	mo'āreḍ	معارض
Opposition (f)	mo'arḍa (f)	معارضة
Besuch (m)	zeyāra (f)	زيارة
Staatsbesuch (m)	zeyāra rasmiya (f)	زيارة رسميّة
international	dawly	دوّلي

Verhandlungen (pl)	mofawḍāt (pl)	مفاوضات
verhandeln (vi)	tafāwaḍ	تفاوض

244. Politik. Regierung. Teil 2

Gesellschaft (f)	mogtama' (m)	مجتمع
Verfassung (f)	dostūr (m)	دستور
Macht (f)	solṭa (f)	سلطة
Korruption (f)	fasād (m)	فساد
Gesetz (n)	qanūn (m)	قانون
gesetzlich (Adj)	qanūny	قانوني
Gerechtigkeit (f)	'adāla (f)	عدالة
gerecht	'ādel	عادل
Komitee (n)	lagna (f)	لجنة
Gesetzentwurf (m)	maʃrū' qanūn (m)	مشروع قانون
Budget (n)	mowazna (f)	موازنة
Politik (f)	seyāsa (f)	سياسة
Reform (f)	eṣlāḥ (m)	إصلاح
radikal	oṣūly	أصولي
Macht (f)	'owwa (f)	قوّة
mächtig (Adj)	'awy	قوّي
Anhänger (m)	mo'ayed (m)	مؤيد
Einfluss (m)	ta'sīr (m)	تأثير
Regime (n)	nezām ḥokm (m)	نظام حكم
Konflikt (m)	χelāf (m)	خلاف
Verschwörung (f)	mo'amra (f)	مؤامرة
Provokation (f)	estefzāz (m)	إستفزاز
stürzen (vt)	asqaṭ	أسقط
Sturz (m)	esqāṭ (m)	إسقاط
Revolution (f)	sawra (f)	ثوّرة
Staatsstreich (m)	enqelāb (m)	إنقلاب
Militärputsch (m)	enqelāb 'askary (m)	إنقلاب عسكري
Krise (f)	azma (f)	أزمة
Rezession (f)	rokūd eqteṣādy (m)	ركود إقتصادي
Demonstrant (m)	motaẓāher (m)	متظاهر
Demonstration (f)	mozahra (f)	مظاهرة
Ausnahmezustand (m)	ḥokm 'orfy (m)	حكم عرفي
Militärbasis (f)	qa'eda 'askariya (f)	قاعدة عسكريّة
Stabilität (f)	esteqrār (m)	إستقرار
stabil	mostaqerr	مستقرّ
Ausbeutung (f)	esteɣlāl (m)	إستغلال
ausbeuten (vt)	estaɣall	إستغلّ
Rassismus (m)	'onṣoriya (f)	عنصريّة
Rassist (m)	'onṣory (m)	عنصري

Faschismus (m)	faʃiya (f)	فاشيّة
Faschist (m)	fāʃy (m)	فاشي

245. Länder. Verschiedenes

Ausländer (m)	agnaby (m)	أجنبي
ausländisch	agnaby	أجنبي
im Ausland	fel χāreg	في الخارج
Auswanderer (m)	mohāger (m)	مهاجر
Auswanderung (f)	hegra (f)	هجرة
auswandern (vi)	hāgar	هاجر
Westen (m)	el ɣarb (m)	الغرب
Osten (m)	el ʃar' (m)	الشرق
Ferner Osten (m)	el ʃar' el aqṣa (m)	الشرق الأقصى
Zivilisation (f)	ḥaḍāra (f)	حضارة
Menschheit (f)	el baʃariya (f)	البشريّة
Welt (f)	el ʿālam (m)	العالم
Frieden (m)	salām (m)	سلام
Welt-	ʿālamy	عالمي
Heimat (f)	waṭan (m)	وطن
Volk (n)	ʃaʿb (m)	شعب
Bevölkerung (f)	sokkān (pl)	سكّان
Leute (pl)	nās (pl)	ناس
Nation (f)	omma (f)	أمّة
Generation (f)	gīl (m)	جيل
Territorium (n)	arḍ (f)	أرض
Region (f)	mante'a (f)	منطقة
Staat (z.B. ~ Alaska)	welāya (f)	ولاية
Tradition (f)	ta'līd (m)	تقليد
Brauch (m)	ʿāda (f)	عادة
Ökologie (f)	ʿelm el bī'a (m)	علم البيئة
Indianer (m)	hendy aḥmar (m)	هندي أحمر
Zigeuner (m)	ɣagary (m)	غجري
Zigeunerin (f)	ɣagariya (f)	غجريّة
Zigeuner-	ɣagary	غجري
Reich (n)	embraṭoriya (f)	إمبراطورية
Kolonie (f)	mostaʿmara (f)	مستعمرة
Sklaverei (f)	ʿobūdiya (f)	عبودية
Einfall (m)	ɣazw (m)	غزو
Hunger (m)	magāʿa (f)	مجاعة

246. Wichtige Religionsgruppen. Konfessionen

Religion (f)	dīn (m)	دين
religiös	dīny	ديني

Glaube (m)	emān (m)	إيمان
glauben (vt)	aman	أمن
Gläubige (m)	mo'men (m)	مؤمن
Atheismus (m)	el elḥād (m)	الإلحاد
Atheist (m)	molḥed (m)	ملحد
Christentum (n)	el masīḥiya (f)	المسيحيّة
Christ (m)	mesīḥy (m)	مسيحي
christlich	mesīḥy	مسيحي
Katholizismus (m)	el kasolekiya (f)	الكاثوليكيّة
Katholik (m)	kasolīky (m)	كاثوليكي
katholisch	kasolīky	كاثوليكي
Protestantismus (m)	brotestantiya (f)	بروتستانتية
Protestantische Kirche (f)	el kenīsa el brotestantiya (f)	الكنيسة البروتستانتية
Protestant (m)	brotestanty (m)	بروتستانتي
Orthodoxes Christentum (n)	orsozeksiya (f)	الأرثوذكسيّة
Orthodoxe Kirche (f)	el kenīsa el orsozeksiya (f)	الكنيسة الأرثوذكسيّة
orthodoxer Christ (m)	arsazoksy (m)	أرثوذكسي
Presbyterianismus (m)	maʃīχiya (f)	مشيخية
Presbyterianische Kirche (f)	el kenīsa el maʃīχiya (f)	الكنيسة المشيخية
Presbyterianer (m)	maʃīχiya (f)	مشيخية
Lutherische Kirche (f)	el luseriya (f)	اللوثرية
Lutheraner (m)	luterriya (m)	لوثرية
Baptismus (m)	el kenīsa el me'medaniya (f)	الكنيسة المعمدانية
Baptist (m)	me'medāny (m)	معمداني
Anglikanische Kirche (f)	el kenīsa el anʒlekaniya (f)	الكنيسة الإنجليكانية
Anglikaner (m)	enʒelikāny (m)	أنجليكاني
Mormonismus (m)	el moromoniya (f)	المورمونية
Mormone (m)	mesīḥy mormōn (m)	مسيحي مرمون
Judentum (n)	el yahūdiya (f)	اليهودية
Jude (m)	yahūdy (m)	يهودي
Buddhismus (m)	el būziya (f)	البوذية
Buddhist (m)	būzy (m)	بوذي
Hinduismus (m)	el hindūsiya (f)	الهندوسية
Hindu (m)	hendūsy (m)	هندوسي
Islam (m)	el islām (m)	الإسلام
Moslem (m)	muslim (m)	مسلم
moslemisch	islāmy	إسلامي
Schiismus (m)	el mazhab el ʃee'y (m)	المذهب الشيعي
Schiit (m)	ʃee'y (m)	شيعي
Sunnismus (m)	el mazhab el sunny (m)	المذهب السنّي
Sunnit (m)	sunni (m)	سنّي

247. Religionen. Priester

Priester (m)	kāhen (m)	كاهن
Papst (m)	el bāba (m)	البابا
Mönch (m)	rāheb (m)	راهب
Nonne (f)	rāheba (f)	راهبة
Pfarrer (m)	'essīs (m)	قسّيس
Abt (m)	ra'īs el deyr (m)	رئيس الدير
Vikar (m)	viqār (m)	فيقار
Bischof (m)	asqof (m)	أسقف
Kardinal (m)	kardinal (m)	كاردينال
Prediger (m)	mobasʃer (m)	مبشّر
Predigt (f)	tabʃīr (f)	تبشير
Gemeinde (f)	ra'yet el abraʃiya (f)	رعية الأبرشية
Gläubige (m)	mo'men (m)	مؤمن
Atheist (m)	molḥed (m)	ملحد

248. Glauben. Christentum. Islam

Adam	'ādam (m)	آدم
Eva	ḥawwā' (f)	حوّاء
Gott (m)	allah (m)	الله
Herr (m)	el rabb (m)	الربّ
Der Allmächtige	el qadīr (m)	القدير
Sünde (f)	zanb (m)	ذنب
sündigen (vi)	aznab	أذنب
Sünder (m)	mozneb (m)	مذنب
Sünderin (f)	mozneba (f)	مذنبة
Hölle (f)	el gaḥīm (f)	الجحيم
Paradies (n)	el ganna (f)	الجنّة
Jesus	yasū' (m)	يسوع
Jesus Christus	yasū' el masīḥ (m)	يسوع المسيح
der Heiliger Geist	el rūḥ el qods (m)	الروح القدس
der Erlöser	el masīḥ (m)	المسيح
die Jungfrau Maria	maryem el 'azrā' (f)	مريم العذراء
Teufel (m)	el ʃayṭān (m)	الشيطان
teuflisch	ʃeyṭāny	شيطاني
Satan (m)	el ʃayṭān (m)	الشيطان
satanisch	ʃeyṭāny	شيطاني
Engel (m)	malāk (m)	ملاك
Schutzengel (m)	malāk ḥāres (m)	ملاك حارس
Engel(s)-	malā'eky	ملائكي

Apostel (m)	rasūl (m)	رسول
Erzengel (m)	el malāk el ra'īsy (m)	الملاك الرئيسي
Antichrist (m)	el masīḥ el daggāl (m)	المسيح الدجّال
Kirche (f)	el kenīsa (f)	الكنيسة
Bibel (f)	el ketāb el moqaddas (m)	الكتاب المقدّس
biblisch	tawrāty	توراتي
Altes Testament (n)	el ʿaḥd el ʾadīm (m)	العهد القديم
Neues Testament (n)	el ʿaḥd el gedīd (m)	العهد الجديد
Evangelium (n)	engīl (m)	إنجيل
Heilige Schrift (f)	el ketāb el moqaddas (m)	الكتاب المقدّس
Himmelreich (n)	el ganna (f)	الجنّة
Gebot (n)	waṣiya (f)	وصيّة
Prophet (m)	naby (m)	نبي
Prophezeiung (f)	nobūʾa (f)	نبوءة
Allah	allah (m)	الله
Mohammed	moḥammed (m)	محمّد
Koran (m)	el qorʾān (m)	القرآن
Moschee (f)	masged (m)	مسجد
Mullah (m)	mullah (m)	ملا
Gebet (n)	ṣalāh (f)	صلاة
beten (vi)	ṣalla	صلّى
Wallfahrt (f)	ḥagg (m)	حج
Pilger (m)	ḥagg (m)	حاج
Mekka (n)	makka el mokarrama (f)	مكة المكرّمة
Kirche (f)	kenīsa (f)	كنيسة
Tempel (m)	maʿbad (m)	معبد
Kathedrale (f)	katedraʾiya (f)	كاتدرائية
gotisch	qūṭy	قوطي
Synagoge (f)	kenīs (m)	كنيس
Moschee (f)	masged (m)	مسجد
Kapelle (f)	kenīsa saɣīra (f)	كنيسة صغيرة
Abtei (f)	deyr (m)	دير
Nonnenkloster (n)	deyr (m)	دير
Mönchskloster (n)	deyr (m)	دير
Glocke (f)	garas (m)	جرس
Glockenturm (m)	borg el garas (m)	برج الجرس
läuten (Glocken)	daʾʾ	دقّ
Kreuz (n)	ṣalīb (m)	صليب
Kuppel (f)	ʾobba (f)	قبّة
Ikone (f)	ramz (m)	رمز
Seele (f)	nafs (f)	نفس
Schicksal (n)	maṣīr (m)	مصير
das Böse	ʃarr (m)	شرّ
Gute (n)	χeyr (m)	خير
Vampir (m)	maṣṣāṣ demāʾ (m)	مصّاص دماء

Hexe (f)	sāḥera (f)	ساحرة
Dämon (m)	ʃeṭān (m)	شيطان
Geist (m)	roḥe (m)	روح
Sühne (f)	takfīr (m)	تكفير
sühnen (vt)	kaffar ʿan	كفّر عن
Gottesdienst (m)	qedās (m)	قداس
die Messe lesen	ʾām be χedma dīniya	قام بخدمة دينية
Beichte (f)	eʿterāf (m)	إعتراف
beichten (vi)	eʿtaraf	إعترف
Heilige (m)	qeddīs (m)	قدّيس
heilig	moqaddas (m)	مقدّس
Weihwasser (n)	maya moqaddesa (f)	ماية مقدّسة
Ritual (n)	ʃaʿāʾer (pl)	شعائر
rituell	ʃaʿāʾery	شعائري
Opfer (n)	zabīḥa (f)	ذبيحة
Aberglaube (m)	χorāfa (f)	خرافة
abergläubisch	moʾmen bel χorafāt (m)	مؤمن بالخرافات
Nachleben (n)	aχra (f)	الآخرة
ewiges Leben (n)	ḥayat el abadiya (f)	حياة الأبدية

VERSCHIEDENES

249. Verschiedene nützliche Wörter

Anfang (m)	bedāya (f)	بداية
Anstrengung (f)	mag-hūd (m)	مجهود
Anteil (m)	goz’ (m)	جزء
Art (Typ, Sorte)	nū‘ (m)	نوع
Auswahl (f)	eχteyār (m)	إختيار
Barriere (f)	ḥāgez (m)	حاجز
Basis (f)	asās (m)	أساس
Beispiel (n)	mesāl (m)	مثال
bequem (gemütlich)	morīḥ	مريح
Bilanz (f)	tawāzon (m)	توازن
Ding (n)	ḥāga (f)	حاجة
dringend (Adj)	mesta‘gel	مستعجل
dringend (Adv)	be ʃakl ‘āgel	بشكل عاجل
Effekt (m)	ta’sīr (m)	تأثير
Eigenschaft (Werkstoff~)	χaṣṣa (f)	خاصّة
Element (n)	‘onṣor (m)	عنصر
Ende (n)	nehāya (f)	نهاية
Entwicklung (f)	tanmeya (f)	تنمية
Fachwort (n)	moṣṭalaḥ (m)	مصطلح
Fehler (m)	χaṭa’ (m)	خطأ
Form (z.B. Kugel-)	ʃakl (m)	شكل
Fortschritt (m)	ta’addom (m)	تقدّم
Gegenstand (m)	mawḍū‘ (m)	موضوع
Geheimnis (n)	serr (m)	سرّ
Grad (Ausmaß)	daraga (f)	درجة
Halt (m), Pause (f)	estrāḥa (f)	إستراحة
häufig (Adj)	motakarrer (m)	متكرّر
Hilfe (f)	mosa‘da (f)	مساعدة
Hindernis (n)	‘aqaba (f)	عقبة
Hintergrund (m)	χalefiya (f)	خلفية
Ideal (n)	mesāl (m)	مثال
Kategorie (f)	fe’a (f)	فئة
Kompensation (f)	ta‘wīḍ (m)	تعويض
Labyrinth (n)	matāha (f)	متاهة
Lösung (Problem usw.)	ḥall (m)	حلّ
Moment (m)	laḥza (f)	لحظة
Nutzen (m)	manf‘a (f)	منفعة
Original (Schriftstück)	aṣl (m)	أصل
Pause (kleine ~)	estrāḥa (f)	إستراحة

Position (f)	mawqef (m)	موقّف
Prinzip (n)	mabda' (m)	مبدأ
Problem (n)	moʃkela (f)	مشكلة
Prozess (m)	'amaliya (f)	عمليّة
Reaktion (f)	radd fe'l (m)	ردّ فعل
Reihe (Sie sind an der ~)	dore (m)	دور
Risiko (n)	moχaṭra (f)	مخاطرة
Serie (f)	selsela (f)	سلسلة
Situation (f)	ḥāla (f), waḍ' (m)	حالة, وضع
Standard-	'ādy -qeyāsy	عادي, قياسي
Standard (m)	'eyās (m)	قياس
Stil (m)	oslūb (m)	أسلوب
System (n)	nezām (m)	نظام
Tabelle (f)	gadwal (m)	جدوّل
Tatsache (f)	ḥa'ī'a (f)	حقيقة
Teilchen (n)	goz' (m)	جزء
Tempo (n)	eqā' (m)	إيقاع
Typ (m)	nū' (m)	نوع
Unterschied (m)	far' (m)	فرق
Ursache (z.B. Todes-)	sabab (m)	سبب
Variante (f)	ʃakl moχtalef (m)	شكل مختلف
Vergleich (m)	moqarna (f)	مقارنة
Wachstum (n)	nomoww (m)	نموّ
Wahrheit (f)	ḥa'ī'a (f)	حقيقة
Weise (Weg, Methode)	ṭarī'a (f)	طريقة
Zone (f)	mante'a (f)	منطقة
Zufall (m)	ṣodfa (f)	صدّفة

250. Bestimmungswörter. Adjektive. Teil 1

abgemagert	rofaya'	رفيّع
ähnlich	ʃabīh	شبيه
alt (z.B. die -en Griechen)	'adīm	قديم
alt, betagt	'adīm	قديم
andauernd	momtad	ممتد
angenehm	laṭīf	لطيف
arm	fa'īr	فقير
ausgezeichnet	momtāz	ممتاز
ausländisch, Fremd-	agnaby	أجنبي
Außen-, äußer	χāregy	خارجي
bedeutend	mohemm	مهمّ
begrenzt	maḥdūd	محدود
beständig	dā'em	دائم
billig	reχīṣ	رخيص
bitter	morr	مرّ
blind	a'ma	أعمى

brauchbar	monāseb	مناسب
breit (Straße usw.)	wāseʿ	واسع
bürgerlich	madany	مدني
dankbar	ʃāker	شاكر
das wichtigste	ahamm	أهمّ
der letzte	ʾāχer	آخر
dicht (-er Nebel)	kasīf	كثيف
dick (-e Mauer usw.)	teχīn	تخين
dick (-er Nebel)	kasīf	كثيف
dumm	ɣaby	غبي
dunkel (Raum usw.)	ḍalma	ظلمة
dunkelhäutig	asmar	أسمر
durchsichtig	ʃaffāf	شفّاف
düster	moẓlem	مظلم
einfach	basīṭ	بسيط
einfach (Problem usw.)	sahl	سهل
einzigartig (einmalig)	farīd	فريد
eng, schmal (Straße usw.)	ḍayeʾ	ضيّق
ergänzend	eḍāfy	إضافي
ermüdend (Arbeit usw.)	motʿeb	متعب
feindlich	meʃ weddy	مش ودّي
fern (weit entfernt)	beʿīd	بعيد
fern (weit)	beʿīd	بعيد
fett (-es Essen)	dasem	دسم
feucht	roṭob	رطب
flüssig	sāʾel	سائل
frei (-er Eintritt)	ḥorr	حرّ
frisch (Brot usw.)	ṭāza	طازة
froh	farḥān	فرحان
fruchtbar (-er Böden)	χeṣb	خصب
früher (-e Besitzer)	elly fāt	اللي فات
ganz (komplett)	koll el nās	كلّ
gebraucht	mostaʿmal	مستعمل
gebräunt (sonnen-)	asmar	أسمر
gedämpft, matt (Licht)	bāhet	باهت
gefährlich	χaṭīr	خطير
gegensätzlich	moqābel	مقابل
gegenwärtig	ḥāḍer	حاضر
gemeinsam	moʃtarak	مشترك
genau, pünktlich	maẓbūṭ	مظبوط
gerade, direkt	mostaqīm	مستقيم
geräumig (Raum)	wāseʿ	واسع
geschlossen	maʾfūl	مقفول
gesetzlich	qanūny	قانوني
gewöhnlich	ʿādy	عادي
glatt (z.B. poliert)	amlas	أملس
glatt, eben	mosaṭṭaḥ	مسطّح

gleich (z.B. ~ groß)	momāsel	مماثل
glücklich	sa'īd	سعيد
groß	kebīr	كبير
gut (das Buch ist ~)	kewayes	كويّس
gut (gütig)	ṭayeb	طيّب
hart (harter Stahl)	gāmed	جامد
Haupt-	ra'īsy	رئيسي
hauptsächlich	asāsy	أساسي
Heimat-	aṣly	أصلي
heiß	soχn	سخن
Hinter-	χalfy	خلفي
höchst	a'la	أعلى
höflich	mo'addab	مؤدّب
hungrig	ge'ān	جعان
in Armut lebend	mo'dam	معدم
innen-	dāχely	داخلي
jung	ʃāb	شاب
kalt (Getränk usw.)	bāred	بارد
Kinder-	lel aṭfāl	للأطفال
klar (deutlich)	wāḍeḥ	واضح
klein	ṣoɣeyyir	صغيّر
klug, clever	zaky	ذكي
knapp (Kleider, zu eng)	ḍaye'	ضيق
kompatibel	motawāfaq	متوافق
kostenlos, gratis	be balāʃ	ببلاش
krank	'ayān	عيّان
kühl (-en morgen)	mon'eʃ	منعش
künstlich	ṣenā'y	صناعي
kurz (räumlich)	'aṣīr	قصير
kurz (zeitlich)	'aṣīr	قصير
kurzsichtig	'aṣīr el naẓar	قصير النظر

251. Bestimmungswörter. Adjektive. Teil 2

lang (langwierig)	ṭawīl	طويل
laut (-e Stimme)	'āly	عالي
lecker	ṭa'mo ḥelw	طعمه حلو
leer (kein Inhalt)	χāly	خالي
leicht (wenig Gewicht)	χafīf	خفيف
leise (~ sprechen)	wāṭy	واطي
licht (Farbe)	fāteḥ	فاتح
link (-e Seite)	el ʃemāl	الشمال
mager, dünn	rofaya'	رفيّع
matt (Lack usw.)	maṭfy	مطفي
möglich	momken	ممكن
müde (erschöpft)	ta'bān	تعبان

Nachbar-	mogāwer	مجاور
nachlässig	mohmel	مهمل
nächst	a''rab	أقرب
nächst (am -en Tag)	elly gayī	اللي جاي
nah	'arīb	قريب
nass (-e Kleider)	mablūl	مبلول
negativ	salby	سلبي
nervös	'aṣaby	عصبي
nett (freundlich)	laṭīf	لطيف
neu	gedīd	جديد
nicht groß	meʃ kebīr	مش كبير
nicht schwierig	meʃ ṣa'b	مش صعب
normal	'ādy	عادي
nötig	lāzem	لازم
notwendig	ḍarūry	ضروري
obligatorisch, Pflicht-	ḍarūry	ضروري
offen	maftūḥ	مفتوح
öffentlich	'ām	عام
original (außergewöhnlich)	aṣly	أصلي
persönlich	ʃaχṣy	شخصي
platt (flach)	mosaṭṭaḥ	مسطّح
privat (in Privatbesitz)	χāṣṣa	خاصّة
pünktlich (Ich bin gerne ~)	daqīq	دقيق
rätselhaft	ɣāmeḍ	غامض
recht (-e Hand)	el yemīn	اليمين
reif (Frucht usw.)	mestewy	مستوّي
richtig	ṣaḥīḥ	صحيح
riesig	ḍaχm	ضخم
riskant	mogāzef	مجازف
roh (nicht gekocht)	nayī	نيّ
ruhig	hady	هادئ
salzig	māleḥ	مالح
sauber (rein)	neḍīf	نظيف
sauer	ḥāmeḍ	حامض
scharf (-e Messer usw.)	ḥād	حاد
schlecht	weḥeʃ	وحش
schmutzig	weseχ	وسخ
schnell	saree'	سريع
schön (-es Mädchen)	gamīl	جميل
schön (-es Schloß usw.)	gamīl	جميل
schwer (~ an Gewicht)	te'īl	ثقيل
schwierig	ṣa'b	صعب
schwierig (-es Problem)	ṣa'b	صعب
seicht (nicht tief)	ḍaḥl	ضحل
selten	nāder	نادر
sicher (nicht gefährlich)	'āmen	آمن

sonnig	moʃmes	مشمس
sorgfältig	motqan	متقن
sorgsam	mohtamm	مهتمّ
speziell, Spezial-	χāṣṣ	خاصّ
stark (-e Konstruktion)	matīn	متين
stark (kräftig)	ʾawy	قوّي
still, ruhig	hady	هادئ
süß	mesakkar	مسكّر
Süß- (Wasser)	ʿazb	عذب
teuer	ɣāly	غالي
tiefgekühlt	mogammad	مجمد
tot	mayet	ميّت
traurig	zaʿlān	زعلان
traurig, unglücklich	zaʿlān	زعلان
trocken (Klima)	nāʃef	ناشف
übermäßig	mofreṭ	مفرط
unbedeutend	meʃ mohemm	مش مهمّ
unbeweglich	sābet	ثابت
undeutlich	meʃ wāḍeḥ	مش واضح
unerfahren	ʾalīl el χebra	قليل الخبرة
unmöglich	mostaḥīl	مستحيل
Untergrund- (geheim)	serry	سرّي
unterschiedlich	moχtalef	مختلف
ununterbrochen	motawāṣal	متواصل
unverständlich	meʃ wāḍeḥ	مش واضح
vergangen	elly fāt	اللي فات
verschieden	moχtalef	مختلف
voll (gefüllt)	malyān	مليان
vorig (in der -en Woche)	māḍy	ماضي
vorzüglich	momtāz	ممتاز
wahrscheinlich	moḥtamal	محتمل
warm (mäßig heiß)	dāfeʾ	دافئ
weich (-e Wolle)	nāʿem	ناعم
wichtig	mohemm	مهمّ
wolkenlos	ṣāfy	صافي
zärtlich	ḥanūn	حنون
zentral (in der Mitte)	markazy	مركزي
zerbrechlich (Porzellan usw.)	qābel lel kasr	قابل للكسر
zufrieden	rāḍy	راضي
zufrieden (glücklich und ~)	rāḍy	راضي

500 WICHTIGE VERBEN

252. Verben A-D

abbiegen (vi)	ḥād	حاد
abhacken (vt)	'aṭṭa'	قطّع
abhängen von …	e'tamad 'ala …	إعتمد على...
ablegen (Schiff)	aqla'	أقلع
abnehmen (vt)	ʃāl	شال
abreißen (vt)	'aṭa'	قطع
absagen (vt)	rafaḍ	رفض
abschicken (vt)	arsal	أرسل
abschneiden (vt)	'aṭṭa'	قطّع
adressieren (an …)	χāṭab	خاطب
ähnlich sein	kān yeʃbeh	كان يشبه
amputieren (vt)	batr	بتر
amüsieren (vt)	salla	سلّى
anbinden (vt)	rabaṭ be …	ربط بـ...
ändern (vt)	ɣayar	غيّر
andeuten (vt)	lammaḥ	لمّح
anerkennen (vt)	mayez	ميّز
anflehen (vt)	etwassel	إتوسّل
Angst haben (vor …)	χāf	خاف
anklagen (vt)	ettaham	إتّهم
anklopfen (vi)	da''	دقّ
ankommen (der Zug)	weṣel	وصل
anlegen (Schiff)	rasa	رسا
anstecken (~ mit …)	'ada	عدى
anstreben (vt)	sa'a	سعى
antworten (vi)	gāwab	جاوب
anzünden (vt)	walla'	ولّع
applaudieren (vi)	ṣaffa'	صفّق
arbeiten (vi)	eʃtaɣal	إشتغل
ärgern (vt)	narfez	نرفز
assistieren (vi)	sā'ed	ساعد
atmen (vi)	ettnaffes	إتّنفّس
attackieren (vt)	hagam	هجم
auf … zählen	e'tamad 'ala …	إعتمد على...
auf jmdn böse sein	ettḍāye'	إتّضايق
aufbringen (vt)	estafazz	إستفزّ
aufräumen (vt)	ratteb	رتّب
aufschreiben (vt)	katab	كتب

aufseufzen (vi)	tanahhad	تنهّد
aufstehen (vi)	'ām	قام
auftauchen (U-Boot)	ertafa' le saṭ-ḥ el maya	إرتفع لسطح الميّة
ausdrücken (vt)	'abbar	عبّر
ausgehen (vi)	χarag	خرج
aushalten (vt)	etthammel	إتّحمّل
ausradieren (vt)	masaḥ	مسح
ausreichen (vi)	kaffa	كفّى
ausschalten (vt)	ṭaffa	طفّى
ausschließen (vt)	faṣal	فصل
aussprechen (vt)	naṭa'	نطق
austeilen (vt)	wazza' 'ala	وزّع على
auswählen (vt)	eχtār	إختار
auszeichnen (mit Orden)	manaḥ	منح
baden (vt)	ḥammem	حمّم
bedauern (vt)	nedem	ندم
bedeuten (bezeichnen)	'aṣad	قصد
bedienen (vt)	χaddem	خدّم
beeinflussen (vt)	assar fi	أثّر في
beenden (vt)	χallaṣ	خلّص
befehlen (vt)	amar	أمر
befestigen (vt)	'azzez	عزّز
befreien (vt)	ḥarrar	حرّر
befriedigen (vt)	rāḍa	راضى
begießen (vt)	sa'a	سقى
beginnen (vt)	bada'	بدأ
begleiten (vt)	rāfaq	رافق
begrenzen (vt)	ḥadded	حدّد
begrüßen (vt)	sallem 'ala	سلّم على
behalten (alte Briefe)	eḥtafaẓ	إحتفظ
behandeln (vt)	'ālag	عالج
behaupten (vt)	aṣarr	أصرّ
bekannt machen	'arraf	عرّف
belauschen (Gespräch)	tanaṣṣat	تنصّت
beleidigen (vt)	ahān	أهان
beleuchten (vt)	nawwar	نوّر
bemerken (vt)	lāḥaẓ	لاحظ
beneiden (vt)	ḥasad	حسد
benennen (vt)	samma	سمّى
benutzen (vt)	estanfa'	إستنفع
beobachten (vt)	rāqab	راقب
berichten (vt)	'addem taqrīr	قدّم تقرير
bersten (vi)	etʃa''e'	إتشقّق
beruhen auf ...	estanad 'ala	إستند على
beruhigen (vt)	ṭam'an	طمأن
berühren (vt)	lamas	لمس

beseitigen (vt)	ʃāl, azāl	شال, أزال
besitzen (vt)	malak	ملك
besprechen (vt)	nā'eʃ	ناقش
bestehen auf	aṣarr	أصرّ
bestellen (im Restaurant)	ṭalab	طلب
bestrafen (vt)	'āqab	عاقب
beten (vi)	ṣalla	صلّى
beunruhigen (vt)	a'la'	أقلق
bewachen (vt)	ḥama	حمى
bewahren (vt)	ḥafaẓ	حفظ
beweisen (vt)	asbat	أثبت
bewundern (vt)	o'gab be	أعجب بـ
bezeichnen (bedeuten)	dallel	دلّل
bilden (vt)	ʃakkal	شكّل
binden (vt)	rabaṭ	ربط
bitten (jmdn um etwas ~)	ṭalab	طلب
blenden (vt)	'ama	عمى
brechen (vt)	kasar	كسر
bügeln (vt)	kawa	كوّى

253. Verben E-H

danken (vi)	ʃakar	شكر
denken (vi, vt)	fakkar	فكّر
denunzieren (vt)	estankar	إستنكر
dividieren (vt)	'asam	قسم
dressieren (vt)	darrab	درّب
drohen (vi)	hadded	هدّد
eindringen (vi)	dakɣal	دخّل
einen Fehler machen	ɣeleṭ	غلط
einen Schluss ziehen	estantag	إستنتج
einladen (zum Essen ~)	'azam	عزم
einpacken (vt)	laff	لفّ
einrichten (vt)	gahhez	جهّز
einschalten (vt)	fataḥ, ʃagɣal	فتح, شغّل
einschreiben (vt)	saggel	سجّل
einsetzen (vt)	dakɣal	دخّل
einstellen (Personal ~)	waẓẓaf	وظّف
einstellen (vt)	baṭṭal	بطّل
einwenden (vt)	e'taraḍ	إعترض
empfehlen (vt)	naṣaḥ	نصح
entdecken (Land usw.)	ektaʃaf	إكتشف
entfernen (Flecken ~)	ʃāl	شال
entscheiden (vt)	'arrar	قرّر
entschuldigen (vt)	'azar	عذر
entzücken (vt)	fatan	فتن

erben (vt)	waras	ورث
erblicken (vt)	lamaḥ	لمح
erfinden (das Rad neu ~)	eχtaraʿ	إخترع
erinnern (vt)	fakkar be …	فكّر بـ...
erklären (vt)	ʃaraḥ	شرح
erlauben (jemandem etwas)	samaḥ	سمح
erlauben, gestatten (vt)	samaḥ	سمح
erleichtern (vt)	sahhal	سهّل
ermorden (vt)	ʾatal	قتل
ermüden (vt)	taʿab	تعَب
ermutigen (vt)	alham	ألهِم
ernennen (vt)	ʿayen	عين
erörtern (vt)	baḥs fi	بحث في
erraten (vt)	χammen	خمَن
erreichen (Nordpol usw.)	weṣel	وصل
erröten (vi)	eḥmarr	إحمرَ
erscheinen (am Horizont ~)	ẓahar	ظهر
erscheinen (Buch usw.)	ṣadar	صدر
erschweren (vt)	ʿaʾʾad	عقّد
erstaunen (vt)	fāgaʾ	فاجئ
erstellen (einer Liste ~)	gammaʿ	جمّع
ertrinken (vi)	ɣereʾ	غرق
erwähnen (vt)	zakar	ذكر
erwarten (vt)	tawaqqaʿ	توقّع
erzählen (vt)	ḥaka	حكى
erzielen (Ergebnis usw.)	balaɣ	بلغ
essen (vi, vt)	akal	أكل
existieren (vi)	kān mawgūd	كان موَجود
fahren (mit 90 km/h ~)	rāḥ	راح
fallen lassen	waʾʾaʿ	وقَع
fangen (vt)	mesek	مسك
finden (vt)	laʾa	لقى
fischen (vt)	eṣṭād samak	إصطاد سمك
fliegen (vi)	ṭār	طار
folgen (vi)	tatabbaʿ	تتبّع
fortbringen (vt)	rāḥ be	راح بـ
fortsetzen (vt)	estamar	إستمر
fotografieren (vt)	ṣawwar	صوَر
frühstücken (vi)	feṭer	فطر
fühlen (vt)	ḥass be	حس بـ
führen (vt)	raʾs	رأس
füllen (mit Wasse usw.)	mala	ملأ
füttern (vt)	akkel	أكّل
garantieren (vt)	ḍaman	ضمن
geben (sein Bestes ~)	edda	أدَى
gebrauchen (vt)	estaχdam	إستخدم

gefallen (vi)	ʿagab	عجب
gehen (zu Fuß gehen)	meʃy	مشى
gehorchen (vi)	ṭāʿ	طاع
gehören (vi)	χaṣṣ	خصّ
gelegen sein	kān mawgūd	كان موجود
genesen (vi)	ʃefy	شفي
gereizt sein	enzaʿag	إنزعج
gernhaben (vt)	ḥabb	حبّ
gestehen (Verbrecher)	eʿtaraf	إعترف
gießen (Wasser ~)	ṣabb	صبّ
glänzen (vi)	lemʿ	لمع
glauben (Er glaubt, dass ...)	eʿtaqad	إعتقد
graben (vt)	ḥafar	حفر
gratulieren (vi)	hanna	هنّأ
gucken (spionieren)	etgasses ʿala	إتجسس على
haben (vt)	malak	ملك
handeln (in Aktion treten)	ʿamal	عمل
hängen (an der Wand usw.)	ʿallaʾ	علّق
heiraten (vi)	ettgawwez	إتّجوّز
helfen (vi)	sāʿed	ساعد
herabsteigen (vi)	nezel	نزل
hereinkommen (vi)	daχal	دخل
herunterlassen (vt)	nazzel	نزّل
hinzufügen (vt)	aḍāf	أضاف
hoffen (vi)	tamanna	تمنّى
hören (Geräusch ~)	semeʿ	سمع
hören (jmdm zuhören)	semeʿ	سمع

254. Verben I-R

imitieren (vt)	ʾalled	قلّد
impfen (vt)	laqqaḥ	لقّح
importieren (vt)	estawrad	إستورد
in Gedanken versinken	saraḥ	سرح
in Ordnung bringen	nazzam	نظّم
informieren (vt)	ʾāl ly	قال لي
instruieren (vt)	ʿallem	علّم
interessieren (vt)	hamm	همّ
isolieren (vt)	ʿazal	عزل
jagen (vi)	eṣṭād	إصطاد
kämpfen (~ gegen)	qātal	قاتل
kämpfen (sich schlagen)	qātal	قاتل
kaufen (vt)	eʃtara	إشترى
kennen (vt)	ʿeref	عرف
kennenlernen (vt)	taʿarraf	تعرّف

klagen (vi)	ʃaka	شكا
kompensieren (vt)	ʿawwaḍ	عوّض
komponieren (vt)	laḥḥan	لحّن
kompromittieren (vt)	sawwaʾ somʿetoh	سوّء سمعته
konkurrieren (vi)	nāfes	نافس
können (v mod)	ʾeder	قدر
kontrollieren (vt)	et-ḥakkem	إتحكّم
koordinieren (vt)	nassaq	نسّق
korrigieren (vt)	ṣaḥḥaḥ	صحّح
kosten (vt)	kallef	كلّف
kränken (vt)	ahān	أهان
kratzen (vt)	χarbeʃ	خربش
Krieg führen	ḥārab	حارب
lächeln (vi)	ebtasam	إبتسم
lachen (vi)	ḍeḥek	ضحك
laden (Ein Gewehr ~)	ʿammar	عمّر
laden (LKW usw.)	ʃaḥn	شحن
lancieren (starten)	aṭlaq	أطلق
laufen (vi)	gery	جري
leben (vi)	ʿāʃ	عاش
lehren (vt)	darres	درّس
leiden (vi)	ʿāna	عانى
leihen (Geld ~)	estalaf	إستلف
leiten (Betrieb usw.)	adār	أدار
lenken (ein Auto ~)	sāʾ ʿarabiya	ساق عربية
lernen (vt)	daras	درس
lesen (vi, vt)	ʾara	قرأ
lieben (vt)	ḥabb	حبّ
liegen (im Bett usw.)	raʾad	رقد
losbinden (vt)	fakk	فكّ
löschen (Feuer)	ṭaffa	طفّى
lösen (Aufgabe usw.)	ḥall	حلّ
loswerden (jmdm. od etwas)	ettχallaṣ min ...	إتّخلّص من...
lügen (vi)	kedeb	كذب
machen (vt)	ʿamal	عمل
markieren (vt)	ʿallem	علّم
meinen (glauben)	eʿtaqad	إعتقد
memorieren (vt)	ḥafaẓ	حفظ
mieten (ein Boot ~)	aggar	أجّر
mieten (Haus usw.)	estʾgar	إستأجر
mischen (vt)	χalaṭ	خلط
mitbringen (vt)	gāb	جاب
mitteilen (vt)	ʾāl le	قال لـ
müde werden	teʿeb	تعب
multiplizieren (vt)	ḍarab	ضرب
müssen (v mod)	kān lāzem	كان لازم

nachgeben (vi)	estaslam	إستسلم
nehmen (jmdm. etwas ~)	ḥaram men	حرم من
nehmen (vt)	aχad	أخذ
noch einmal sagen	karrar	كرّر
nochmals tun (vt)	ʻād	عاد
notieren (vt)	katab molaḥẓa	كتب ملاحظة
nötig sein	maṭlūb	مطلوب
notwendig sein	maṭlūb	مطلوب
öffnen (vt)	fataḥ	فتح
passen (Schuhe, Kleid)	nāseb	ناسب
pflücken (Blumen)	ʼaṭaf	قطف
planen (vt)	χaṭṭeṭ	خطّط
prahlen (vi)	tabāha	تباهى
projektieren (vt)	ṣammam	صمّم
protestieren (vi)	eḥtagg	إحتجّ
provozieren (vt)	estafazz	إستفزّ
putzen (vt)	naḍḍaf	نظّف
raten (zu etwas ~)	naṣaḥ	نصح
rechnen (vt)	ʻadd	عدّ
regeln (vt)	sawwa	سوّى
reinigen (vt)	naḍḍaf	نظّف
reparieren (vt)	ṣallaḥ	صلّح
reservieren (vt)	ḥagaz	حجز
retten (vt)	anqaz	أنقذ
richten (den Weg zeigen)	waggeh	وجّه
riechen (an etwas ~)	ʃamm	شمّ
riechen (gut ~)	fāḥ	فاح
ringen (Sport)	ṣāraʻ	صارع
riskieren (vt)	χāṭar	خاطر
rufen (seinen Hund ~)	nāda	نادى
rufen (um Hilfe ~)	estaɣās	إستغاث

255. Verben S-U

säen (vt)	bezr	بذر
sagen (vt)	ʼāl	قال
schaffen (Etwas Neues zu ~)	ʻamal	عمل
schelten (vt)	wabbeχ	وبّخ
schieben (drängen)	zaʼʼ	زقّ
schießen (vi)	ḍarab bel nār	ضرب بالنار
schlafen gehen	nām	نام
schlagen (mit ...)	etχāneʼ	إتخانق
schlagen (vt)	ḍarab	ضرب
schließen (vt)	ʼafal	قفل
schmeicheln (vi)	gāmal	جامل

schmücken (vt)	zayen	زيّن
schreiben (vi, vt)	katab	كتب
schreien (vi)	ṣarraχ	صرّخ
schütteln (vt)	ragg	رجّ
schweigen (vi)	seket	سكت
schwimmen (vi)	ʿām, sabaḥ	عام, سبح
schwimmen gehen	sebeḥ	سبح
sehen (vt)	baṣṣ	بصّ
sein (vi)	kān	كان
sich abwenden	aʿraḍ ʿan	أعرض عن
sich amüsieren	estamtaʿ	إستمتع
sich anschließen	enḍamm le	إنضمّ لـ
sich anstecken	etʿada	إتعدى
sich aufregen	ʾalaʾ	قلق
sich ausruhen	ertāḥ	إرتاح
sich beeilen	estaʿgel	إستعجل
sich benehmen	taṣarraf	تصرّف
sich beschmutzen	ettwassaχ	إتّوسّخ
sich datieren	tarīχo	تاريخه
sich einmischen	etdakχal	إتدّخل
sich empören	estāʾ	إستاء
sich entschuldigen	eʿtazar	إعتذر
sich erhalten	ḥafaẓ	حفظ
sich erinnern	eftakar	إفتكر
sich interessieren	ehtamm be	إهتمّ بـ
sich kämmen	masʃaṭ	مشّط
sich konsultieren mit …	estaʃār …	إستشار...
sich konzentrieren	rakkez	ركّز
sich langweilen	zeheʾ	زهق
sich nach … erkundigen	estafsar	إستفسر
sich nähern	ʾarrab	قرّب
sich rächen	entaqam	إنتقم
sich rasieren	ḥalaʾ	حلق
sich setzen	ʾaʿad	قعد
sich Sorgen machen	ʾeleʾ	قلق
sich überzeugen	eqtanaʿ	إقتنع
sich unterscheiden	eχtalaf	إختلف
sich vergrößern	ezdād	إزداد
sich verlieben	ḥabb	حبّ
sich verteidigen	dāfaʿ ʿan nafsoh	دافع عن نفسه
sich vorstellen	taṣawwar	تصوّر
sich waschen	estaḥamma	إستحمّى
sitzen (vi)	ʾaʿad	قعد
spielen (Ball ~)	leʿeb	لعب
spielen (eine Rolle ~)	massel	مثّل

spotten (vi)	saχar	سخر
sprechen mit ...	kallem ...	كلّم...
spucken (vi)	taff	تفّ
starten (Flugzeug)	aqlaʿ	أقلع
stehlen (vt)	saraʾ	سرق
stellen (ins Regal ~)	ḥaṭṭ	حطّ
stimmen (vi)	ṣawwat	صوّت
stoppen (haltmachen)	waʾʾaf	وقّف
stören (nicht ~!)	azʿag	أزعج
streicheln (vt)	masaḥ ʿala	مسح على
suchen (vt)	dawwar ʿala	دوّر على
sündigen (vi)	aznab	أذنب
tauchen (vi)	ɣāṣ	غاص
tauschen (vt)	ṣarraff	صرّف
täuschen (vt)	χadaʿ	خدع
teilnehmen (vi)	ʃārek	شارك
trainieren (vi)	etdarrab	إتدرّب
trainieren (vt)	darrab	درّب
transformieren (vt)	ḥawwel	حوّل
träumen (im Schlaf)	ḥelem	حلم
träumen (wünschen)	ḥelem	حلم
trinken (vt)	ʃereb	شرب
trocknen (vt)	gaffaf	جفّف
überragen (Schloss, Berg)	ertafaʿ	إرتفع
überrascht sein	etfāgeʾ	إتفاجئ
überschätzen (vt)	bāleɣ fel taʾdīr	بالغ في التقدير
übersetzen (Buch usw.)	targem	ترجم
überwiegen (vi)	ɣalab	غلب
überzeugen (vt)	aqnaʿ	أقنع
umarmen (vt)	ḥaḍan	حضن
umdrehen (vt)	ʾalab	قلب
unternehmen (vt)	ʾām be	قام بـ
unterschätzen (vt)	estaχaff	إستخفّ
unterschreiben (vt)	waqqaʿ	وقّع
unterstreichen (vt)	ḥaṭṭ χaṭṭ taḥt	حطّ خطّ تحت
unterstützen (vt)	ayed	أيّد

256. Verben V-Z

verachten (vt)	eḥtaqar	إحتقر
veranstalten (vt)	nazzam	نظّم
verbieten (vt)	manaʿ	منع
verblüfft sein	eḥtār	إحتار
verbreiten (Broschüren usw.)	wazzaʿ	وزّع
verbreiten (Geruch)	fāḥ	فاح

verbrennen (vt)	ḥara'	حرق
verdächtigen (vt)	eʃtabah fi	إشتبه في
verdienen (Lob ~)	estaḥaqq	إستحقّ
verdoppeln (vt)	ḍā'af	ضاعف
vereinfachen (vt)	bassaṭ	بسّط
vereinigen (vt)	waḥḥed	وحّد
vergessen (vt)	nesy	نسي
vergießen (vt)	dala'	دلق
vergleichen (vt)	qāran	قارن
vergrößern (vt)	zawwed	زوّد
verhandeln (vi)	tafāwaḍ	تفاوض
verjagen (vt)	χawwef	خوّف
verkaufen (vt)	bā'	باع
verlangen (vt)	ṭāleb	طالب
verlassen (vt)	sāb	ساب
verlassen (vt)	sāb	ساب
verlieren (Regenschirm usw.)	ḍaya'	ضيّع
vermeiden (vt)	tagannab	تجنّب
vermuten (vt)	eftaraḍ	إفترض
verneinen (vt)	ankar	أنكر
vernichten (Dokumente usw.)	atlaf	أتلف
verringern (vt)	'allel	قلّل
versäumen (vt)	ɣāb	غاب
verschieben (Möbel usw.)	ḥarrak	حرّك
verschütten (vt)	sa'aṭ	سقط
verschwinden (vi)	eχtafa	إختفى
versprechen (vt)	wa'ad	وعد
verstecken (vt)	χabba	خبّأ
verstehen (vt)	fehem	فهم
verstummen (vi)	seket	سكت
versuchen (vt)	ḥāwel	حاول
verteidigen (vt)	dāfa'	دافع
vertrauen (vt)	wasaq	وثق
verursachen (vt)	sabbeb	سبّب
verurteilen (vt)	ḥakam	حكم
vervielfältigen (vt)	ṣawwar	صوّر
verwechseln (vt)	etlaχbaṭ	إتلخبط
verwirklichen (vt)	ḥa''a'	حقّق
verzeihen (vt)	'afa	عفا
vorankommen	ta'addam	تقدّم
voraussehen (vt)	tanabba'	تنبّأ
vorbeifahren (vi)	marr be	مرّ بـ
vorbereiten (vt)	ḥaḍḍar	حضّر
vorschlagen (vt)	'araḍ	عرض
vorstellen (vt)	'addem	قدّم
vorwerfen (vt)	lām	لام

vorziehen (vt)	faḍḍal	فضّل
wagen (vt)	etthadda	إتّحدّى
wählen (vt)	eχtār	إختار
wärmen (vt)	sakχan	سخّن
warnen (vt)	ḥazzar	حذّر
warten (vi)	estanna	إستنّى
waschen (das Auto ~)	ɣasal	غسل
waschen (Wäsche ~)	ɣasal el malābes	غسل الملابس
wechseln (vt)	tabādal	تبادل
wecken (vt)	ṣaḥḥa	صحّى
wegfahren (vi)	sāb	ساب
weglassen (Wörter usw.)	ḥazaf	حذف
weglegen (vt)	ʃāl	شال
wehen (vi)	habb	هبّ
weinen (vi)	baka	بكى
werben (Reklame machen)	aʿlan	أعلن
werden (vi)	baʾa	بقى
werfen (vt)	rama	رمى
widmen (vt)	karras	كرّس
wiegen (vi)	wazan	وزن
winken (mit der Hand)	ʃāwer	شاور
wissen (vt)	ʿeref	عرف
Witz machen	hazzar	هزّر
wohnen (vi)	seken	سكن
wollen (vt)	ʿāyez	عايز
wünschen (vt)	kān ʿāyez	كان عايز
zahlen (vt)	dafaʿ	دفع
zeigen (den Weg ~)	ʃāwer	شاور
zeigen (jemandem etwas ~)	ʿaraḍ	عرض
zerreißen (vi)	etʾaṭaʿ	إتقطع
zertreten (vt)	faʿʿaṣ	فعّص
ziehen (Seil usw.)	ʃadd	شدّ
zielen auf ...	ṣawwab ʿala ...	... صوّب على
zitieren (vt)	estaʃ-hed	إستشهد
zittern (vi)	ertaʿaʃ	إرتعش
zu Abend essen	etʿasʃa	إتعشّى
zu Mittag essen	etɣadda	إتغدّى
zubereiten (vt)	ḥaḍḍar	حضّر
züchten (Pflanzen)	anbat	أنبت
zugeben (eingestehen)	eʿtaraf	إعترف
zur Eile antreiben	estaʿgel	إستعجل
zurückdenken (vi)	eftakar	إفتكر
zurückhalten (vt)	manaʿ nafso	منع نفسه
zurückkehren (vi)	regeʿ	رجع
zurückschicken (vt)	aʿād	أعاد

zurückziehen (vt)	alɣa	ألغى
zusammenarbeiten (vi)	ta'āwan	تعاون
zusammenzucken (vi)	erta'aʃ	ارتعش
zustimmen (vi)	ettafa'	إتّفق
zweifeln (vi)	ʃakk fe	شكّ في
zwingen (vt)	agbar	أجبر

www.ingramcontent.com/pod-product-compliance
Lightning Source LLC
Chambersburg PA
CBHW071333090426
42738CB00012B/2889
* 9 7 8 1 7 8 7 1 6 7 5 6 8 *